westermann

Hans Jecht, Peter Limpke, Rainer Tegeler, Marcel Kunze

Groß im Handel

Arbeitsbuch mit Lernsituationen

1. Ausbildungsjahr Lernfelder 1 bis 4 –
Kaufmann/Kauffrau für Groß- und Außenhandelsmanagement

4. Auflage

Die in diesem Produkt gemachten Angaben zu Unternehmen (Namen, Internet- und E-Mail-Adressen, Handelsregistereintragungen, Bankverbindungen, Steuer-, Telefon- und Faxnummern und alle weiteren Angaben) sind i. d. R. fiktiv, d. h., sie stehen in keinem Zusammenhang mit einem real existierenden Unternehmen in der dargestellten oder einer ähnlichen Form. Dies gilt auch für alle Kunden, Lieferanten und sonstigen Geschäftspartner der Unternehmen wie z. B. Kreditinstitute, Versicherungsunternehmen und andere Dienstleistungsunternehmen. Ausschließlich zum Zwecke der Authentizität werden die Namen real existierender Unternehmen und z. B. im Fall von Kreditinstituten auch deren IBANs und BICs verwendet.

westermann GRUPPE

© 2022 Bildungsverlag EINS GmbH, Ettore-Bugatti-Straße 6-14, 51149 Köln
www.westermann.de

Das Werk und seine Teile sind urheberrechtlich geschützt. Jede Nutzung in anderen als den gesetzlich zugelassenen bzw. vertraglich zugestandenen Fällen bedarf der vorherigen schriftlichen Einwilligung des Verlages. Nähere Informationen zur vertraglich gestatteten Anzahl von Kopien finden Sie auf www.schulbuchkopie.de.

Für Verweise (Links) auf Internet-Adressen gilt folgender Haftungshinweis: Trotz sorgfältiger inhaltlicher Kontrolle wird die Haftung für die Inhalte der externen Seiten ausgeschlossen. Für den Inhalt dieser externen Seiten sind ausschließlich deren Betreiber verantwortlich. Sollten Sie daher auf kostenpflichtige, illegale oder anstößige Inhalte treffen, so bedauern wir dies ausdrücklich und bitten Sie, uns umgehend per E-Mail davon in Kenntnis zu setzen, damit beim Nachdruck der Verweis gelöscht wird.

Druck und Bindung: Westermann Druck GmbH, Georg-Westermann-Allee 66, 38104 Braunschweig

ISBN 978-3-14-**203169**-9

VORWORT

Der Unterricht in der Berufsschule soll die Schülerinnen und Schüler zur Mitgestaltung ihrer Berufs- und Arbeitswelt befähigen. Um diesem Anspruch gerecht zu werden, muss im schulischen Handeln von **beruflichen Handlungssituationen** ausgegangen werden. Dies sind relevante *berufs*typische Aufgabenstellungen und Handlungsabläufe, die die Auszubildenden in ihrem späteren Berufsleben antreffen werden.

Im Unterricht wird daher die Arbeit mit entsprechend strukturierten **Lernsituationen** erforderlich. Sie konkretisieren die Lernfelder in Form von **komplexen Lehr-/Lernarrangements**. Dies geschieht durch didaktische Reflexion von beruflichen Handlungssituationen.

Im vorliegenden Arbeitsbuch wurden Handlungssituationen für das 1. Ausbildungsjahr des Ausbildungsberufes **Kaufmann/-frau für Groß- und Außenhandelsmanagement** konzipiert, die auf die Durchführung eines handlungsorientierten Unterrichts ausgerichtet sind. Für den optimalen Einsatz dieses Werkes wird das Lehrbuch „Groß im Handel, 1. Ausbildungsjahr" (ISBN 978-3-14-203153-8) empfohlen.

Als Ausgangspunkt haben wir Situationen konzipiert, die für die Berufsausübung im Groß- und Außenhandel bedeutsam sind. Daraus ergeben sich Handlungen, die gedanklich nachvollzogen oder möglichst selbst ausgeführt werden müssen (**Lernen durch Handeln**). Der Unterrichtsverlauf und die Lerninhalte sind an die Struktur der jeweiligen Handlungssituation angelehnt. Die Schülerinnen und Schüler sollen zunächst ihr weiteres Vorgehen bei der Bearbeitung selbstständig planen, bevor sie die erforderlichen Handlungen aufgrund der eigenen Planung ebenfalls in eigener Verantwortung durchführen und kontrollieren – soweit dies aufgrund der jeweiligen Klassensituation möglich ist.

Bei der Konzipierung der Lernsituationen wurde Wert darauf gelegt, dass darin eine Problemstellung (**Handlungssituation**) enthalten ist, die einen klaren Bezug zu einer oder mehreren typischen beruflichen Handlungssituation(en) aufweist. Wir haben darauf geachtet, dass die **Handlungsaufgaben**, die zur Problemlösung bearbeitet werden sollen, eine ausreichend hohe, aber nicht überfordernde Komplexität aufweisen. Im Rahmen der ersten Handlungsaufgabe jeder Lernsituation erfolgt zunächst eine Reflexion und Erarbeitung der Problemstellung und die Planung des weiteren Vorgehens zum Lösen der aufgeworfenen Probleme. Diese erste Handlungsaufgabe sollte daher im Klassenverband gemeinsam bearbeitet werden.

Zur Problemlösung müssen mithilfe des Lehrbuches zunächst theoretische Lerninhalte erarbeitet werden. Die darauf aufbauende Problemlösung führt zu einem Handlungsprodukt. Dies ist das geistige oder materielle Ergebnis des Unterrichts. Daran kann der Erfolg des individuellen Lösungsweges gemessen werden. Es kann Folgendes kontrolliert werden:

– Ist die anfängliche Problemstellung erfolgreich gelöst worden?

– Welche Fehler (z. B. Informationsdefizite) waren die Ursachen für ein unzureichendes Handlungsprodukt?

Nach Durcharbeiten der Lernsituationen sollte Zeit eingeplant werden für Übungs-, Anwendungs- und Transferphasen, in denen das neu erworbene Wissen reorganisiert und gesichert werden kann. Im Rahmen der **Vertiefungs- und Anwendungsaufgaben** zu vielen Handlungssituationen haben wir derartige Übungs- und Wiederholungsaufgaben konzipiert. Darüber hinaus werden in den Vertiefungs- und Anwendungsaufgaben auch Inhalte bearbeitet, die aufgrund der Wahrung des Handlungsstrangs der Lernsituation nicht im Rahmen der Handlungsaufgaben bearbeitet werden konnten. Ferner stehen **im Lehrbuch** eine Vielzahl von Aufgaben (zum Wiederholen und Üben) und Aktionen (zur Anwendung und zum Transfer) zur Verfügung.

Wir weisen auch darauf hin, dass viele weitere multimediale Zusatzmaterialien in der BiBox zum zugehörigen Schülerband enthalten sind.

Wir bedanken uns bei Daniel Teyke für wertvolle Anregungen.

Für Verbesserungsvorschläge und Anregungen sind Verlag und Autoren stets dankbar.

BILDQUELLENVERZEICHNIS

ecomed-Storck GmbH, Landsberg am Lech: Handbuch für Export und Versand 142.1, 142.2, 142.3, 142.4, 142.5, 142.6, 142.7, 142.8, 142.9.

fotolia.com, New York: contrastwerkstatt 189.1; Fotimmz 237.1; Jeanette Dietl 93.1; Sanders, Gina 251.1.

Fullmann, Helge, Kall: 104.1, 105.1, 147.1, 159.1.

Görmann, Felix, Berlin: 11.1, 38.1, 43.1, 47.1, 60.1, 66.1, 73.1, 178.1.

Görmann, Felix (RV), Berlin: 24.1, 122.1, 214.1.

Hild, Claudia, Angelburg: 109.1, 111.1, 115.1, 138.1, 219.1, 219.2, 264.1.

stock.adobe.com, Dublin: Africa Studio 52.1; Antonioguillem 30.1; contrastwerkstatt 126.1; Fancellu, Sebastiano 204.1; Jeanette Dietl 225.1; Nuamfolio Titel; Robert Kneschke 7.1.

Stollfuß Verlag - Zweigniederlassung der Lefebvre Sarrut GmbH, Bonn: 40.1.

Tegeler, Rainer, Hannover: 146.1.

INHALTSVERZEICHNIS

1 Das Groß- und Außenhandelsunternehmen präsentieren 7
1. Wir erkunden einen Betrieb im Großhandel 7
2. Wir benötigen als Arbeitnehmer im Groß- und Außenhandel umfassende Handlungskompetenzen 11
3. Wir reagieren auf bestimmte berufliche Situationen mit sozialen Kompetenzen .. 19
4. Wir Auszubildenden der Fairtext GmbH informieren uns über unsere zu erfüllenden Aufgaben im ersten Ausbildungsjahr 24
5. Wir achten auf die Einhaltung der gesetzlichen Bestimmungen und vertraglichen Vereinbarungen bei der Arbeitszeitplanung von Auszubildenden ... 30
6. Wir erstellen und erläutern die Entgeltabrechnung für eine neue Auszubildende .. 38
7. Wir unterstützen unser Unternehmen bei der Erreichung der Unternehmensziele 43
8. Wir erkennen die Kundenorientierung als wichtigsten Erfolgsfaktor von Großhandelsunternehmen 47
9. Wir als Großhändler erfüllen verschiedene Funktionen in der Gesamtgesellschaft 52
10. Wir lernen die Organisation des Ausbildungsbetriebs nachzuvollziehen 60
11. Wir arbeiten in Großhandlungen mit unterschiedlichen Rechtsformen 66
12. Wir erkennen die Vorteile der Geschäftsprozessorientierung in Großhandelsunternehmen 73
13. Wir beachten Kommunikationsregeln 80
14. Wir verwenden Sprache und Körpersprache 86

LERNFELD 1

2 Aufträge kundenorientiert bearbeiten 93
1. Wir steuern und kontrollieren den Warenfluss durch das Unternehmen 93
2. Wir nutzen unterschiedliche Möglichkeiten der Kontaktaufnahme zu Kunden 100
3. Wir bearbeiten Anfragen und erstellen Angebote 103
4. Wir schließen Kaufverträge ab und erfüllen sie 112
5. Wir beschaffen, erfassen und vervollständigen Kundendaten 118
6. Wir verwenden den Eigentumsvorbehalt zur Sicherung unserer Forderungen ... 122
7. Wir führen Beratungs- und Verkaufsgespräche professionell durch 126
8. Wir prüfen Rechnungen 135
9. Wir beachten die Besonderheiten bei Auslandsgeschäften 141

LERNFELD 2

3 Beschaffungsprozesse planen, steuern und kontrollieren 146
1. Wir bereiten die Beschaffung von Waren vor 146
2. Wir vergleichen Angebote 151
3. Wir bestellen Waren 158
4. Wir schließen einen Vertrag über Dienstleistungen ab 165
5. Wir bahnen Einfuhrgeschäfte an und schließen sie ab 169
6. Wir nutzen Warenwirtschaftssysteme im Einkauf 178
7. Wir berücksichtigen Gesichtspunkte der Nachhaltigkeit 183

LERNFELD 3

LERNFELD 4

4	**Geschäftsprozesse als Werteströme erfassen, dokumentieren und auswerten** **189**
1	Wir lernen die Aufgaben und Vorschriften der Buchführung kennen 189
2	Wir ermitteln die Vermögenswerte und Schulden durch Bestandsaufnahme 197
3	Wir stellen auf der Grundlage des Inventars die Bilanz auf 204
4	Wir erfahren, wie sich die Bilanz verändern kann 210
5	Wir lösen die Bilanz in aktive und passive Bestandskonten auf 214
6	Wir lernen den Buchungssatz kennen 219
7	Wir lernen das Eröffnungsbilanzkonto und das Schlussbilanzkonto kennen 225
8	Wir buchen Aufwendungen und Erträge auf Erfolgskonten 230
9	Wir informieren uns über die Warengeschäfte unseres Unternehmens 237
10	Wir ermitteln die Umsatzsteuerschuld unseres Unternehmens 245
11	Wir weisen die Zahllast oder den Vorsteuerüberhang in der Bilanz aus 251
12	Wir benutzen den Kontenplan und verwenden verschiedene Bücher in der Buchführung 257
13	Wir buchen Besonderheiten beim Ein- und Verkauf von Waren 264
14	Wir korrigieren Abweichungen zwischen Istbeständen aus der Inventur und Sollbeständen aus der Buchführung 269
15	Wir buchen die Privateinlagen und Privatentnahmen des Unternehmers 276
16	Wir analysieren den Erfolg des Unternehmens mithilfe von Kennzahlen 281

1 Wir erkunden einen Betrieb im Großhandel

HANDLUNGSSITUATION

Am ersten Tag der Ausbildung. Morgens treffen sich die neuen Auszubildenden vor dem Schulungsraum.

Sebastian Holpert: „Morgen! Ich bin der Sebastian."
Caroline König: „Hallo! Ich bin Caroline!"
Mete Öczan: „Hallo zusammen! Und ich bin Mete!"
Anne Schulte: „… und ich heiße Anne. Sag mal, Sebastian, warst du nicht auch auf der Freiherr-von-Stein-Schule vorher?"
Sebastian Holpert: „Ja, ich war zuletzt in der 10c. Dann kenn ich ja jetzt wenigstens schon einmal wen. Ansonsten ist hier alles ziemlich neu, groß und unübersichtlich. Ich muss mich hier überhaupt erst mal orientieren."

Informationen zum Lösen der folgenden Handlungsaufgaben finden Sie im Lehrbuch „Groß im Handel, 1. Ausbildungsjahr" im Kapitel 1 (Die Fairtext GmbH: Das Modellunternehmen) des Lernfeldes 1.

HANDLUNGSAUFGABEN

1. Vor welcher Situation stehen die neuen Auszubildenden der Fairtext GmbH?

2. Welches Ziel sollte die Fairtext GmbH verfolgen, damit das Problem gelöst werden kann?

3. Wo können die neuen Auszubildenden Informationen zur schnellen Orientierung im Unternehmen gewinnen?

LERNFELD 1

DAS GROSS- UND AUSSENHANDELSUNTERNEHMEN PRÄSENTIEREN

4. Erkunden Sie das Modellunternehmen Fairtext GmbH und ergänzen Sie die fehlenden Angaben in der Mindmap.

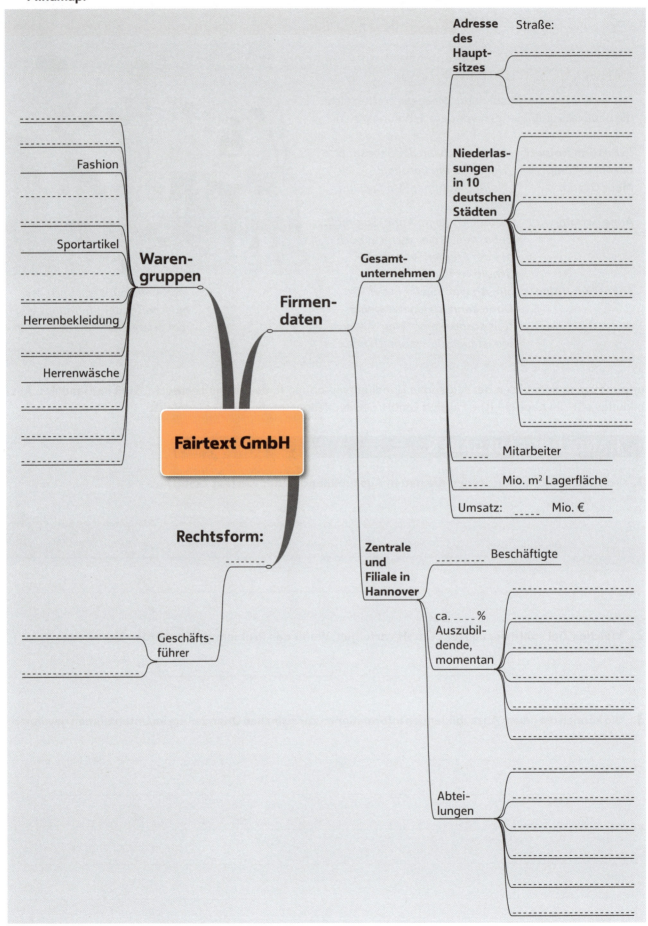

WIR ERKUNDEN EINEN BETRIEB IM GROSSHANDEL

5. Um z. B. Geschäftspartnern einen Überblick über Ihr Ausbildungsunternehmen geben zu können, benötigen Sie wichtige Informationen über Ihren Betrieb, die in einem sogenannten Unternehmensprofil zusammengefasst werden.
Erstellen Sie ein Unternehmensprofil Ihres Ausbildungsbetriebs, indem Sie die folgende Tabelle ergänzen.

Unternehmensprofil für meinen Ausbildungsbetrieb ...	
Branche:	
Produkte und Leistungen:	
Rechtsform:	
Standort(e):	
Anzahl der Mitarbeiter:	
Anzahl der Auszubildenden:	
Anzahl der Lieferanten:	
Anzahl der Kunden:	
Jahresumsatz:	
Besonderheiten:	

LERNFELD 1

DAS GROSS- UND AUSSENHANDELSUNTERNEHMEN PRÄSENTIEREN

VERTIEFUNGS- UND ANWENDUNGSAUFGABEN

Sie haben den Beruf **Kaufmann/-frau für Groß- und Außenhandelsmanagement** gewählt. Um sich Ihre Entscheidung nochmals bewusst zu machen, beantworten Sie bitte die folgenden Fragen.

a) Warum haben Sie eine Ausbildung in diesem Beruf gewählt?

___

b) Welche Klischees sind manchmal noch zu beobachten für den Beruf, für den Sie gerade ausgebildet werden?

___

c) Wie sieht das Berufsbild heute tatsächlich aus?

___

Zur weiteren Vertiefung der Lerninhalte und Sicherung der Lernergebnisse empfehlen wir das Bearbeiten der Aufgaben und Aktionen in Kapitel 1 (Die Fairtext GmbH: Das Modellunternehmen) des Lernfeldes 1 in Ihrem Lehrbuch „Groß im Handel, 1. Ausbildungsjahr".

2 Wir benötigen als Arbeitnehmer im Groß- und Außenhandel umfassende Handlungskompetenzen

HANDLUNGSSITUATION

Zu Beginn des ersten Auszubildendenseminars der Fairtext GmbH begrüßt die Ausbildungsleiterin Janina Schlemmer die neuen Auszubildenden. In ihrer Rede geht sie auch auf die sich verändernde Wirtschaft und die damit verbundenen Auswirkungen ein:

Janina Schlemmer: „... *Die Wirtschaft unterlag in den vergangen Jahren zahlreichen, zum Teil gewaltigen Veränderungsprozessen. Das hat unterschiedlichste Gründe, zum Beispiel eine fortschreitende Globalisierung. Insgesamt nimmt der Wettbewerbsdruck auf unseren Märkten stark zu. Es kommt zu Preiskämpfen. Innovationen lösen traditionelle Produkte ab. Die Kunden werden ebenfalls immer anspruchsvoller. Sie sind zunehmend kritisch gegenüber dem Preis-Leistungs-Verhältnis von Produkten. Die Treue zu bisherigen Geschäftspartnern nimmt stetig ab. Die Märkte werden also unübersichtlicher und schwieriger.*
Damit ein Unternehmen wie unseres auf einem solchen Markt bestehen kann, brauchen wir Mitarbeiter, die über ein Qualifikationsprofil verfügen, das den neuen Umständen angepasst ist. Deshalb ist es für uns als Unternehmen – aber erst recht für Sie als Arbeitnehmer – wichtig, dass Sie über möglichst viele Schlüsselqualifikationen verfügen. Liebe neue Auszubildende, Schlüsselqualifikationen ermöglichen Ihnen eine umfassende Handlungsfähigkeit in Ihrem zukünftigen Beruf. Um die Arbeit in Ihrem späteren Berufsleben selbstständig planen, ausführen und kontrollieren zu können, sollten Sie also bereits in der Berufsausbildung die Möglichkeit nutzen, neben der selbstverständlichen Fachkompetenz auch Methoden- und Sozialkompetenz zu erwerben. Sie sollten sich also mit den wichtigsten Lern-, Arbeits-, Gesprächs- und Kooperationstechniken vertraut machen. Das wird Sie in die Lage versetzen, an die komplexen Arbeitsaufgaben, die in Ihrer beruflichen Zukunft auf Sie warten, routiniert und kompetent heranzugehen ..."

In der Pause stehen Anne Schulte, Sebastian Holpert und Tamara Nestmann zusammen.

Tamara Nestmann: „*Ich konnte dem eigentlich nicht so recht folgen, was die Frau Schlemmer da gesagt hat. Wie bisher in der Schule sind möglichst viele Fakten wichtig ... und dass man sie auswendig kann. Das wird auch so an den Arbeitsplätzen gelten.*
Ich befürchte: Statt dass mir die Fakten durch Lehrer und Ausbildungsleitung vorgestellt werden, soll ich sie mir womöglich noch selbst erarbeiten. Und das sollen wir dann wahrscheinlich auch noch in Gruppen machen. Bisher konnte ich immer alleine am besten arbeiten ... Tja, und am Schluss muss man vorne auch noch rumhampeln. Präsentation wird das ja immer genannt. Warum sollen wir das denn machen? Und dann wird man darüber auch benotet. Dabei weiß ich ja am besten, wie gut ich da bin ..."

Anne Schulte: „*Ich glaube, du hast die neue Situation in der Wirtschaft noch nicht erkannt. Also, dazu muss ich mal Folgendes sagen ...*"

LERNFELD 1

DAS GROSS- UND AUSSENHANDELSUNTERNEHMEN PRÄSENTIEREN

Vier Wochen später: Die Auszubildenden haben auf dem Auszubildendenseminar den Auftrag erhalten, zu verschiedenen Themen Referate zu erstellen. Anne Schulte, Caroline König, Sebastian Holpert und Mete Öczan entscheiden sich, die ihnen zugeteilten Themen jeweils zu zweit zu bearbeiten und anschließend zu präsentieren. Tamara Nestmann dagegen lehnt den Vorschlag einer Auszubildenden aus der Filiale Rostock ab, mit ihr zusammenzuarbeiten.

Heute, auf dem zweiten Auszubildendenseminar, hält sie 70 Minuten lang ihren Vortrag. Obwohl sie 26 Seiten handschriftliche Aufzeichnungen hat, liest sie den Text von ihrer 52 Folien umfassenden PowerPoint-Präsentation ab. Sie schaut dabei lieber auf den Computer als die Zuschauer an. Diese würden sie nur nervös machen.

Tamara Nestmann: „Ich soll jetzt einen Vortrag über Kompetenzen halten. Zu den Schlüsselqualifikationen eines Unternehmers gehören ...
..."

Tamara Nestmann
(69 Minuten später): Damit habe ich alles über die Schlüsselqualifikation Konfliktfähigkeit gesagt. Das war es!"

Informationen zum Lösen der folgenden Handlungsaufgaben finden Sie im Lehrbuch „Groß im Handel, 1. Ausbildungsjahr" im Kapitel 3 (Handlungskompetenz als grundlegende Voraussetzung für eine erfolgreiche Berufstätigkeit) des Lernfeldes 1.

HANDLUNGSAUFGABEN

1. Führen Sie auf, vor welchen Herausforderungen die Fairtext GmbH und die Auszubildenden stehen.

2. Geben Sie an, wie die Fairtext GmbH und die Auszubildenden diese Herausforderungen angehen können.

3. Erläutern Sie die Bedeutung von Schlüsselqualifikationen.

WIR BENÖTIGEN ALS ARBEITNEHMER IM GROSS- UND AUSSENHANDEL UMFASSENDE HANDLUNGSKOMPETENZEN

4. Nennen Sie Ursachen für die zunehmende Bedeutung von Schlüsselqualifikationen.

5. Unterscheiden Sie fünf Bereiche der Schlüsselqualifikationen. Bringen Sie jeweils fünf Einzelqualifikationen für jeden Bereich.

Schlüsselqualifikationen					
Dimension					
Zielbereich					
Einzelqualifikation					

6. Widerlegen Sie (in der Rolle von Anne Schulte) die Ansicht von Tamara Nestmann.

LERNFELD 1

DAS GROSS- UND AUSSENHANDELSUNTERNEHMEN PRÄSENTIEREN

7. Beurteilen Sie den Vortrag von Tamara Nestmann.

VERTIEFUNGS- UND ANWENDUNGSAUFGABEN

1. Bearbeiten Sie den folgenden Text mit der Methode „Aktives Lesen". Bringen Sie dabei dort, wo Textstellen eine besondere Bedeutung haben, am Rand Zeichen oder Buchstaben an.

Bedeutung	Zeichen	Buchstabe
wichtige Aussage	!	W
Nachschlagen	+	N
Unklarheit	?	U
Definition	:	D
Beispiel	→	B
Zusammenfassung	( )	Z

Das Mindmapping ist eine Arbeitstechnik, Notizen und Gedanken, Gespräche und Ideen auf einfache Weise aufzuschreiben. Diese Arbeitstechnik hat für den Schüler einen Hauptvorteil: Für besseres Behalten von Inhalten wird von Wissenschaftlern empfohlen, Informationen nicht linear in Listen oder Fließtext (bei welchen oft bis zu 90 % der Worte für Erinnerungszwecke irrelevant sind) darzustellen, sondern in Mindmap-Form. Auf überflüssige Füllwörter wird bewusst verzichtet. Stattdessen werden gut zu wählende Schlüsselwörter benutzt, die zur späteren Erinnerung des Inhalts ausreichen. Da eine Begriffshierarchie erstellt werden muss, erfolgt eine sinnvolle Ordnung der Lerninhalte.

Eine Mindmap (wortwörtlich übersetzt: Gedankenlandkarte) lässt sich in unterschiedlichen Situationen anwenden:
- zur Zusammenfassung eines Vortrags, eines Artikels, eines Buches,
- zur Ergebnisdokumentation einer Gesprächsrunde: Arbeitsergebnisse können sichtbar gemacht werden,
- für die Planung, Durchführung und Kontrolle von Projekten,
- zur Vorbereitung auf Prüfungen und Tests,
- als Visualisierungstechnik für Besprechungen und Konferenzen,
- zur kreativen Ideenfindung: Einfälle und Ideen können festgehalten werden.

Ein weiterer Hauptvorteil des Mindmappings liegt in der einfachen Handhabung. Es sind nur die eben aufgeführten Gestaltungsregeln anzuwenden. Mit dem Mindmapping wird das herkömmliche „Alles schön geordnet und untereinander"-Aufschreiben überwunden. Dadurch wird sehr viel Zeit gespart. Deshalb geht auch kaum ein Gedanke verloren: Man hat alles auf einen Blick und das einigermaßen übersichtlich.

Das Mindmapping versucht, den Vorgängen in unserem Gehirn gerecht zu werden: Es können unterschiedliche Gedankenpfade verfolgt, verlassen und wieder erreicht werden und trotzdem bleibt der Überblick über das Ganze erhalten.

Etwa beim Mitschreiben eines Vortrags hat eine Mindmap gegenüber der üblichen linearen Vorgehensweise des Untereinanderschreibens verschiedene Vorteile:
- Mindmaps geben die Inhalte als Schlüsselwörter wieder, die erst wieder beim Ansehen und Lesen automatisch zu ganzen Sätzen ergänzt werden. Es werden keine unnötigen Füllwörter aufgeschrieben, die einzelnen Stichwörter sind durch die Vernetzung der Unterpunkte jederzeit nachvollziehbar. Überflüssige Wörter, die in Sätzen häufig vorkommen, müssen später nicht mitgelernt werden.
- Es erfolgt automatisch eine Zusammenfassung des zu Lernenden. Statt mit sturem Pauken wird der Schulstoff mit einem Bild strukturiert und in der Erinnerung verankert.
- Man benötigt oft nur noch ein einziges Blatt pro Themenbereich: Es wird Platz gespart.
- Schaut man sich später die Mindmap an, kann das Thema sofort wieder erfasst werden. Die Fakten, beschränkt auf wenige Worte, sind visualisiert und auf einen Blick zu erkennen.
- Untereinander geschriebene Mitschriften von Vorträgen sind häufig unübersichtlich.
- Mindmaps sind erheblich leichter zu ergänzen als die herkömmlichen linearen Aufzeichnungen.
- Ein weiterer Vorteil von Mindmaps im Gegensatz zur linearen Aufzeichnungsform liegt darin, dass Verknüpfungen der Begriffe untereinander aufgezeigt werden können.

2. Sie sollen ein Referat zu einem bestimmten Thema erstellen und dieses präsentieren.
Erstellen Sie eine Mindmap, die Auskunft gibt über
- **die verschiedenen Phasen der Erarbeitung eines Referats,**
- **die Schritte der Präsentation**
- **und Regeln zur Durchführung der Präsentation.**

LERNFELD 1

DAS GROSS- UND AUSSENHANDELSUNTERNEHMEN PRÄSENTIEREN

3. Geklärt werden soll, wie man zu guten Zeugnisnoten im Ausbildungsberuf kommt. Verwenden Sie dazu die „Kopfstandmethode".

Kopfstandmethode	
Problemstellung	
1. Gegenteilige Problemstellung (auf den Kopf gestellte Frage)	2. Lösung (Gegenvorschlag, der sich auf die Ausgangsfragestellung bezieht)

WIR BENÖTIGEN ALS ARBEITNEHMER IM GROSS- UND AUSSENHANDEL UMFASSENDE HANDLUNGSKOMPETENZEN

4. Fassen Sie den folgenden Text zusammen. Versuchen Sie dabei so viele Visualisierungsmittel wie möglich anzuwenden.

Lernen auf mehreren Lernwegen

Ein wichtiges Erfolgsrezept bei der Vorbereitung auf Prüfungen ist das Lernen auf möglichst vielen Lernwegen. Für die selbstständige Informationsverarbeitung nutzt der Mensch die Wahrnehmungsmöglichkeiten:
- das Lesen
- das Hören
- das Sehen
- das Fühlen

Lernstoff kann über verschiedene Sinnesorgane aufgenommen werden. Die verschiedenen Sinnesnerven (Augen, Ohren, Geruchssinn usw.) leiten die Sinnesreize zum Gehirn, wo sie ins Gedächtnis gelangen. Die Strecke vom jeweiligen Sinnesorgan zum Gedächtnis nennt man Lernweg.

Wissenschaftliche Untersuchungen haben gezeigt, dass bei den meisten Menschen alle Lernwege halbwegs gleichmäßig ausgeprägt sind. Benutzen Sie deshalb beim Lernen möglichst viele Lernwege.

Bevorzugen Sie zwar den Lernweg, der Ihnen am besten liegt, auf dem Sie am meisten verstehen, auf dem Sie am meisten behalten. Lassen Sie aber keinen der drei Hauptlernwege (Sehen, Hören, Handeln) aus. Je mehr Lernwege nämlich benutzt werden, desto mehr Wahrnehmungsfelder werden im Gehirn angesprochen und in den Gedächtnisprozess einbezogen.

Der Gebrauch mehrerer Lernwege ist umso notwendiger, als beispielsweise der Lernweg Hören im Unterricht überbetont wird. Dieser Lernweg ist einerseits sehr bequem, weil Sie ziemlich passiv bleiben können. Andererseits sind aber die Hörinformationen nicht anschaulich genug und werden sehr rasch vergessen.

Unbedingt hinzukommen muss das Mitnotieren (Notizen und Mitschriften machen). Dadurch werden sowohl optische als auch motorische Wahrnehmungsfelder am Lernprozess beteiligt. Bringen Sie sich mit Diskussionsbeiträgen und Fragen ein, erweitert sich das Netzwerk des Gelernten. Wiederholen und vertiefen Sie den Lernstoff durch Anfertigung von Textauszügen (Exzerpieren) und Textstrukturen oder durch das Lösen von Übungsaufgaben, wird er gut verankert und vernetzt, sodass die nächste Prüfung zu einem guten Teil vorbereitet ist.

5. Führen Sie sieben Regeln für eine effiziente Gruppenarbeit auf.

LERNFELD 1 — DAS GROSS- UND AUSSENHANDELSUNTERNEHMEN PRÄSENTIEREN

6. Ergänzen Sie die folgende Tabelle zur Verteilung von Rollen für eine effektive Gruppenarbeit.

Rollen für eine effektive Gruppenarbeit	
Rolle	**Aufgabe**
	– Vorsitzende(r) der Gruppe – Eröffnet das Thema – Leitet die Arbeit – Verteilt die Rollen
Zeitnehmer(in)	
Wadenbeißer(in)	
	Trägt die Ergebnisse der Gruppenarbeit vor
Protokollführer(in)	
	Sorgt für eine gute Atmosphäre
Logbuchführer(in)	

Zur weiteren Vertiefung der Lerninhalte und Sicherung der Lernergebnisse empfehlen wir das Bearbeiten der Aufgaben und Aktionen in Kapitel 3 (Handlungskompetenz als grundlegende Voraussetzung für eine erfolgreiche Berufstätigkeit) des Lernfeldes 1 in Ihrem Lehrbuch „Groß im Handel, 1. Ausbildungsjahr".

3 Wir reagieren auf bestimmte berufliche Situationen mit sozialen Kompetenzen

HANDLUNGSSITUATION

Die Ausbildungsleiterin Janina Schlemmer möchte allen neuen Auszubildenden nach den ersten vier Wochen ihrer Ausbildung in einem persönlichen Gespräch ein erstes Feedback zu Auftreten und Leistungen aus Sicht des ausbildenden Unternehmens geben. Bis auf eine Auszubildende beurteilt sie alle bisher positiv. Bei Tamara Nestmann hat sie dagegen eklatante Mängel beobachtet:

Tamara Nestmann ist einige Male zu spät zur Arbeit gekommen. Auch die Berufsschule hat schon Fehlzeiten angemahnt.

Tamara Nestmann ist momentan im Verkauf eingesetzt und betreut dort mit einer ihr zur Seite gestellten Kollegin die Bereiche Damenoberbekleidung und Business-Mode. Seit zwei Wochen hat sie vier neue Piercings, ihre Haare sind grell orange gefärbt und sie trägt jeden Tag eine verblichene Jeans mit Löchern. In der Betriebsordnung der Fairtext GmbH steht u. a., dass die Mitarbeiter „sich gegenüber Kunden seriös" präsentieren sollen.

Tamara Nestmann sollte seit einer Woche bis gestern einen Arbeitsauftrag für die Abteilungsleitung erledigen. Diese fragt heute höflich nach, wann denn mit der Erledigung zu rechnen sei. Tamara Nestmann reagiert unwirsch.

Seit Tagen schlägt sich Tamara Nestmann mit der Bearbeitung dieses Arbeitsauftrags herum. Sie kommt einfach nicht weiter. Ihre Kollegen möchte sie nicht um Rat fragen. Sie glaubt, dass diese dann denken würden, sie sei ihren Aufgaben nicht gewachsen.

Mete Öczan möchte Tamara Nestmann um ein Gespräch unter vier Augen bitten. Auf dem Azubiseminar war er mit ihr in einer Arbeitsgruppe. Er stört sich an ihrem Verhalten, das seiner Meinung nach dazu führt, dass keine optimalen Ergebnisse abgeliefert werden. Er hat den Satz noch nicht beendet, da schreit Tamara Nestmann schon: „Deine Meinung interessiert mich überhaupt nicht!", und zieht von dannen.

Frau Schlemmer nimmt ein Informationsblatt zu dem Gespräch mit Tamara Nestmann mit:

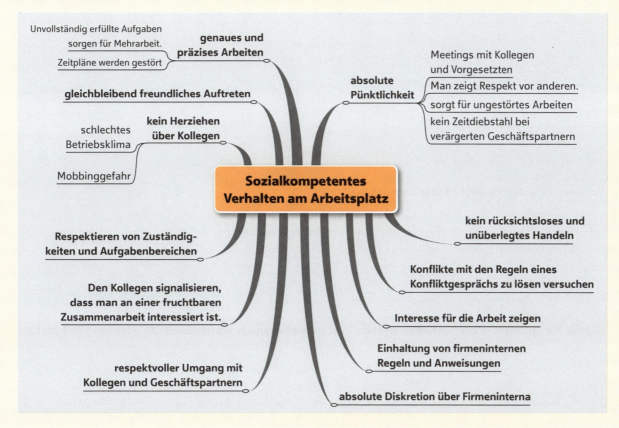

Informationen zum Lösen der folgenden Handlungsaufgaben finden Sie im Lehrbuch „Groß im Handel, 1. Ausbildungsjahr" in Kapitel 3 (Handlungskompetenz als grundlegende Voraussetzung für eine erfolgreiche Berufstätigkeit) im Lernfeld 1.

LERNFELD 1

DAS GROSS- UND AUSSENHANDELSUNTERNEHMEN PRÄSENTIEREN

HANDLUNGSAUFGABEN

1. Führen Sie auf, vor welchen Problemen

    a) Tamara Nestmann,

    b) die Ausbildungsleiterin Janina Schlemmer stehen.

2. Machen Sie Vorschläge, wie Janina Schlemmer und Tamara Nestmann bei der Problemlösung vorgehen können.

3. Erläutern Sie den Begriff „Sozialkompetenz".

4. Geben Sie an, warum die Sozialkompetenz in Unternehmen als immer bedeutender eingeschätzt wird.

5. Geben Sie drei Fertigkeiten an, die zur Sozialkompetenz gehören.

	Fähigkeit, sich mit anderen effektiv und konstruktiv zu verständigen
	Fähigkeit, wirkungsvoll mit Kollegen und Vorgesetzten, mit Kunden und Lieferanten zusammenzuarbeiten
	Fähigkeit, sich mit anderen fair, sachlich und mit Problemlösungsstrategien auseinanderzusetzen

6. Zwischen Tamara Nestmann und vielen anderen gibt es Spannungen und Auseinandersetzungen. Da solche Konflikte negative Auswirkungen haben, überlegt sich Frau Schlemmer die Vorgehensweise in solchen Konfliktfällen.

a) Führen Sie negative Auswirkungen von Konflikten auf.

_____

_____

_____

_____

_____

b) Geben Sie an, in welchen vier Schritten Frau Schlemmer in einem Konfliktfall vorgehen kann.

	Erkennen des Konflikts Erkennen der Eskalationsstufe Erkennen der Parteien
	offenes Angehen des Konflikts geregelte Austragung
	Anstreben einer kooperativen Problemlösung
	Einhaltung der Vereinbarungen Lerneffekt

7. Frau Schlemmer bereitet das Konfliktgespräch vor. Sie möchte einzelne Fälle aufgreifen und diese mit Tamara Nestmann besprechen.

a) Als Erstes thematisiert Frau Schlemmer die Situation, dass Tamara auf die höfliche Frage der Abteilungsleitung, wann denn eine Aufgabe erledigt sei, unhöflich und unwirsch reagiert hat. Sie möchte Tamara Nestmann klarmachen, dass die Frage der Abteilungsleitung auch anders verstanden werden konnte. **Führen Sie die vier Ebenen des 4-Ohren-Modells von Schulz von Thun auf, beschreiben Sie diese kurz und erläutern Sie, wie die Anfrage der Abteilungsleitung jeweils verstanden werden könnte.**

LERNFELD 1

DAS GROSS- UND AUSSENHANDELSUNTERNEHMEN PRÄSENTIEREN

Ebene	Erläuterung	Botschaft

b) **Erläutern Sie, warum es zu dem Konflikt zwischen Tamara Nestmann und der Abteilungsleitung kommen konnte.**

_____

_____

c) Auch auf die anderen Fälle möchte Frau Schlemmer eingehen.
Beurteilen Sie die jeweilige Situation und machen Sie Vorschläge zur Konfliktlösung.

Situation	Beurteilung	Vorschlag für eine eventuelle Konfliktlösung
Tamara Nestmann ist einige Male zu spät zur Arbeit gekommen. Auch die Berufsschule hat schon Fehlzeiten angemahnt.		
Tamara Nestmann ist momentan im Verkauf eingesetzt und betreut dort mit einer ihr zur Seite gestellten Kollegin die Bereiche Damenoberbekleidung und Business-Mode. Seit zwei Wochen hat sie vier neue Piercings, ihre Haare sind grell orange gefärbt und sie trägt jeden Tag eine verblichene Jeans mit Löchern. In der Betriebsordnung der Fairtext GmbH steht u. a., dass die Mitarbeiter „sich gegenüber Kunden seriös" präsentieren sollen.		
Tamara Nestmann sollte seit einer Woche bis gestern einen Arbeitsauftrag für die Abteilungsleitung erledigen. Diese fragt heute höflich nach, wann denn mit der Erledigung zu rechnen sei. Tamara Nestmann reagiert unwirsch.		

WIR REAGIEREN AUF BESTIMMTE BERUFLICHE SITUATIONEN MIT SOZIALEN KOMPETENZEN

Situation	Beurteilung	Vorschlag für eine eventuelle Konfliktlösung
Seit Tagen schlägt sich Tamara Nestmann mit der Bearbeitung dieses Arbeitsauftrags herum. Sie kommt einfach nicht weiter. Ihre Kollegen möchte sie nicht um Rat fragen. Sie glaubt, dass diese dann denken würden, sie sei ihren Aufgaben nicht gewachsen.		
Mete Öczan möchte Tamara Nestmann um ein Gespräch unter vier Augen bitten. Auf dem Azubiseminar war er mit ihr in einer Arbeitsgruppe. Er stört sich an ihrem Verhalten, das seiner Meinung nach dazu führt, dass keine optimalen Ergebnisse abgeliefert werden. Er hat den Satz noch nicht beendet, da schreit Tamara Nestmann schon: „Deine Meinung interessiert mich überhaupt nicht!", und zieht von dannen.		

VERTIEFUNGS- UND ANWENDUNGSAUFGABEN

1. Sie arbeiten mit anderen in einem Team zusammen. Dabei machen Sie einen aus Ihrer Sicht vernünftigen Vorschlag, wie bei der Arbeit weiter vorgegangen werden könnte.
Ein anderes Teammitglied sagt: „Wir haben das aber bisher immer anders gemacht."
Geben Sie an, wie diese Mitteilung auf den vier Ebenen der Kommunikation verstanden werden könnte.

Ebene	Botschaft
Sachebene	
Beziehungsebene	
Appellebene	
Selbstoffenbarungsebene	

2. Führen Sie Einflussgrößen auf, die eine positive Teamentwicklung begünstigen.

Zur weiteren Vertiefung der Lerninhalte und Sicherung der Lernergebnisse empfehlen wir die Bearbeitung der Aufgaben und Aktionen in Kapitel 3 (Handlungskompetenz als grundlegende Voraussetzung für eine erfolgreiche Berufstätigkeit) des Lernfeldes 1 in Ihrem Lehrbuch „Groß im Handel, 1. Ausbildungsjahr".

LERNFELD 1

DAS GROSS- UND AUSSENHANDELSUNTERNEHMEN PRÄSENTIEREN

4 Wir Auszubildenden der Fairtext GmbH informieren uns über unsere zu erfüllenden Aufgaben im ersten Ausbildungsjahr

HANDLUNGSSITUATION

Anne Schulte, Caroline König, Sebastian Holpert und Mete Öczan haben vor drei Monaten ihre Ausbildung zur Kauffrau bzw. zum Kaufmann für Groß- und Außenhandelsmanagement bei der Fairtext GmbH begonnen.

Anne Schulte und Caroline König arbeiten seit dem Beginn ihrer Ausbildung in der Verkaufsabteilung, Sebastian Holpert in der Verwaltung und Mete Öczan in der Einkaufsabteilung.

In der Mittagspause treffen sie sich immer in der Kantine. Dabei unterhalten sie sich auch über ihre tägliche Arbeit.

Heute macht Mete Öczan einen sehr unzufriedenen Eindruck.

Sebastian: „Hallo Mete, welche Laus ist dir denn über die Leber gelaufen?"

Mete: „Ach, jeden Tag das Gleiche. Von morgens bis abends prüfe ich Auftragsbestätigungen und kümmere mich um die Ablage. Nur wenn Not am Mann ist, darf ich auch mal eine Bestellung schreiben. Und über unsere Waren weiß ich noch gar nichts. Ich möchte mal wissen, was das mit Ausbildung zu tun hat? Wie sieht das denn bei euch aus?"

Sebastian: „Bei mir ist das ähnlich. Ich kümmere mich um die Dokumentenablage und helfe in der Telefonzentrale. Und was wir in der Berufsschule machen, hat damit auch nichts zu tun."

Anne: „Da müsstet ihr mal in meiner Abteilung arbeiten. Seit zwei Wochen kontrolliere ich eingehende Aufträge auf Vollständigkeit und gebe Kundenstammdaten in das Warenwirtschaftssystem ein."

Caroline: „Nun regt euch mal nicht auf. Das, was ihr zurzeit macht, gehört alles zu unseren Aufgaben als Kaufleute für Groß- und Außenhandelsmanagement. Mir macht die Arbeit echt Spaß. Ich darf die Kunden im Telefonverkauf beraten. Und Ware einräumen, Kundenaufträge vervollständigen und mich um die Ablage kümmern, muss ich bestimmt auch noch."

Sebastian: „Das sagst du so. Ich möchte erst mal schwarz auf weiß sehen, dass meine Arbeit für die Ausbildung zum Kaufmann für Groß- und Außenhandelsmanagement notwendig ist."

Mete: „Und ich möchte wissen, was die Berufsschule mit meiner Ausbildung bei der Fairtext GmbH zu tun hat."

Anne: „Ja, irgendwo muss das ja stehen. Da sollten wir uns mal schlaumachen."

Caroline: „Gut, fragen wir doch Daniela. Die ist schon im zweiten Ausbildungsjahr und weiß sicher besser Bescheid."

HANDLUNGSAUFGABEN

Nutzen Sie zur Lösung der Handlungsaufgaben die Informationen zum Berufsausbildungsvertrag und zur dualen Berufsausbildung in Ihrem Lehrbuch „Groß im Handel, 1. Ausbildungsjahr", Lernfeld 1, Kapitel 4 und 5.

WIR AUSZUBILDENDEN DER FAIRTEXT GMBH INFORMIEREN UNS ÜBER UNSERE ZU ERFÜLLENDEN AUFGABEN

1. Welche Fragen müssen Anne, Caroline, Sebastian und Mete klären?

2. Aus welchen Unterlagen können die Auszubildenden Informationen zu den Inhalten der betrieblichen und schulischen Berufsausbildung entnehmen?

3. Die in der Berufsausbildung im Betrieb zu vermittelnden Kenntnisse und Fertigkeiten sind dem Ausbildungsrahmenplan zu entnehmen.

In dem folgenden Auszug des Ausbildungsrahmenplans für den Ausbildungsberuf „Kaufmann/Kauffrau für Groß- und Außenhandelsmanagement" sind die im Ausbildungsbetrieb zu vermittelnden Fertigkeiten und Kenntnisse der ersten fünfzehn Monate der Ausbildung aufgelistet.

Abschnitt A: fachrichtungsübergreifende berufsprofilgebende Fertigkeiten, Kenntnisse und Fähigkeiten

	Ausbildungsrahmenplan (Auszug)	
Lfd. Nr.	**Teil des Ausbildungsberufsbildes**	**Zu vermittelnde Fertigkeiten, Kenntnisse und Fähigkeiten**
1	**Warensortiment zusammenstellen und Dienstleistungen anbieten** (§ 4 Absatz 2 Nummer 1)	a) Bedarf an Artikeln, Warengruppen und Dienstleistungen unter Berücksichtigung der Absatzchancen ermitteln und dabei Kern- und Randsortimente differenziert betrachten b) Informationen über Warensortimente und Dienstleistungen einholen, auch unter Nutzung elektronischer Medien c) Vorschläge für die Zusammenstellung marktorientierter Warensortimente entwickeln d) Verpackungen nach technischen, ökonomischen und ökologischen Gesichtspunkten auswählen e) Vorschläge für waren- und kundenbezogene Dienstleistungsangebote entwickeln f) branchenübliche Fachbegriffe, Maß-, Mengen- und Gewichtseinheiten verwenden g) waren- und dienstleistungsbezogene Normen und rechtliche Regelungen einhalten

LERNFELD 1

DAS GROSS- UND AUSSENHANDELSUNTERNEHMEN PRÄSENTIEREN

\multicolumn{3}{c}{Ausbildungsrahmenplan (Auszug)}
Lfd. Nr.	Teil des Ausbildungsberufsbildes	Zu vermittelnde Fertigkeiten, Kenntnisse und Fähigkeiten
3	**Einkauf von Waren und Dienstleistungen marktorientiert planen, organisieren und durchführen** (§ 4 Absatz 2 Nummer 3)	a) unter Beachtung von Beschaffungsrichtlinien Bezugsquellen ermitteln und Angebote einholen b) Durchführung von Ausschreibungsverfahren prüfen, an Ausschreibungsverfahren mitwirken und elektronische Plattformen für die Beschaffung nutzen c) Angebote vergleichen hinsichtlich Art, Beschaffenheit, Qualität, Menge und Preis von Waren, Verpackungskosten, Lieferzeit sowie Liefer- und Zahlungsbedingungen d) Dienstleistungsangebote, insbesondere im Hinblick auf Umfang, Qualität, Verfügbarkeit und Preise, vergleichen e) Waren bestellen, Dienstleistungen beauftragen und Auftragsbestätigungen prüfen
5	**Verkauf kundenorientiert planen und durchführen** (§ 4 Absatz 2 Nummer 5)	a) Anfragen bearbeiten, Preise ermitteln und angebotsspezifische Kalkulationen durchführen b) Aufträge bearbeiten und bestätigen sowie Rechnungen erstellen c) durch eigenes Verhalten zur Kundenzufriedenheit und Kundenbindung beitragen d) Angebote unter Berücksichtigung von Geschäfts-, Liefer- und Zahlungsbedingungen erstellen
8	**Arbeitsorganisation projekt- und teamorientiert planen und steuern** (§ 4 Absatz 2 Nummer 8)	a) eigene Arbeit unter Einsatz betrieblicher Arbeits- und Organisationsmittel systematisch planen, durchführen und kontrollieren b) Arbeitsprozesse im eigenen Arbeitsbereich reflektieren und Maßnahmen zur Optimierung vorschlagen c) Lern- und Arbeitstechniken sowie Methoden des selbstgesteuerten Lernens anwenden und elektronische Lernmedien nutzen d) Aufgaben im Team planen und bearbeiten sowie Ergebnisse abstimmen und auswerten e) Präsentationstechniken anwenden

Abschnitt D: fachrichtungsübergreifende, integrativ zu vermittelnde Fertigkeiten, Kenntnisse und Fähigkeiten

Lfd. Nr	Teil des Ausbildungsberufsbildes	Zu vermittelnde Fertigkeiten, Kenntnisse und Fähigkeiten
5	**Kommunikation** (§ 4 Absatz 5 Nummer 5)	a) in der internen und externen Zusammenarbeit situations- und zielorientiert unter Berücksichtigung von Wertschätzung, Vertrauen, Respekt und gesellschaftlicher Vielfalt kommunizieren b) effizient, ressourcenschonend und adressatengerecht, auch unter Nutzung digitaler Medien, kommunizieren sowie Ergebnisse dokumentieren c) fremdsprachige Fachbegriffe verwenden d) fremdsprachige Informationen nutzen

WIR AUSZUBILDENDEN DER FAIRTEXT GMBH INFORMIEREN UNS ÜBER UNSERE ZU ERFÜLLENDEN AUFGABEN

Lfd. Nr	Teil des Ausbildungsberufsbildes	Zu vermittelnde Fertigkeiten, Kenntnisse und Fähigkeiten
6	Elektronische Geschäftsprozesse (E-Business) (§ 4 Absatz 5 Nummer 6)	a) E-Business-Systeme zur Ressourcenplanung und Verwaltung von Kundenbeziehungen in den Geschäftsprozessen anwenden und Ziele, Funktionen und Schnittstellen dieser Systeme darstellen b) Zusammenhänge zwischen Daten- und Warenfluss bei betrieblichen Prozessen herstellen und berücksichtigen c) externe und interne elektronische Informations- und Kommunikationsquellen aus E-Business-Systemen für die Informationsbeschaffung auswählen und bei betrieblichen Prozessen nutzen sowie Standardsoftware und betriebsspezifische Software anwenden d) Daten und Informationen, insbesondere im Zusammenhang mit Stammdatenmanagement, beschaffen, erfassen, vervollständigen, sichern und pflegen e) rechtliche Regelungen und betriebliche Vorgaben zum Datenschutz und zur IT-Sicherheit einhalten

Stellen Sie fest, welche im Auszug des Ausbildungsrahmenplans genannten Fertigkeiten und Kenntnisse Anne, Caroline, Sebastian und Mete durch ihre zurzeit ausgeübten Tätigkeiten erwerben können.

Auszubildende bzw. Auszubildender	Ausgeübte Tätigkeiten	Fertigkeiten und Kenntnisse der Berufsbildpositionen des Ausbildungsplans
Anne Schulte		
Caroline König		
Sebastian Holpert		
Mete Öczan		

LERNFELD 1

DAS GROSS- UND AUSSENHANDELSUNTERNEHMEN PRÄSENTIEREN

4. Die berufsbezogenen Kompetenzen, die die Auszubildenden zum Kaufmann/zur Kauffrau für Groß- und Außenhandelsmanagement in der Berufsschule erwerben sollen, finden Sie im Rahmenlehrplan für den Ausbildungsberuf Kaufmann/Kauffrau für Groß- und Außenhandelsmanagement.

Dieser Rahmenlehrplan beinhaltet dreizehn Lernfelder. Diese Lernfelder fassen Handlungsfelder von Kaufleuten für Groß- und Außenhandelsmanagement zusammen, die sich an typischen Aufgabenstellungen von Beschäftigten im Groß- und Außenhandel orientieren.

Im ersten Ausbildungsjahr sind die folgenden vier Lernfelder Gegenstand des Berufsschulunterrichts:
- Lernfeld 1 Das Unternehmen präsentieren und die eigene Rolle mitgestalten
- Lernfeld 2 Aufträge kundenorientiert bearbeiten
- Lernfeld 3 Beschaffungsprozesse durchführen
- Lernfeld 4 Werteströme erfassen und dokumentieren

Über die Kompetenzen und Inhalte, die in diesen Lernfeldern in der Berufsschule vermittelt werden sollen, können Sie sich im Rahmenlehrplan, aber auch in Ihrem Lehrbuch „Groß im Handel, 1. Ausbildungsjahr" informieren.

a) Ordnen Sie die Lernfelder den Teilen des Ausbildungsberufsbildes des Ausbildungsplans in der folgenden Übersicht zu.

b) Ordnen Sie anschließend die Kapitel Ihres Lehrbuches „Groß im Handel, 1. Ausbildungsjahr" diesen Teilen des Ausbildungsberufsbildes in dieser Übersicht zu.

Ausbildungsrahmenplan (Auszug) ⇨ Übersicht über die im Ausbildungsbetrieb zu vermittelnden Fertigkeiten und Kenntnisse	Rahmenlehrplan ⇨ Vorgabe der in der Berufsschule zu vermittelnden Kompetenzen	Lehrbuch
Teil des Ausbildungsberufsbildes	Lernfelder	Kapitel
Abschnitt A:		
1 Warensortiment zusammenstellen und Dienstleistungen anbieten		
3 Einkauf von Waren und Dienstleistungen marktorientiert planen, organisieren und durchführen		
5 Verkauf kundenorientiert planen und durchführen		
8 Arbeitsorganisation projekt- und teamorientiert planen und steuern		

WIR AUSZUBILDENDEN DER FAIRTEXT GMBH INFORMIEREN UNS ÜBER UNSERE ZU ERFÜLLENDEN AUFGABEN

Ausbildungsrahmenplan (Auszug) ⇨ Übersicht über die im Ausbildungsbetrieb zu vermittelnden Fertigkeiten und Kenntnisse	Rahmenlehrplan ⇨ Vorgabe der in der Berufsschule zu vermittelnden Kompetenzen	Lehrbuch
Teil des Ausbildungsberufsbildes	Lernfelder	Kapitel
Abschnitt D: 5 Kommunikation		
6 Elektronische Geschäftsprozesse		

5. Mete Öczan ist der Meinung, dass das, was er in der Berufsschule lernen muss, nichts mit seiner Tätigkeit im Betrieb zu tun hat.

Widerlegen Sie diese Behauptung. Nutzen Sie dabei die von Ihnen vervollständigten Übersichten in den Aufgaben 3 und 4.

___

___

___

___

VERTIEFUNGS- UND ANWENDUNGSAUFGABEN

Zur weiteren Vertiefung und Sicherung der Lernergebnisse empfehlen wir das Bearbeiten der Aufgaben und Aktionen im Kapitel 4 des Lernfeldes 1 Ihres Lehrbuches „Groß im Handel, 1. Ausbildungsjahr".

LERNFELD 1

DAS GROSS- UND AUSSENHANDELSUNTERNEHMEN PRÄSENTIEREN

5 Wir achten auf die Einhaltung der gesetzlichen Bestimmungen und vertraglichen Vereinbarungen bei der Arbeitszeitplanung von Auszubildenden

HANDLUNGSSITUATION

Die 17-jährige Anne Schulte und der 19-jährige Mete Öczan haben im August dieses Jahres ihre Ausbildung bei der Fairtext GmbH begonnen.

Mete Öczan ist zurzeit in der Einkaufsabteilung eingesetzt. Er arbeitet dort am Montag, Dienstag und Donnerstag von 7:30 Uhr bis 12:00 Uhr und von 13:00 Uhr bis 17:00 Uhr, am Mittwoch von 15:30 Uhr bis 18:00 Uhr und am Freitag von 13:30 Uhr bis 17:00 Uhr. Er besucht die Berufsschule am Mittwoch von 7:45 Uhr bis 14:30 Uhr und am Freitag von 7:45 Uhr bis 11:00 Uhr. Am Samstag hat er frei.

Anne Schulte ist zurzeit in der Verkaufsabteilung im Showroom eingesetzt. Sie arbeitet dort am Montag, Dienstag und Donnerstag von 7:30 Uhr bis 12:00 Uhr und von 13:00 Uhr bis 16:30 Uhr, am Freitag von 13:30 Uhr bis 16:30 Uhr und am Samstag von 9:00 Uhr bis 13:00 Uhr. Ebenso wie Mete Öczan besucht sie die Berufsschule am Mittwoch von 7:45 Uhr bis 14:30 Uhr und am Freitag von 7:45 Uhr bis 11:00 Uhr.

Sowohl Anne Schulte als auch Mete Öczan sind mit ihren Arbeitszeiten sehr unzufrieden. Außerdem fühlt sich Mete gegenüber Anne benachteiligt, weil er am Mittwoch nach der Berufsschule noch im Betrieb arbeiten muss. Anne fühlt sich benachteiligt, weil sie auch am Samstag in der Verkaufsabteilung arbeiten muss.

Anne Schulte und Mete Öczan bitten deshalb die Vorsitzende der Jugend- und Auszubildendenvertretung der Fairtext GmbH, Daniela Lange, um Hilfe.

HANDLUNGSAUFGABEN

Bei der Lösung der Handlungsaufgaben helfen Ihnen die Informationen Ihres Lehrbuches „Groß im Handel, 1. Ausbildungsjahr", Lernfeld 1, Kapitel 4, 5, und 6.

1. Welche Probleme muss Daniela Lange klären, um Anne Schulte und Mete Öczan helfen zu können?

WIR ACHTEN AUF DIE EINHALTUNG DER GESETZLICHEN BESTIMMUNGEN UND VERTRAGLICHEN VEREINBARUNGEN

2. Aus welchen Unterlagen kann Daniela Lange Informationen über die Arbeitszeit und die Anrechnung des Berufsschulbesuchs auf die wöchentliche Arbeitszeit entnehmen?

3. Welche gesetzlichen und vertraglichen Regelungen müssen bei der Festsetzung der Arbeitszeiten von Anne Schulte beachtet werden?

4. Welche Gesetze und vertraglichen Regelungen müssen bei der Festsetzung der Arbeitszeiten von Mete Öczan berücksichtigt werden?

5. Erstellen Sie eine Übersicht der Regelungen des Jugendarbeitsschutzgesetzes, die bei der Gestaltung der Arbeitszeit von Anne Schulte berücksichtigt werden müssen.

   Nutzen Sie dazu die Informationen zum Jugendarbeitsschutzgesetz in Ihrem Lehrbuch „Groß im Handel, 1. Ausbildungsjahr", Lernfeld 1, Kapitel 6.

LERNFELD 1

DAS GROSS- UND AUSSENHANDELSUNTERNEHMEN PRÄSENTIEREN

6. **Vergleichen Sie die Vereinbarungen im Ausbildungsvertrag von Anne Schulte mit den Regelungen des Jugendarbeitsschutzgesetzes.**

A	Die Ausbildungszeit beträgt nach der Ausbildungsordnung 36 Monate. Die vorausgegangene schulische Vorbildung abgeschlossene betriebliche Berufsausbildung als abgebrochene betriebliche Berufsausbildung als abgeschlossene Berufsausbildung in schulischer Form mit Abschluss als wird mit ___ Monaten angerechnet, bzw. es wird eine entsprechende Verkürzung beantragt. Das Berufsausbildungsverhältnis beginnt am 01.08.2022 endet am 31.07.2025

B	Die Probezeit (§ 1 Nr. 2) beträgt 4 Monate.[3]
C	Die Ausbildung findet vorbehaltlich der Regelungen nach D in Fairtext GmbH, Hannover und den mit dem Betriebssitz für die Ausbildung üblicherweise zusammenhängenden Bau-, Montage- und sonstigen Arbeitsstellen statt (§ 3 Nr. 12).
D	Ausbildungsmaßnahmen außerhalb der Ausbildungsstätte (§ 3 Nr. 12) (mit Zeitraumangabe):
E	Der Ausbildende zahlt dem/der Auszubildenden eine angemessene Vergütung (§ 5); diese beträgt zur Zeit monatlich brutto

€	1.051,00	1.131,00	1.204,00	
im	ersten	zweiten	dritten	vierten
Ausbildungsjahr.				

| F | Die regelmäßige Ausbildungszeit in Stunden beträgt täglich[4] 8,0 und/oder wöchentlich[4] 38,5 Teilzeitberufsausbildung wird beantrgt (§ 6 Nr. 2) ja ☐ nein ☒ |
| G | Der Ausbildende gewährt dem/der Auszubildenden Urlaub nach den geltenden Bestimmungen. Es besteht ein Urlaubsanspruch |

im Jahr	2022	2023	2024	2025
Werktage	15,00	36,00	36,00	21,00
Arbeitstage				

| H | Hinweis auf anzuwendende Tarifverträge und Betriebsvereinbarungen; sonstige Vereinbarungen: – Gehaltstarifvertrag für den Groß- und Außenhandel für Niedersachsen – Manteltarifvertrag für den Groß- und Außenhandel für Niedersachsen |

1) Vertretungsberechtigt sind beide Eltern gemeinsam, soweit nicht die Vertretungsberechtigung nur einem Elternteil zusteht. Ist ein Vormund bestellt, so bedarf dieser zum Abschluss des Ausbildungsvertrages der Genehmigung des Vormundschaftsgerichtes.
2) Solange die Ausbildungsordnung nicht erlassen ist, sind gem. § 104 Abs. 1 BBiG die bisherigen Ordnungsmittel anzuwenden.
3) Die Probezeit muss mindestens einen Monat und darf höchstens vier Monate betragen.
4) Das Jugendarbeitsschutzgesetz sowie für das Ausbildungsverhältnis geltende tarifvertragliche Regelungen und Betriebsvereinbarungen sind zu beachten.

| J | Ort, Datum: Hannover, 26.6.2022 Der/Die Ausbildende: *Schröter* Stempel und Unterschrift Der/Die Auszubildende: *Anne Schulte* Vor- und Familienname Der/Die gesetzlichen Vertreter/in des/der Auszubildenden: *Claudia Schulte Jörg Schulte* Vater und Mutter/Vormund |

	Ausbildungsvertrag	Jugendarbeitsschutzgesetz
Arbeitszeit – täglich – wöchentlich		
Urlaub		

7. **Erstellen Sie eine Übersicht der Bestimmungen des Arbeitszeitgesetzes, die bei der Gestaltung der Arbeitszeit von Mete Öczan berücksichtigt werden müssen.**

Nutzen Sie dazu die folgenden Informationen zum Arbeitszeitgesetz.

Gültigkeitsbereich des Arbeitszeitgesetzes

Die Bestimmungen des Arbeitszeitgesetzes gelten in der Industrie, im Handwerk (außer in Bäckereien und Konditoreien), im Handel und in sonstigen Dienstleistungsbetrieben für alle Arbeiter, Angestellten und Auszubildenden über 18 Jahre. Sie gelten nicht für:
– leitende Angestellte,
– Chefärzte,
– Leiter öffentlicher Dienststellen und deren Vertreter,
– Arbeitnehmer im öffentlichen Dienst, die selbstständig in Personalangelegenheiten entscheiden dürfen.

Für Beschäftigte unter 18 Jahren gelten die Bestimmungen des Jugendarbeitsschutzgesetzes.

WIR ACHTEN AUF DIE EINHALTUNG DER GESETZLICHEN BESTIMMUNGEN UND VERTRAGLICHEN VEREINBARUNGEN

Höchstarbeitszeit

Das Arbeitszeitgesetz bestimmt, dass die regelmäßige Arbeitszeit an Werktagen die Dauer von acht Stunden nicht überschreiten darf. Dabei sind die Ruhepausen nicht Bestandteil der täglichen Arbeitszeit. Das Arbeitszeitgesetz erlaubt eine Verlängerung der täglichen Höchstarbeitszeit auf bis zu zehn Stunden nur, wenn dadurch die durchschnittliche werktägliche Arbeitszeit innerhalb von sechs Monaten oder vierundzwanzig Wochen nicht überschritten wird. Ohne Ausgleich kann der 8-Stunden-Tag durch Tarifvertrag an höchstens 60 Werktagen auf bis zu zehn Stunden verlängert werden.

Ruhezeiten und Ruhepausen

Die Beschäftigten haben bei einer täglichen Arbeitszeit von mehr als sechs Stunden Anspruch auf mindestens eine halbstündige oder zwei viertelstündige Ruhepausen. Bei einer täglichen Arbeitszeit von mehr als neun Stunden müssen die Ruhepausen mindestens 45 Minuten betragen.

Die einzelnen Ruhepausen müssen mindestens fünfzehn Minuten lang sein.

Zwischen zwei Arbeitstagen muss die ununterbrochene Ruhezeit für die Beschäftigten mindestens elf Stunden betragen.

Im Hotel- und Gaststättengewerbe, im Verkehrsgewerbe, in Krankenhäusern und anderen Behandlungs-, Pflege- und Betreuungseinrichtungen, beim Rundfunk, in der Landwirtschaft und in der Tierhaltung darf die ununterbrochene Ruhezeit auf zehn Stunden verkürzt werden. Diese Ruhezeitverkürzung muss allerdings innerhalb eines Monats oder innerhalb von vier Wochen durch eine Verlängerung einer anderen Ruhezeit auf mindestens zwölf Stunden ausgeglichen werden.

Sonn- und Feiertagsruhe

An Sonn- und Feiertagen dürfen Arbeiter, Angestellte und Auszubildende grundsätzlich nicht beschäftigt werden.

Ausnahmen lässt das Arbeitszeitgesetz jedoch u. a. für das Verkehrsgewerbe, das Gast- und Schankgewerbe, Krankenhäuser und die Landwirtschaft zu.

Gewerbeaufsicht

Die Einhaltung der Arbeitsschutzbestimmungen wird durch die regionalen Gewerbeaufsichtsämter überwacht.

Die Beamten des Gewerbeaufsichtsamtes dürfen alle Betriebe in ihrer Region zu den Betriebs- und Arbeitszeiten unangemeldet betreten, besichtigen und prüfen. Das zuständige Gewerbeaufsichtsamt kann erforderliche Arbeitsschutzmaßnahmen anordnen oder notfalls zwangsweise durchsetzen.

LERNFELD 1

DAS GROSS- UND AUSSENHANDELSUNTERNEHMEN PRÄSENTIEREN

8. Vergleichen Sie die Vereinbarungen im Ausbildungsvertrag von Mete Öczan mit den Regelungen des Arbeitszeitgesetzes.

A Die Ausbildungszeit beträgt nach der Ausbildungsordnung **36** Monate.
Die vorausgegangene
schulische Vorbildung
abgeschlossene betriebliche Berufsausbildung als
abgebrochene betriebliche Berufsausbildung als
abgeschlossene Berufsausbildung in schulischer Form mit Abschluss als
wird mit [   ] Monaten angerechnet, bzw. es wird eine entsprechende Verkürzung beantragt.
Das Berufsausbildungsverhältnis
beginnt am **01.08.2022** endet am **31.07.2025**
B Die Probezeit (§ 1 Nr. 2) beträgt **4** Monate.[3]
C Die Ausbildung findet vorbehaltlich der Regelungen nach D in
Fairtext GmbH, Hannover
und den mit dem Betriebssitz für die Ausbildung üblicherweise zusammenhängenden Bau-, Montage- und sonstigen Arbeitsstellen statt (§ 3 Nr. 12).
D Ausbildungsmaßnahmen außerhalb der Ausbildungsstätte (§ 3 Nr. 12) (mit Zeitraumangabe):

E Der Ausbildende zahlt dem/der Auszubildenden eine angemessene Vergütung (§ 5); diese beträgt zur Zeit monatlich brutto

€	1.051,00	1.131,00	1.204,00	
im	ersten	zweiten	dritten	vierten

Ausbildungsjahr.

F Die regelmäßige Ausbildungszeit in Stunden beträgt
täglich[4] **8,0** und/oder wöchentlich[4] **38,5**
Teilzeitberufsausbildung wird beantragt (§ 6 Nr. 2)
ja [ ] nein [X]
G Der Ausbildende gewährt dem/der Auszubildenden Urlaub nach den geltenden Bestimmungen. Es besteht ein Urlaubsanspruch

im Jahr	2022	2023	2024	2025
Werktage	15,00	36,00	36,00	21,00
Arbeitstage				

H Hinweis auf anzuwendende Tarifverträge und Betriebsvereinbarungen; sonstige Vereinbarungen:
- Gehaltstarifvertrag für den Groß- und Außenhandel für Niedersachsen
- Manteltarifvertrag für den Groß- und Außenhandel für Niedersachsen

1) Vertretungsberechtigt sind beide Eltern gemeinsam, soweit nicht die Vertretungsberechtigung nur einem Elternteil zusteht. Ist ein Vormund bestellt, so bedarf dieser zum Abschluss des Ausbildungsvertrages der Genehmigung des Vormundschaftsgerichtes.
2) Solange die Ausbildungsordnung nicht erlassen ist, sind gem. § 104 Abs. 1 BBiG die bisherigen Ordnungsmittel anzuwenden.
3) Die Probezeit muss mindestens einen Monat und darf höchstens vier Monate betragen.
4) Das Jugendarbeitsschutzgesetz sowie für das Ausbildungsverhältnis geltende tarifvertragliche Regelungen und Betriebsvereinbarungen sind zu beachten.

J Die beigefügten Vereinbarungen sind Gegenstand dieses Vertrages und werden anerkannt
Ort, Datum: **Hannover, 26.06.2020**
Der/Die Ausbildende: *Schröter*
Stempel und Unterschrift
Der/Die Auszubildende: *Mete Öczan*
Vor- und Familienname
Der/Die gesetzlichen Vertreter/in des/der Auszubildenden:
_____
Vater und Mutter/Vormund

	Ausbildungsvertrag	Arbeitszeitgesetz
Arbeitszeit – täglich – wöchentlich		

9. Stellen Sie fest, welche Regelungen des Berufsbildungsgesetzes bei der Festlegung der täglichen und wöchentlichen Arbeitszeit beachtet werden müssen.

_____

_____

_____

_____

_____

WIR ACHTEN AUF DIE EINHALTUNG DER GESETZLICHEN BESTIMMUNGEN UND VERTRAGLICHEN VEREINBARUNGEN

10. Überprüfen Sie, ob die Bestimmungen des für die Fairtext GmbH maßgeblichen Tarifvertrags bei der Festlegung der täglichen und wöchentlichen Arbeitszeit von Anne Schulte und Mete Öczan beachtet wurden.

Nutzen Sie dazu die folgenden Informationen zum Manteltarifvertrag und zum Lohn- und Gehaltstarifvertrag für Unternehmen des Groß- und Außenhandels.

Tarifbereich/Branche **Groß- und Außenhandel**

Fachlicher Geltungsbereich

Die Tarifverträge gelten für Groß- und Außenhandelsunternehmen einschließlich der Hilfs- und Nebenbetriebe. Sie gelten auch für die Groß- und Außenhandelsunternehmen, die im Rahmen ihres Handelsgeschäftes Nebenleistungen erbringen, wie z. B.: Brenn-, Säg-, Bohr-, Schneid-, Fräs-, Spalt-, Stahlbiege- und Flechtarbeiten, Montage, Instandhaltung und Instandsetzung, Holz- und Holzschutzarbeiten, Vermietung von Maschinen, auch Baumaschinen mit Bedienungspersonal.

Laufzeit des Manteltarifvertrags: gültig ab 01.10.2007 – in der Fassung ab 01.01.2012

Laufzeit des Lohn- und Gehaltstarifvertrags: gültig ab 01.05.2021 – kündbar zum 30.04.2023 (einschl. Ausbildungsvergütungen)

[...]

Höhe der Monatsgehälter für Angestellte

ab 01.05.2021	ab 01.10.2021	ab 01.04.2022

Unterste Gehaltsgruppe

ohne Berufsausbildung, überwiegend schematische oder mechanische Tätigkeiten

2.026,00 € bis 2.475,00 €	2.087,00 € bis 2.549,00 €	2.122,00 € bis 2.592,00 €

[...]

Höchste Gehaltsgruppe

selbstständiges und verantwortliches Bearbeiten eines Aufgabenbereiches und vielseitige Fachkenntnisse auch in angrenzenden Bereichen und Berufserfahrung; entsprechende verantwortliche Spezialistentätigkeit

4.452,00 € bis 5.116,00 €	4.586,00 € bis 5.269,00 €	4.664,00 € bis 5.359,00 €

Höhe der monatlichen Ausbildungsvergütung

	ab 01.05.2021	ab 01.09.2021	ab 01.09.2022
1. Ausbildungsjahr	1.001,00 €	1.031,00 €	1.051,00 €
2. Ausbildungsjahr	1.081,00 €	1.111,00 €	1.131,00 €
3. Ausbildungsjahr	1.154,00 €	1.184,00 €	1.204,00 €

[...]

Wöchentliche Regelarbeitszeit

38,5 Stunden

Urlaubsdauer

36 Werktage

Quelle: Tarifregister Nordrhein-Westfalen: Tarifbereich/Branche: Groß- und Außenhandel. o. ED. In: http://www.tarifregister.nrw.de/material/gross_aussen1.pdf [23.02.2022].

LERNFELD 1

DAS GROSS- UND AUSSENHANDELSUNTERNEHMEN PRÄSENTIEREN

___
___
___
___
___
___
___
___

11. Überprüfen Sie, ob die in der Augangssituation beschriebenen Arbeits- und Pausenzeiten von Mete Öczan mit den gesetzlichen Regelungen vereinbar sind.

	Gesetzliche Regelungen	Arbeits- und Pausenzeiten von Mete
– tägliche Arbeitszeit:		
– wöchentliche Arbeitszeit:		
– Berufsschule:		
– Ruhepausen:		
– Samstagsarbeit:		

12. Überprüfen Sie, ob die in der Handlungssituation beschriebenen Arbeits- und Pausenzeiten von Anne Schulte mit den gesetzlichen Regelungen vereinbar sind.

	Gesetzliche Regelungen	Arbeits- und Pausenzeiten von Anne
– tägliche Arbeitszeit:		
– wöchentliche Arbeitszeit:		
– Berufsschule:		
– Ruhepausen:		
– Samstagsarbeit:		

WIR ACHTEN AUF DIE EINHALTUNG DER GESETZLICHEN BESTIMMUNGEN UND VERTRAGLICHEN VEREINBARUNGEN

13. Daniela Lange wird von Anne Schulte und Mete Öczan in ihrer Funktion als Vorsitzende der Jugend- und Auszubildendenvertretung angesprochen.

Beschreiben Sie die Aufgaben der Jugend- und Auszubildendenvertretung.

14. Stellen Sie fest, welche Möglichkeiten die Jugend- und Auszubildendenvertretung der Fairtext GmbH hat, Anne Schulte und Mete Öczan zu helfen.

Nutzen Sie dazu die Informationen zur Jugend- und Auszubildendenvertretung in Ihrem Schulbuch „Groß im Handel, 1. Ausbildungsjahr", Lernfeld 1, Kapitel 9.

VERTIEFUNGS- UND ANWENDUNGSAUFGABEN

1. Überprüfen Sie, ob die Inhalte des Berufsausbildungsvertrags von Anne Schulte den für sie maßgeblichen gesetzlichen und tarifvertraglichen Bestimmungen entsprechen.

2. Überprüfen Sie, ob die Inhalte des Berufsausbildungsvertrags von Mete Öczan den für ihn maßgeblichen gesetzlichen und tarifvertraglichen Bestimmungen entsprechen.

Zur weiteren Vertiefung und Sicherung der Lernergebnisse empfehlen wir das Bearbeiten der Aufgaben und Aktionen in den Kapiteln 4, 5, 6 und 9 des Lernfeldes 1 in Ihrem Lehrbuch „Groß im Handel, 1. Ausbildungsjahr".

LERNFELD 1

DAS GROSS- UND AUSSENHANDELSUNTERNEHMEN PRÄSENTIEREN

6 Wir erstellen und erläutern die Entgeltabrechnung für eine neue Auszubildende

HANDLUNGSSITUATION

Caroline König ist eine der neuen Auszubildende in den Filiale Hannover der Fairtext GmbH.

Caroline ist 18 Jahre alt, evangelisch, ledig und hat keine Kinder. Laut Ausbildungsvertrag wird sie nach dem zurzeit gültigen Entgelttarifvertrag bezahlt.

Die Verwaltungsleiterin der Fairtext GmbH beauftragt die Auszubildende im 2. Ausbildungsjahr, Marlies Grolms,

- die erste Entgeltabrechnung für die neue Auszubildende zu erstellen und
- der neuen Auszubildenden anschließend die Gehaltsabrechnung in einem persönlichen Gespräch genau zu erläutern.

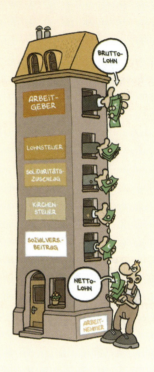

Nutzen Sie zur Lösung der Handlungsaufgaben die Informationen in Ihrem Lehrbuch „Groß im Handel, 1. Ausbildungsjahr", Lernfeld 1, Kapitel 11 (Entgeltabrechnung).

HANDLUNGSAUFGABEN

1. Welche Fragen muss Marlies Grolms klären, um die geschilderten Aufträge erfüllen zu können?

2. Ermitteln Sie das Bruttomonatsentgelt von Caroline König. Benutzen Sie dazu die Informationen zum Tarifvertrag im Groß- und Außenhandel im Lernsituation 5 des Lernfeldes 1.

3. Stellen Sie fest, welche Gehaltsabzüge Marlies Grolms bei der Ermittlung des Nettoentgelts berücksichtigen muss.

4. Ermitteln Sie die Lohnsteuerklasse von Caroline König.

LERNFELD 1 — DAS GROSS- UND AUSSENHANDELSUNTERNEHMEN PRÄSENTIEREN

5. Ermitteln Sie die Lohnsteuer, die Kirchensteuer und den Solidaritätszuschlag, die von Carolines Ausbildungsvergütung abgezogen werden müssen. Nutzen Sie dazu die abgebildete Lohnsteuertabelle.

MONAT 918,–

Auszug aus der Lohnsteuertabelle (Monat), ohne Kinderfreibeträge, Steuerklassen I–VI:

Lohn/Gehalt bis €*	Steuerklasse	LSt	SolZ	KiSt 8%	KiSt 9%
920,99	I, IV	—	—	—	—
	II	—	—	—	—
	III	—	—	—	—
	V	90,75	—	7,26	8,16
	VI	102,83	—	8,22	9,25

Quelle: Stollfuß Tabellen, Gesamtabzug 2022, Monat, Allgemeine Tabelle, 113. Auflage, Stollfuß Medien, Bonn 2022, S. T 8.

6. **Ermitteln Sie die Sozialversicherungsabzüge, die von Carolines Gehalt einbehalten werden müssen.**

7. **Erstellen Sie die Entgeltabrechnung für Caroline König.**

Bruttogehalt	
Nettogehalt	

8. **Bereiten Sie ein Rollenspiel vor, in dem Sie in der Rolle von Marlies Grolms einer Mitschülerin in der Rolle von Caroline König die Zusammensetzung der Gehaltsabrechnung genau erläutern.**

Notizen:

LERNFELD 1

DAS GROSS- UND AUSSENHANDELSUNTERNEHMEN PRÄSENTIEREN

VERTIEFUNGS- UND ANWENDUNGSAUFGABEN

1. An welche Stelle muss der Arbeitgeber die Lohn- und die Kirchensteuern sowie die Solidaritätszuschläge seiner Arbeitnehmer überweisen?

2. Bis zu welchem Termin muss der Arbeitgeber die Lohnsteuer-Anmeldung abgeben?

3. An welche Stelle müssen die Sozialversicherungsbeiträge der Arbeitnehmer abgeführt werden?

4. Bis zu welchem Termin muss der Arbeitgeber die monatlichen Sozialversicherungsbeiträge der Arbeitnehmer abführen?

Zur weiteren Vertiefung der Lerninhalte und Sicherung der Lernergebnisse empfehlen wir das Bearbeiten der Aufgaben und Aktionen im Kapitel 11 (Entgeltabrechnung) des Lernfeldes 1 in Ihrem Lehrbuch „Groß im Handel, 1. Ausbildungsjahr".

7 Wir unterstützen unser Unternehmen bei der Erreichung der Unternehmensziele

HANDLUNGSSITUATION

Sebastian Holpert und Caroline König werden zur Ausbildungsleiterin Janina Schlemmer gerufen:

Janina Schlemmer: „Guten Morgen, Caroline, guten Morgen, Sebastian."

Sebastian Holpert und Caroline König: „Guten Morgen, Frau Schlemmer."

Janina Schlemmer: „Sie sind ja nun schon ein paar Wochen in unserem Unternehmen und sollten schon einen groben Einblick bekommen haben."

Caroline König: „Das stimmt. Wir haben schon verschiedene Abteilungen und Arbeitsweisen kennengelernt."

Janina Schlemmer: „Sehr gut. Heute habe ich einen besonderen Auftrag für Sie: Sie sollen unser Unternehmensleitbild genauer analysieren und eine Unterteilung der Ziele in verschiedene Bereiche vornehmen."

Caroline König: „Hat die Fairtext GmbH denn nicht nur ein Ziel: Gewinn erzielen?"

Janina Schlemmer: „Nein, so leicht ist das nicht. Sicherlich ist dies ein sehr wichtiges Ziel, aber nicht das einzige."

Sebastian Holpert: „Aah, da fällt mir noch ‚Umsatz' ein. Das habe ich schon öfter gehört, dass viele Unternehmen einen hohen Umsatz erreichen wollen."

Janina Schlemmer: „Nun raten Sie mal nicht ohne Plan drauflos, es gibt beispielsweise verschiedene Rentabilitätskennzahlen, die für ein Unternehmen sehr wichtig sind. Beschäftigen Sie sich erst einmal mit dem Leitbild, da werden Sie außerdem feststellen, dass es bei den Zielen zu Zielkonflikten kommen kann."

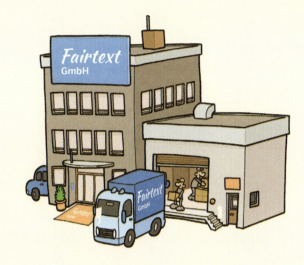

Informationen zum Lösen der folgenden Handlungsaufgaben finden Sie im Lehrbuch „Groß im Handel, 1. Ausbildungsjahr" in den Kapiteln 1 (Die Fairtext GmbH: Das Modellunternehmen) und 12 (Unternehmensziele) des Lernfeldes 1.

HANDLUNGSAUFGABEN

1. Welche Probleme müssen Caroline und Sebastian klären?

LERNFELD 1

DAS GROSS- UND AUSSENHANDELSUNTERNEHMEN PRÄSENTIEREN

2. Lesen Sie den Auszug aus dem Leitbild der Fairtext GmbH auf Seite 12 sowie 76 im Lehrbuch „Groß im Handel, 1. Ausbildungsjahr" und stellen Sie die Ziele der Fairtext GmbH in einem Zielkatalog heraus.
   a) Sortieren Sie diese nach ökonomischen, ökologischen und sozialen Zielen.
   b) Ergänzen Sie ggf. weitere Ziele Ihres Ausbildungsbetriebs.

Ökonomische Ziele	Ökologische Ziele	Soziale Ziele

3. Sortieren Sie Ihren Zielkatalog nach den aus Ihrer Sicht wichtigsten Zielen, indem Sie die fünf wichtigsten Ziele nachfolgend eintragen. Begründen Sie Ihre Zuordnung.

Ziel	Begründung
1.	
2.	
3.	
4.	
5.	

4. Ermitteln Sie aus dem erstellten Zielkatalog je zwei Zielkonflikte sowie Zielharmonien und erläutern Sie diese anhand eines Beispiels aus der Fairtext GmbH.

Definition Zielkonflikt:

Ein Zielkonflikt besteht immer dann, wenn das eine Ziel nur dann erreicht wird, wenn es auf Kosten eines anderen Ziels geht.

Definition Zielharmonie:

Eine Zielharmonie besteht dann, wenn mit dem Erreichen des einen Ziels auch ein anderes Ziel gefördert wird.

Zielkonflikt	Erläuterung

Zielharmonie	Erläuterung

LERNFELD 1

DAS GROSS- UND AUSSENHANDELSUNTERNEHMEN PRÄSENTIEREN

VERTIEFUNGS- UND ANWENDUNGSAUFGABEN

1. Erklären Sie die Unterschiede der nachfolgenden Rentabilitätskennziffern mit eigenen Worten. Erläutern Sie auch den Sinn eines solchen Vergleichs.

Kennziffernvergleich	Erklärungen/Erläuterungen
Eigenkapitalrentabilität und Gesamtkapitalrentabilität	
Eigenkapitalrentabilität und Umsatzrentabilität	

2. Herr Hahnenkamp von der Fairtext GmbH bekommt die aktuelle Bilanz seines Unternehmens. Dort wurde für das abgelaufene Geschäftsjahr ein Unternehmensgewinn von 225.000,00 € festgestellt, im Vorjahr waren es nur 180.000,00 €. Auch das Eigenkapital ist von 800.000,00 € im Vorjahr auf 900.000,00 € im abgelaufenen Jahr angestiegen. Das Fremdkapital betrug sowohl im abgelaufenen Jahr als auch im Vorjahr 450.000,00 €. Der zu zahlende Zinssatz ist dabei für das Fremdkapital von 8 % (Vorjahr) auf 9 % (abgelaufenes Jahr) gestiegen.

   a) Bestimmen Sie die Eigenkapitalrentabilität und die Gesamtkapitalrentabilität für das abgelaufene Jahr und das Vorjahr.

	Abgelaufenes Jahr	Vorjahr
Eigenkapitalrentabilität		
Gesamtkapitalrentabilität		

   b) Warum ist der Aussagewert der Eigenkapitalrentabilität problematisch und die Gesamtkapitalrentabilität daher die aussagekräftigere Kennzahl?

   c) Im abgelaufenen Jahr hat die Fairtext GmbH neben den bereits dargestellten Kennzahlen einen Nettoumsatz von 2.500.000,00 € erwirtschaftet. Die entstandenen betriebsbedingten Kosten betrugen im gleichen Zeitraum 625.000,00 €. **Bestimmen Sie die Umsatzrentabilität und die Wirtschaftlichkeit der Fairtext GmbH.**

	Berechnung
Umsatzrentabilität	
Wirtschaftlichkeit	

Zur weiteren Vertiefung der Lerninhalte und Sicherung der Lernergebnisse empfehlen wir das Bearbeiten der Aufgaben und Aktionen in Kapitel 12 des Lernfeldes 1 Ihres Lehrbuches „Groß im Handel, 1. Ausbildungsjahr".

8 Wir erkennen die Kundenorientierung als wichtigsten Erfolgsfaktor von Großhandelsunternehmen

HANDLUNGSSITUATION

Die Fairtext GmbH verzeichnet seit wenigen Monaten einen Umsatzrückgang. Insbesondere im Bereich der Warengruppe „Herrenbekleidung" konnten viele Stammkunden nicht gehalten werden. Auch bei der Warengruppe „Haushaltswäsche" ist die Fairtext GmbH gegenüber Mitanbietern ins Hintertreffen geraten.

Die Vorgänge sind auch bei den Beschäftigten nicht unbemerkt geblieben und sorgen für zahlreiche Gespräche. Die Geschäftsführerin der Fairtext GmbH, Frau Schröter, spricht in einer Betriebsversammlung von „Erfolgsfaktoren, die uns jahrelang ausgezeichnet haben und auf die wir uns fokussieren sollten". Sie geht insbesondere auf den Erfolgsfaktor der Kundenorientierung ein, den sie als besonders wichtig erachtet.

Vor allem eine hohe Kundenzufriedenheit ist der Schlüssel zum Erfolg. Es stellt sich hier die Frage, wie diese Zufriedenheit bei den Kunden zu erreichen ist.

Frau Schröter hat da schon eine Idee:

„Mit guten Serviceleistungen können wir unsere Kunden zufriedenstellen. Wenn sich unsere Kunden wohlfühlen, dann werden wir auch wieder mehr verkaufen."

Frau Schröter möchte daher Vorschläge erarbeiten lassen, wie die Serviceleistungen bei der Fairtext GmbH dauerhaft verbessert werden können.

Informationen zum Lösen der folgenden Handlungsaufgaben finden Sie im Lehrbuch „Groß im Handel, 1. Ausbildungsjahr" im Kapitel 13 (Kundenorientierung) des Lernfeldes 1.

HANDLUNGSAUFGABEN

1. Welche Fragen müssen die Mitarbeiter der Fairtext GmbH klären?

LERNFELD 1

DAS GROSS- UND AUSSENHANDELSUNTERNEHMEN PRÄSENTIEREN

2. Fertigen Sie eine Mindmap an zu der Fragestellung:
- „Was muss die Fairtext GmbH tun, um auf ihrem Markt erfolgreich zu sein?"
- „Welche Faktoren entscheiden über den Erfolg eines Unternehmens auf seinem Markt?"

Sie können ggf. weitere Zweige ergänzen.

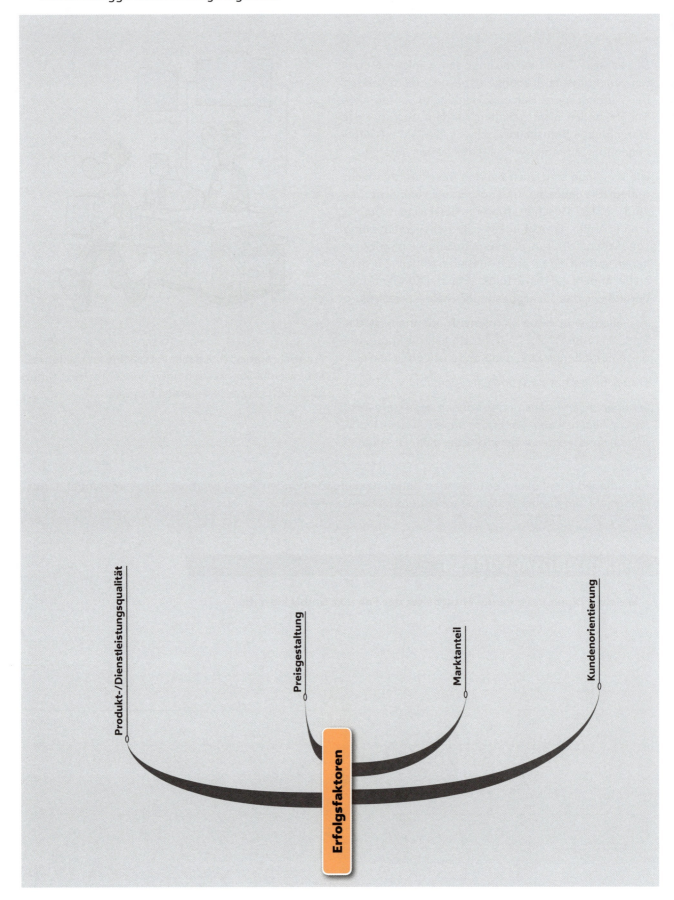

WIR ERKENNEN DIE KUNDENORIENTIERUNG ALS WICHTIGSTEN ERFOLGSFAKTOR VON GROSSHANDELSUNTERNEHMEN

3. Seit der Unternehmensgründung der Fairtext GmbH kurz nach dem Zweiten Weltkrieg hat es Veränderungen vom Verkäufermarkt zum Käufermarkt gegeben. Dies hat zu völlig neuen Anforderungen an die Mitarbeiter im Großhandel geführt. So hat sich beispielsweise die Verkaufsphilosophie verändert. Während früher die „Hardselling-Methode" (Hardselling = „hartes Verkaufen") üblich war, ist man heute zu der „Softselling-Methode" (Softselling = „weiches Verkaufen") übergegangen.

a) Nachfolgend ist eine Tabelle mit sechs typischen Eigenschaften des Hardsellings aufgeführt. **Erläutern Sie die jeweiligen Eigenschaften kurz. Finden Sie ggf. auch Beispiele für das Hardselling bei der Fairtext GmbH, welches allerdings nicht zu empfehlen ist.**

Hardselling	
Eigenschaft	Erläuterung/Bedeutung für die Fairtext GmbH
Verkauf, egal mit welchen Mitteln	
Die Kundenbedürfnisse sind für den Verkäufer nebensächlich.	
Der Kunde ist ein Gegner, den es durch einen Verkauf zu „besiegen" gilt.	
Anwendung von Druck und Manipulation vernichtet Vertrauen der Kunden.	
kurzfristiger Verkaufserfolg	
langfristig schlechter Ruf	

b) Nachfolgend ist eine Tabelle mit fünf typischen Eigenschaften des Softsellings aufgeführt. **Erläutern Sie die jeweiligen Eigenschaften kurz. Erläutern Sie ggf. auch beispielhaft die Bedeutung für die Fairtext GmbH.**

Softselling	
Eigenschaft	Erläuterung/Bedeutung für die Fairtext GmbH
Gleichberechtigte Geschäftspartner führen ein Verkaufsgespräch.	
gemeinsame Ermittlung der Kundenbedürfnisse	
Kauf dient der Bedürfnisbefriedigung des Kunden	
Verkäufer und Kunde sollen gewinnen.	
zielt auf eine langfristige Kundenbindung	

49

LERNFELD 1

DAS GROSS- UND AUSSENHANDELSUNTERNEHMEN PRÄSENTIEREN

4. Es ist deutlich geworden, dass die Fairtext GmbH es schaffen muss, die Zufriedenheit ihrer Kunden zu steigern. Um dieses Ziel zu erreichen, sollte die Fairtext GmbH wissen, welche Erwartungen ihre Kunden haben. Je mehr Erwartungen der Kunden erfüllt werden, desto zufriedener sind sie und desto positiver wirkt sich dies auf das Kaufverhalten aus.

Stellen Sie sich vor, Sie wollen bei der Fairtext GmbH einkaufen. Welche Erwartungen haben Sie bzw. welche Anforderungen stellen Sie
- an den Verkäufer,
- an das Großhandelsunternehmen Fairtext GmbH und
- an die Ware/das Produkt, das Sie kaufen wollen?

Anforderungen/Ansprüche von Kunden		
An den Verkäufer	An das Großhandelsunternehmen	An die Ware/das Produkt

5. Frau Schröter möchte nun Vorschläge zur Verbesserung der Serviceleistungen in den Warengruppen „Herrenbekleidung" sowie „Haushaltswäsche" sammeln. Die Auszubildenden Caroline König und Sebastian Holpert sollen diesen Auftrag ausführen.

Caroline und Sebastian wollen nicht nur mögliche Maßnahmen zur Verbesserung der Serviceleistungen notieren, sondern diese dann konkret in der Umsetzung beschreiben.

Nennen und begründen Sie für die Warengruppen „Herrenbekleidung" sowie „Haushaltswäsche" fünf Maßnahmen zur Verbesserung der Serviceleistungen.

Verbesserung der Serviceleistungen	
Warengruppen „Herrenbekleidung" und „Haushaltswäsche"	
Maßnahme	Begründung

WIR ERKENNEN DIE KUNDENORIENTIERUNG ALS WICHTIGSTEN ERFOLGSFAKTOR VON GROSSHANDELSUNTERNEHMEN

VERTIEFUNGS- UND ANWENDUNGSAUFGABEN

1. Man kann in der Bundesrepublik Deutschland seit Ende des Zweiten Weltkriegs zwei Marktsituationen erkennen:
- einen Verkäufermarkt und
- einen Käufermarkt.

a) Was lässt sich auf einem Verkäufermarkt bezüglich Angebot und Nachfrage sagen?

b) Was lässt sich auf einem Käufermarkt bezüglich Angebot und Nachfrage sagen?

c) Wann und warum kam es in Deutschland zur Veränderung vom Verkäufer- zum Käufermarkt?

d) Begründen Sie, warum es auf einem Verkäufermarkt nicht notwendig ist, Absatzmarketing zu betreiben.

e) Wie schätzen Sie die Position Ihres Unternehmens im Markt ein?

f) Was raten Sie der Fairtext GmbH?

LERNFELD 1

DAS GROSS- UND AUSSENHANDELSUNTERNEHMEN PRÄSENTIEREN

2. In welcher Situation ist ein Käufermarkt gut beschrieben?

	Die Nachfrage nach Smartphones kann nicht befriedigt werden.
	Die Fairtext GmbH kann ihre Herrenhemden zu den geforderten Preisen nicht absetzen.
	Das Sonderangebot „Boxershorts" ist bei der Fairtext GmbH in kürzester Zeit vergriffen.
	Die Flugreisen nach Ibiza sind ausgebucht.
	Die Eintrittskarten für das Benefizkonzert der Fairtext GmbH sind bereits seit Wochen ausverkauft.

3. Wie wird ein Verkäufermarkt richtig beschrieben?

	Beim Verkäufermarkt kommt es tendenziell zu Preissteigerungen.
	Beim Verkäufermarkt kommt es tendenziell zu Preisstabilität.
	Beim Verkäufermarkt kommt es tendenziell zu Preissenkungen.
	Beim Verkäufermarkt hat der Kunde eine starke Marktmacht.
	Beim Verkäufermarkt ist das Angebot größer als die Nachfrage (Angebotsüberhang).

Zur weiteren Vertiefung der Lerninhalte und Sicherung der Lernergebnisse empfehlen wir das Bearbeiten der Aufgaben und Aktionen in Kapitel 13 (Kundenorientierung) des Lernfeldes 1 in Ihrem Lehrbuch „Groß im Handel, 1. Ausbildungsjahr".

9 Wir als Großhändler erfüllen verschiedene Funktionen in der Gesamtgesellschaft

HANDLUNGSSITUATION

Die Auszubildenden der Fairtext GmbH treffen sich am zweiten Tag ihrer Ausbildung in einem Seminar. Die Ausbildungsleiterin Frau Schlemmer führt sie in das Thema ein.

Frau Schlemmer: *„Sie haben Ihre Ausbildung in einem Unternehmen des Großhandels begonnen. Sie müssen damit rechnen, in nächster Zeit im privaten Bereich mit Fragen konfrontiert zu werden wie:*

- *Was macht so ein Großhandelsunternehmen überhaupt?*
- *Wo steht es im Rahmen der Gesamtwirtschaft?*

Ihre Mitschüler in der Berufsschule stellen vielleicht Fragen wie:

- *Wodurch unterscheidet sich die Fairtext GmbH von anderen Großhandelsunternehmen?*

Also, Sie müssen in Zukunft Ihren Betrieb und dessen Besonderheiten präsentieren können…"

Informationen zum Lösen der folgenden Handlungsaufgaben finden Sie im Lehrbuch „Groß im Handel, 1. Ausbildungsjahr" in den Kapiteln 14 (Bedeutung und Aufgaben des Groß- und Außenhandels) und 15 (Betriebsformen des Groß- und Außenhandels) des Lernfeldes 1.

WIR ALS GROSSHÄNDLER ERFÜLLEN VERSCHIEDENE FUNKTIONEN IN DER GESAMTGESELLSCHAFT

HANDLUNGSAUFGABEN

1. Vor welchem Problem stehen die Mitarbeiter der Fairtext GmbH?

2. Welches Ziel sollte die Fairtext GmbH verfolgen, damit das Problem gelöst werden kann?

3. Wie kann die Fairtext GmbH das Ziel erreichen?

4. Janina Schlemmer ist Ausbildungsleiterin bei der Fairtext GmbH. Sie kauft dort oft auch ein, da sie Personalrabatt bekommt.
Stellen Sie die Beziehung zwischen Janina Schlemmer und der Fairtext GmbH im Rahmen eines einfachen Wirtschaftskreislaufs dar. Unterscheiden Sie dabei zwischen Geld- und Güterströmen.
Verwenden Sie bei der Erstellung der Zeichnung die folgenden Angaben:
1 Unternehmen, z. B. Fairtext GmbH
2 private Haushalte, z. B. Janina Schlemmer
3 Einkommen aus Lohn
4 Faktorleistung: Arbeit
5 Konsumgüter
6 Konsumausgaben

---------------- _____ **strom**
---------------- _____ **strom**

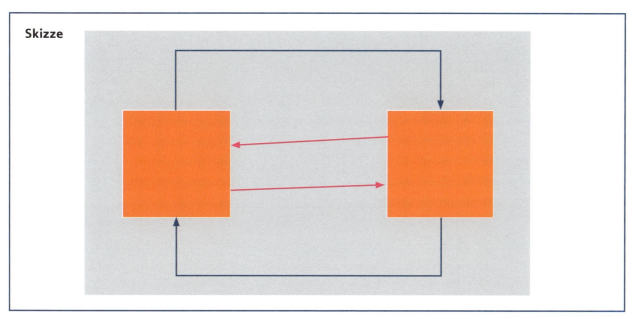

Skizze

LERNFELD 1

DAS GROSS- UND AUSSENHANDELSUNTERNEHMEN PRÄSENTIEREN

5. Im Modell des erweiterten Wirtschaftskreislaufs kommen die Wirtschaftssektoren Banken, Staat und Ausland hinzu. **Ergänzen Sie im folgenden Modell die Beziehungen zwischen den Sektoren.**

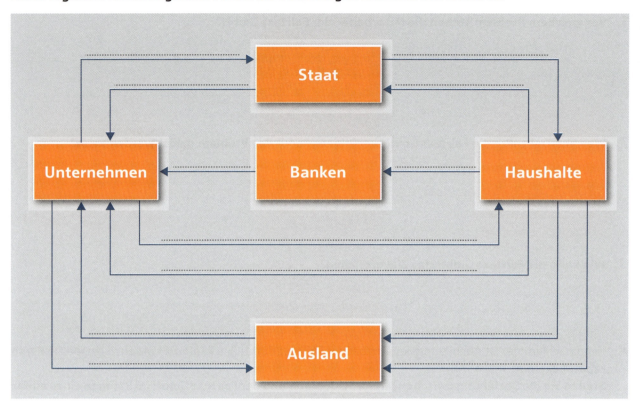

6. Erläutern Sie die unterschiedlichen Wirtschaftsstufen. Stellen Sie beispielhaft den Weg eines Artikels Ihres Ausbildungssortiments von der Urproduktion bis zum Endverbraucher dar.

Wirtschaftsstufe	Erläuterung	Beispiel
Urproduktion		
Weiterverarbeitung		
Großhandel		

Wirtschaftsstufe	Erläuterung	Beispiel
Einzelhandel		
Endverbraucher		

7. Führen Sie sieben Aufgaben des Großhandels auf und erläutern Sie diese kurz.

Aufgabe	Erläuterung

8. Es gibt unterschiedliche Arten des Großhandels.
Ergänzen Sie die folgende Tabelle.

Arten des Großhandels		
Bezieht Güter in größeren Mengen von Herstellern und verkauft sie in kleineren Mengen an Einzelhändler oder Handwerker	Mittler zwischen weiterverarbeitenden Betrieben	Ware wird in kleinen Mengen angekauft und in großen Mengen verkauft.
Beispiel:	Beispiel:	Beispiel:
Beispiel vor Ort:	Beispiel vor Ort:	Beispiel vor Ort:

9. Ergänzen Sie die folgende Mindmap um die Merkmale der Betriebsformen des Großhandels.

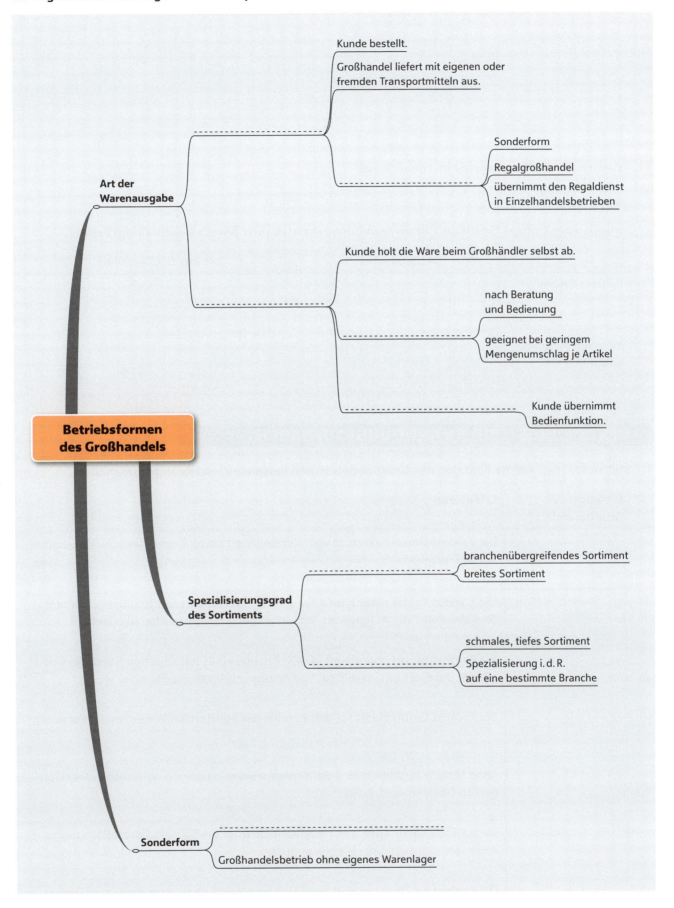

LERNFELD 1

DAS GROSS- UND AUSSENHANDELSUNTERNEHMEN PRÄSENTIEREN

10. Zeigen Sie anhand von fünf Handelsfunktionen, wie Ihr Ausbildungsunternehmen Aufgaben eines Großhandelsunternehmens erfüllt.

11. Arbeiten Sie die Unterschiede im Hinblick auf
- die Betriebsform,
- die Art des Großhandels

zwischen der Fairtext GmbH und Ihrem Ausbildungsbetrieb (hier jeweils Begründung) heraus.

	Betriebsform	Art des Großhandels
Fairtext GmbH		
Mein Ausbildungs-unternehmen		

VERTIEFUNGS- UND ANWENDUNGSAUFGABEN

1. Stellen Sie fest, welche Funktion des Großhandels in den Beispielen jeweils angesprochen ist.

Funktion des Großhandels	Erläuterung
	Die Fairtext GmbH bekommt vom Hersteller schon im Dezember schicke Sommeranzüge geliefert.
	Die Fairtext GmbH nimmt mit ihren Kunden (verschiedenen Textileinzelhändlern) dem Hersteller die Aufgabe ab, Waren an den Endverbraucher abzusetzen.
	Die Fairtext GmbH übernimmt 20000 Anzüge eines italienischen Herstellers und gibt im Durchschnitt jeweils ca. 100 Anzüge an Textileinzelhändler weiter.
	Die Fairtext GmbH bietet für den Bereich der Sportartikel Warenkunde-Kurse an.
	Anne Schulte informiert eine Bontiquenbesitzerin über die neuesten Entwicklungen im Damenmodebereich.
	Verstärkten Nachfragen des Einzelhandels trägt die Fairtext GmbH Rechnung, indem sie nun auch Sportjacken anbietet.
	Die Fairtext GmbH informiert den Jeanshersteller Lewis, dass die Einzelhändler verstärkt nach Jeans im Stil der 70er-Jahre nachfragen.

2. Ergänzen Sie den Lückentext um die folgenden Begriffe:

Abholgroßhandel – Aufkaufgroßhandel – branchenübergreifend – breites – Cash-and-carry – Einzelhändler – Fachhändler – größeren – Handwerksbetriebe – kleineren – Mittler – schmales – Streckengroßhandel – tiefes – Transportmitteln – umsortiert – Zustellgroßhandel

Es gibt unterschiedliche Arten des Großhandels:

Der _____ kauft von verschiedenen Produzenten Wirtschaftsgüter in kleinen Mengen, die gesammelt, _____ und anschließend in größeren Mengen an Betriebe der Weiterverarbeitung abgegeben werden.

Der Produktionsverbindungsgroßhandel ist als _____ zwischen den verschiedenen aufeinander folgenden Stufen der gewerblichen Wirtschaft tätig.

Der Absatzgroßhandel bezieht Güter in _____ Mengen von den Herstellern und verkauft sie in _____ Mengen überwiegend an _____ und _____.

Beim _____ gibt der Kunde seine Bestellung auf. Der Großhändler liefert die Ware mit eigenen oder fremden _____.

Beim _____ besuchen die Kunden den Großhändler und nehmen dort die Ware selbst mit. Man spricht hier häufig auch von _____-Großhändlern.

Der Sortimentsgroßhandel führt ein _____ Sortiment, das häufig auch _____ ist.

Der Spezialgroßhändler hat als _____ ein _____ und _____ Sortiment.

Zum _____ zählen Großhandelsbetriebe ohne eigenes Warenlager.

Zur weiteren Vertiefung der Lerninhalte und Sicherung der Lernergebnisse empfehlen wir das Bearbeiten der Aufgaben und Aktionen in den Kapiteln 14 und 15 des Lernfeldes 1 Ihres Lehrbuches „Groß im Handel, 1. Ausbildungsjahr".

LERNFELD 1

DAS GROSS- UND AUSSENHANDELSUNTERNEHMEN PRÄSENTIEREN

10 Wir lernen die Organisation des Ausbildungsbetriebs nachzuvollziehen

HANDLUNGSSITUATION

Bei der Fairtext GmbH ist es in den letzten Monaten häufig zu Missstimmungen zwischen den Mitarbeitern gekommen. In den Abteilungen gab es Mitarbeiter, die nicht genau wussten, was ihre Aufgabe ist und wer ihnen überhaupt vorgesetzt ist. Außerdem gab es Kompetenzschwierigkeiten zwischen den Leitern verschiedener Abteilungen.

Herr Hahnenkamp möchte dieses Problem in den Griff bekommen und hat daher zu Mitarbeitergesprächen gebeten. In diesen Gesprächen sollen sich die Mitarbeiter über ihre Stelle äußern, indem sie ihre Aufgaben und Befugnisse, ihre Vorgesetzten, Vertretungen und Kenntnisse und Fähigkeiten nennen, die zur Ausübung ihrer Tätigkeit notwendig sind.

Die Auszubildenden Anne Schulte, Caroline König, Sebastian Holpert und Mete Öczan bekommen darüber hinaus die Aufgabe, die Organisationsstruktur der Fairtext GmbH zu analysieren und eine Stellenbeschreibung für ihre eigene Stelle zu erstellen.

Informationen zum Lösen der folgenden Handlungsaufgaben finden Sie im Lehrbuch „Groß im Handel, 1. Ausbildungsjahr" in Kapitel 16 (Organisation des Ausbildungsbetriebs) des Lernfeldes 1.

HANDLUNGSAUFGABEN

1. Welche Probleme müssen Anne, Caroline, Sebastian und Mete klären?

_____
_____
_____
_____
_____

WIR LERNEN DIE ORGANISATION DES AUSBILDUNGSBETRIEBS NACHZUVOLLZIEHEN

2. Warum ist es wichtig, dass die Fairtext GmbH eine Organisationsstruktur hat?

3. Damit die vier Auszubildenden die Organisationsstruktur der Fairtext GmbH analysieren können, müssen zunächst die verschiedenen Weisungssysteme klar sein. Dabei werden das Einliniensystem, das Mehrliniensystem, das Stabliniensystem, die Spartenorganisation und die Matrixorganisation als mögliche Weisungssysteme aufgeführt. **Ordnen Sie diese Begriffe den Erläuterungen von a) bis f) zu.**

a) Ein Betrieb ist nach Produktgruppen in selbstständige Teilbetriebe aufgeteilt.

b) Eine Abteilung soll beraten, aber keine Anweisungen an untergeordnete Stellen geben.

c) Eine zentrale EDV-Abteilung ist für mehrere dezentralisierte Bereiche zuständig.

d) Ein Manager koordiniert die Tätigkeit mehrerer Abteilungsleiter bezüglich einer Produktgruppe.

e) Der Mitarbeiter eines Baumarktes in der Abteilung „Farben" untersteht sowohl den Weisungen des Abteilungsleiters „Farben" als auch den Weisungen des Einkaufsleiters.

f) Die Angestellten in einer Abteilung werden nicht nur von ihrem Manager, sondern auch noch von einem weiteren Manager kontrolliert.

4. Bei der Fairtext GmbH sind verschiedene Abteilungen gebildet worden. Diese Abteilungsbildung kann nach dem Verrichtungsprinzip oder nach dem Objektprinzip aufgebaut sein.

a) Erläutern Sie diese beiden Prinzipien kurz.

LERNFELD 1

DAS GROSS- UND AUSSENHANDELSUNTERNEHMEN PRÄSENTIEREN

b) **Wie würden Sie die Fairtext GmbH personell organisieren? Skizzieren Sie Ihre Überlegungen in dem unten stehenden Feld grafisch.**

5. Herr Hahnenkamp möchte nun von den Auszubildenden wissen, welches Weisungssystem diese der Fairtext GmbH empfehlen.

   a) **Welche Vorteile haben die verschiedenen Weisungssysteme?**

Einliniensystem	Mehrliniensystem	Stabliniensystem

WIR LERNEN DIE ORGANISATION DES AUSBILDUNGSBETRIEBS NACHZUVOLLZIEHEN

b) Welche Nachteile haben die verschiedenen Weisungssysteme?

Einliniensystem	Mehrliniensystem	Stabliniensystem

c) Begründen Sie, welches Weisungssystem Sie der Fairtext GmbH empfehlen.

---

6. Anne Schulte ist momentan im Funktionsbereich Einkauf eingesetzt, Caroline König im Funktionsbereich Lager, Sebastian Holpert im Funktionsbereich Verkauf und Mete Öczan im Funktionsbereich Verwaltung. **Erstellen Sie jeweils stichpunktartig eine Stellenbeschreibung für einen Mitarbeiter aus den vier oben angegebenen Abteilungen der Fairtext GmbH.**

Inhalt	Einkauf	Lager	Verkauf	Verwaltung
Bezeichnung der Stelle	Einkaufsleiter	Mitarbeiter im Lager (Fachkraft für Lagerlogistik)	Verkäufer im Außendienst	Buchhalter
Vorgesetzte(r)				
Weisungsbefugnisse (Wem dürfen Anweisungen erteilt werden?)				
Stellenziel/ Tätigkeiten				
notwendige Kenntnisse und Fähigkeiten				

LERNFELD 1

DAS GROSS- UND AUSSENHANDELSUNTERNEHMEN PRÄSENTIEREN

VERTIEFUNGS- UND ANWENDUNGSAUFGABEN

1. Wie ist Ihr Ausbildungsbetrieb personell organisiert?

   a) Skizzieren Sie Ihre Überlegungen in dem unten stehenden Feld grafisch.

   b) Ist Ihr Ausbildungsbetrieb nach dem Verrichtungsprinzip oder dem Objektprinzip organisiert?

Mein Ausbildungsbetrieb ist nach dem _____ organisiert.

2. Sie sollen die Aufbauorganisation für die Großhandlung Fairtext GmbH entwickeln. **Welches Merkmal veranlasst Sie, ein Stabliniensystem als Weisungssystem vorzuschlagen?**

	Die Geschäftsleitung der Fairtext GmbH wird entlastet, die Einheit der Auftragserteilung bleibt erhalten.
	Die Flexibilität, da dieses System keine genaue Kompetenzabgrenzung bei der Fairtext GmbH kennt.
	Die Anzahl der Leitungsebenen bei der Fairtext GmbH wird erhöht, die Zuständigkeiten bleiben flexibel.
	Durch die Einrichtung von Stabsstellen wird die Fairtext GmbH in mehrere Sparten geteilt.
	Die Mitarbeiter der Fairtext GmbH erhalten von mehreren fachlich kompetenten Experten direkte Anweisungen.

3. Der Funktionsbereich Verwaltung der Fairtext GmbH will für alle Mitarbeiter eine Stellenbeschreibung erstellen.

Welche Aufgabe erfüllt dabei die Stellenbeschreibung?

	Dadurch erhält der Mitarbeiter eine Übersicht über die Abteilungsgliederung eines Betriebs.
	Als Gesamtübersicht sind alle betrieblichen Weisungsbefugnisse und Vollmachten der Fairtext GmbH dargestellt.
	Die Aufgaben des Stelleninhabers, seine Kompetenzen und die an ihn gestellten Anforderungen werden beschrieben und festgelegt.
	Der Mitarbeiter erkennt sofort die Kostenstellen des Betriebs mit entsprechender Beschreibung.
	Die Reihenfolge der Arbeitsschritte in der Fairtext GmbH ist hier genau definiert.

4. Lösen Sie die folgenden Aufgaben mithilfe des Kapitels 16 im Lernfeld 1.
   a) Nachbar der Fairtext GmbH ist die Asia Import GmbH. Das folgende Organigramm zeigt den Aufbau des Betriebs:

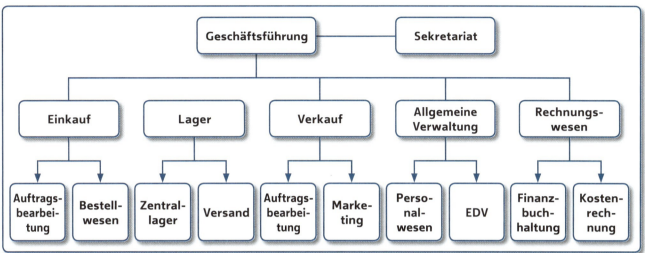

Führen Sie auf, welches Weisungssystem die Asia Import GmbH hat. Begründen Sie Ihre Entscheidung.

Stellen Sie dar, welche Rolle das Sekretariat im Unternehmen hat.

   b) Innerhalb der Organisation von Unternehmen spielen Stellenbeschreibungen eine große Rolle. Für eine Mitarbeiterin soll eine solche Stellenbeschreibung erstellt werden. **Führen Sie Themenbereiche auf, die in einer Stellenbeschreibung geregelt werden können.**

LERNFELD 1

DAS GROSS- UND AUSSENHANDELSUNTERNEHMEN PRÄSENTIEREN

c) Die Textilia AG ist nach dem Matrixsystem organisiert. **Skizzieren Sie das Organigramm nach folgenden Angaben:**
   - Vorstand
   - Produktbereiche: Damenmode, Herrenmode, Kindermode
   - Abteilungen: Einkauf, Lager, Vertrieb, Verwaltung

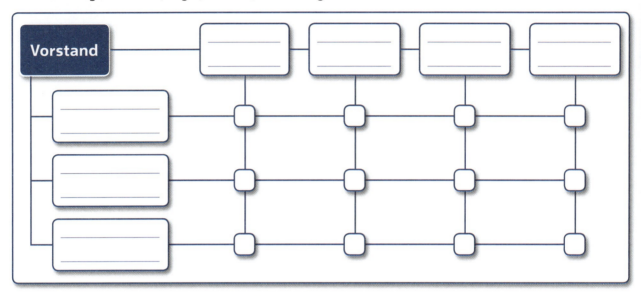

Zur weiteren Vertiefung der Lerninhalte und Sicherung der Lernergebnisse empfehlen wir das Bearbeiten der Aufgaben und Aktionen in Kapitel 16 (Organisation des Ausbildungsbetriebs) des Lernfeldes 1 in Ihrem Lehrbuch „Groß im Handel, 1. Ausbildungsjahr".

11 Wir arbeiten in Großhandlungen mit unterschiedlichen Rechtsformen

HANDLUNGSSITUATION

Hans Reimers ist Abteilungsleiter der Rostocker Filiale der Fairtext GmbH. Er ist 34 Jahre alt und seit 14 Jahren bei Fairtext GmbH tätig. Nach seiner Ausbildung zum Kaufmann für Groß- und Außenhandelsmanagement hat er sich noch weitergebildet zum Handelsfachwirt. Zudem hat er jede angebotene innerbetriebliche Weiterbildungsmaßnahme der Fairtext GmbH besucht. In seiner Freizeit tummelt er sich in der Rostocker Gothic-Szene.

Momentan ist er elektrisiert: In der Rostocker Zeitung stand heute Morgen eine Anzeige. Eine Rostocker Firma bietet Interessenten Lager- und Geschäftsräume unterschiedlicher Größe zu sehr günstigen Konditionen an. Da Hans Reimers sich schon lange mit dem Gedanken beschäftigt, sich selbstständig zu machen, sieht er hier die Chance, seinen Traum zu verwirklichen. Dies möchte er zusammen mit seiner Freundin machen. Claudia Gruß ist 28 Jahre alt und arbeitete bis vor Kurzem als Schneiderin, bis ihr Arbeitgeber Insolvenz anmelden musste. Ihr Hobby ist Hiphop. Kürzlich hat

sie eine Erbschaft in Höhe von 35.000,00 € gemacht. Hans Reimers hat 10.000,00 € an Ersparnissen. Hans Reimers und Claudia Gruß haben entdeckt, dass es im Umkreis von mehr als 200 Kilometern um Rostock

kein Großhandelsunternehmen gibt, das Bekleidung für unterschiedliche Szenen anbietet. Ihnen schwebt ein Großhandelsgeschäft vor, das u. a. Kleidung für die
- Gothic-,
- Metal-,
- Punk-,
- Skater-,
- Hiphop-Szene usw.

anbietet. Großgeschrieben werden soll auch der Service (Änderungen und Maßanfertigungen können von Claudia Gruß übernommen werden).
Hans Reimers und Claudia Gruß haben sich schon mit mehreren potenziellen Lieferanten in Verbindung gesetzt. Alle bieten Lieferantenkredite zu relativ günstigen Konditionen an. Einige sind auch bereit, Waren auf Kommissionsbasis zu liefern.

Informationen zum Lösen der folgenden Handlungsaufgaben finden Sie im Lehrbuch „Groß im Handel, 1. Ausbildungsjahr" im Kapitel 18 (Rechtsformen) des Lernfeldes 1.

HANDLUNGSAUFGABEN

1. Wer ein Großhandelsunternehmen gründen will, sollte bestimmte Voraussetzungen erfüllen.

Führen Sie fünf persönliche und zwei sachliche Voraussetzungen auf, über die der Gründer eines Großhandelsunternehmens verfügen sollte.

Überprüfen Sie, ob diese bei Hans Reimers und Claudia Gruß gegeben sind.

Persönliche Voraussetzung	Gegeben bei Hans Reimers und Claudia Gruß?

Sachliche Voraussetzungen	Gegeben bei Hans Reimers und Claudia Gruß?

LERNFELD 1

DAS GROSS- UND AUSSENHANDELSUNTERNEHMEN PRÄSENTIEREN

2. Sollten die persönlichen und sachlichen Voraussetzungen bei Hans Reimers und Claudia Gruß gegeben sein, können sie sich entscheiden, ein Unternehmen zu gründen. **Geben Sie an, wem die Gründung aus welchen Gründen gemeldet werden muss.**

Angemeldet werden muss die Gründung bei	Grund
	achtet auf die Einhaltung verschiedener arbeitsrechtlicher wie umweltschutzrechtlicher Bestimmungen sowie die Beachtung der Gewerbeordnung
	hilft u. a. bei der Verhütung von Arbeitsunfällen und Berufskrankheiten
	bietet u. a. Beratungs- und Informationsservice für Unternehmen an
	erhebt für den Staat Steuern für das Unternehmen und zieht diese ein
	informiert die Öffentlichkeit und die Geschäftspartner verlässlich über die Rechtsverhältnisse von Unternehmen

3. Hans Reimers und Claudia Gruß müssen nun noch die Rechtsform des neu zu gründenden Unternehmens festlegen: Abhängig von der unternehmerischen Zielsetzung kann das Unternehmen rechtlich unterschiedlich gestaltet werden. Hans Reimers und Claudia Gruß legen Wert darauf, dass sie, falls ihr Unternehmen im Falle einer Insolvenz nicht mehr zahlungsfähig ist, nicht haftbar gemacht werden können.

Hans Reimers und Claudia Gruß untersuchen sechs Rechtsformen daraufhin, ob diese jeweils für ihr neu zu gründendes Unternehmen geeignet sind.

a) Halten Sie für jede der Rechtsformen die entscheidenden Merkmale fest.

b) Stellen Sie fest, wie die jeweilige Firma beispielhaft lauten könnte. Führen Sie die Regeln für die Firmierung bei der jeweiligen Rechtsform auf.

c) Geben Sie das Register an (bzw. die entsprechende Abteilung), in das (die) das neu zu gründende Unternehmen einzutragen ist.

d) Beurteilen Sie, ob die jeweilige Rechtsform für Hans Reimers und Claudia Gruß infrage kommt.

	Einzelunternehmung	Offene Handelsgesellschaft	Kommanditgesellschaft	Gesellschaft mit beschränkter Haftung	Aktiengesellschaft
Mindestgründerzahl					
Mindestkapital					
Haftung					

WIR ARBEITEN IN GROSSHANDLUNGEN MIT UNTERSCHIEDLICHEN RECHTSFORMEN

	Einzelunternehmung	Offene Handelsgesellschaft	Kommanditgesellschaft	Gesellschaft mit beschränkter Haftung	Aktiengesellschaft
Geschäftsführung und Vertretung					
Gewinnverteilung					
Firma					
Handelsregistereintrag					
Beurteilung					

VERTIEFUNGS- UND ANWENDUNGSAUFGABEN

1. Die beiden langjährigen Freunde Reinhold Bürger und Friedrich Kogel wollen eine Gesellschaft gründen. Zur Gründung bringt jeder von ihnen 25.000,00 € Barkapital auf. Das Unternehmen soll sich mit dem Import und Export von Textilien befassen. Reinhold Bürger macht jedoch zur Bedingung, dass er nicht persönlich haften will, und außerdem erlaubt seine Zeit keine Beteiligung an der Geschäftsführung. Friedrich Kogel, der persönlich haften will, schlägt seinem Freund eine Rechtsform vor und weist noch darauf hin, dass auch eine Teilhaberschaft an einer dann von ihm allein zu gründenden Unternehmung möglich ist.

a) Welche beiden Unternehmensformen schlägt Friedrich Kogel seinem Freund vor?

b) Zu welcher Gruppe gehören diese Gesellschaften?

c) Erläutern Sie kurz die wesentlichen Merkmale der beiden Unternehmensformen und zeigen Sie die Unterschiede auf.

LERNFELD 1
DAS GROSS- UND AUSSENHANDELSUNTERNEHMEN PRÄSENTIEREN

d) Bei einer stillen Gesellschaft geht das Beteiligungsverhältnis nach außen nicht hervor. **Welche Rechte und eventuelle Pflichten hat Reinhold Bürger in beiden Unternehmensformen?**

2. In dem Gesellschaftsvertrag einer KG ist festgelegt, dass der Restgewinn zu 60 % an den Komplementär und zu je 10 % an die vier Kommanditisten fallen soll. Der Jahresgewinn beträgt 160.000,00 €.
Verteilen Sie den Gewinn. Nutzen Sie dazu die folgende Tabelle.

Gesellschafter	Kapitaleinlage			
Jones (Komplementär)	240.000,00 €			
Lahm (Kommanditist)	120.000,00 €			
Lehmann (Kommanditist)	40.000,00 €			
Friedrich (Kommanditist)	20.000,00 €			
Butt (Kommanditist)	80.000,00 €			
				160.000,00 €

Herr Ballack tritt als neuer Komplementär in die KG ein. Herr Jones erläutert ihm: „Komplementäre haften unbeschränkt, unmittelbar und solidarisch."
Erläutern Sie diese drei Begriffe.

Begriff	Erläuterung
unbeschränkte Haftung	
unmittelbare Haftung	
solidarische Haftung	

3. Dominik Schlote erwägt, sich nach der Ausbildung selbstständig zu machen. Er überlegt die Gründung eines Fachgeschäfts für Computerspiele. Vor diesem Hintergrund liest er sehr interessiert den folgenden Artikel:

Ein Unternehmen starten – warum nicht eine GmbH?

Die GmbH gehört zu den Kapitalgesellschaften. Sie ist für Gründerinnen und Gründer geeignet, die ihre Haftung beschränken möchten.

Gründung

Die GmbH wird von mindestens einem Gesellschafter gegründet. Für die „Ein-Personen-GmbH" gelten dieselben Bestimmungen wie für eine „normale" GmbH. Der Gesellschaftsvertrag muss notariell beurkundet werden. [...] Das beurkundungspflichtige Musterprotokoll fasst drei Dokumente (Gesellschaftsvertrag, Geschäftsführerbestellung und Gesellschafterliste) in einem zusammen.

Das **Mindeststammkapital**, das Sie in die Gründung einbringen müssen, beträgt 25.000 Euro, wovon aber nur die Hälfte sofort einbezahlt werden muss. Auch eine Sachgründung, also die Einbringung einer Maschine, eines Kfz usw., ist möglich. Hinzu kommen die Kosten für den Notar, der Eintrag im **Handelsregister** und die Bekanntmachung. Jeder Geschäftsanteil muss auf einen Betrag von mindestens 1 Euro lauten.

Geschäftsführung

Die GmbH ist eine juristische Person. Das heißt, die Gesellschaft selbst und nicht ihre Gesellschafter tritt als **Kaufmann** im Geschäftsverkehr auf. Die GmbH schließt also zum Beispiel Verträge ab, besitzt Vermögen und muss Steuern zahlen. Um dies und alle weiteren geschäftlichen Angelegenheiten zu erledigen, braucht sie einen **Geschäftsführer**, der bei ihr angestellt ist. Die Geschäftsführung kann entweder der Gründer selbst übernehmen oder ein von ihm eingesetzter Geschäftsführer. Geschäftsführer kann nur eine natürliche und unbeschränkt geschäftsfähige Person sein. Nicht als Geschäftsführer bestellt werden können für die Dauer von fünf Jahren Personen, die wegen einer vorsätzlichen Straftat der Insolvenzverschleppung, eines Bankrottdeliktes, falscher Angaben, unrichtiger Darstellung oder aufgrund allgemeiner Straftatbestände mit Unternehmensbezug, insbesondere Betrug und Untreue, verurteilt wurden.

Haftung

Gegenüber Gläubigern haftet die GmbH – in der Regel – nur mit ihrem Gesellschaftsvermögen. Verletzt der Geschäftsführer die „**Sorgfalt eines ordentlichen Geschäftsmanns**" § 347 HGB, ist er der Gesellschaft zum Ersatz des entstanden Schadens verpflichtet. In diesem Fall haftet er der Gesellschaft gegenüber mit seinem persönlichen Vermögen. Die Gesellschafter selbst haften nicht mit ihrem privaten Vermögen, allerdings gibt es auch hier Ausnahmen. Beispiele: Sie haften zusätzlich mit ihrem Privatvermögen bei persönlichen Krediten oder Bürgschaften. Sie haften auch persönlich bei Verstößen gegen die strengen Regeln über das GmbH-Kapital sowie bei der sogenannten Durchgriffshaftung (z.B. bei bestimmten Schadenersatzansprüchen). Insbesondere als zukünftiger Geschäftsführer einer GmbH sollten Sie die damit verbundenen **Haftungsrisiken** kennen.

[...]

Bezeichnung der GmbH

Die Firma ist der Name der GmbH. Mit diesem Namen ist sie im Handelsregister eingetragen und tritt im Geschäftsverkehr auf. Bei dem Namen kann es sich sowohl um eine Fantasiebezeichnung wie „Plus-Minus-GmbH", um eine Sachbezeichnung wie „Obst- und Gemüsehandel GmbH", den Namen des Gesellschafters oder eine Kombination aus allem handeln. Eine geografische Bezeichnung ist möglich, wenn die Tätigkeit des Unternehmens tatsächlich einen Bezug zu der genannten Region hat. Der Name muss immer den Zusatz „Gesellschaft mit beschränkter Haftung" oder „GmbH" enthalten. Um Verwechslungen mit anderen Firmen zu vermeiden, sollten Sie vorab mit der Industrie- und Handelskammer oder Handwerkskammer vor Ort sprechen.

Eintrag im Handelsregister

Der Gesellschaftsvertrag oder das Musterprotokoll muss notariell beurkundet werden. Der Notar leitet den Vertrag an das **Handelsregister** weiter. Spätestens zum Zeitpunkt der Eintragung der GmbH ins Handelsregister muss der Gründer das Stammkapital als Einlage geleistet haben. Das Mindeststammkapital einer GmbH beträgt 25.000 Euro.

Die Einlage kann durch Bareinlagen, Sacheinlagen (z.B. Maschinen) oder durch gemischte Einlagen (Bar- und Sacheinlagen) erbracht werden. Sacheinlagen müssen vor der Anmeldung der Gesellschaft geleistet sein. Bei Bareinlagen muss vor Anmeldung mindestens ein Viertel der Summe einbezahlt werden. Zusammen mit einer etwaigen Sacheinlage muss mindestens die Hälfte des Mindeststammkapitals vor der Anmeldung der Gesellschaft erbracht werden, also mindestens 12.500 Euro.

Für die Anmeldung der GmbH beim Handelsregister müssen folgende Unterlagen vorgelegt werden:

- das Musterprotokoll oder
- der Gesellschaftsvertrag,
- die Legitimation der Geschäftsführer, sofern diese nicht bereits im Gesellschaftsvertrag genannt sind,
- eine unterschriebene Liste der Gesellschafter mit Name, Vorname, Geburtsdatum und Wohnort der Gesellschafter sowie der Betrag der übernommenen Stammeinlage jedes Gesellschafters,
- falls Sacheinlagen geleistet worden sind die Verträge, die den Festsetzungen zugrunde liegen oder zu ihrer Ausführung geschlossen worden sind, und der Sachgründungsbericht,
- wenn Sacheinlagen vereinbart sind, Unterlagen darüber, dass der Wert der Sacheinlagen den Betrag der dafür übernommenen Stammeinlagen erreicht.
- In der Anmeldung ist zu versichern, dass die oben genannten Mindestbeträge geleistet und dem Geschäftsführer zur freien Verfügung stehen und dass keine strafrechtlichen Gründe vorliegen, die der Bestellung der Geschäftsführer entgegenstehen (**§ 6 Abs. 2 GmbHG**).

Steuern

Die GmbH muss **Körperschaftsteuer** und **Gewerbesteuer** sowie den Solidaritätszuschlag entrichten. Bei Gewinnausschüttungen an Anteilseigner ist Kapitalertragsteuer fällig.

Buchführungspflicht

Für die GmbH gelten die Bestimmungen des **Handelsgesetzbuches** (HGB). Sie ist zur gesetzlichen **Buchführung** (doppelte Buchführung samt Jahresbilanz) verpflichtet.

[...]

Quelle: Bundesministerium für Wirtschaft und Klimaschutz (BMWK): Gesellschaft mit beschränkter Haftung (GmbH). In: Existenzgründungsportal des BMWK. O.D. https://www.existenzgruender.de/DE/Gruendung-vorbereiten/Rechtsformen/Gesellschaft-mit-beschraenkter-Haftung-GmbH/inhalt.html [12.10.2021].

a) Erläutern Sie kurz die gesetzlichen Bestimmungen der Ein-Personen-GmbH.

b) Geben Sie kurz an, wie eine GmbH bezeichnet werden kann.

Zur weiteren Vertiefung der Lerninhalte und Sicherung der Lernergebnisse empfehlen wir das Bearbeiten der Aufgaben und Aktionen im Kapitel 18 (Rechtsformen) des Lernfeldes 1 in Ihrem Lehrbuch „Groß im Handel, 1. Ausbildungsjahr".

12 Wir erkennen die Vorteile der Geschäftsprozessorientierung in Großhandelsunternehmen

HANDLUNGSSITUATION

Herr Sternecker von der Stabsstelle Organisation/EDV spricht Anne Schulte an:

„Mit Herrn Hahnenkamp ist abgesprochen, dass Sie mich in den nächsten drei Tagen unterstützen. Es geht um Folgendes:

So ganz gut lief es letztes Jahr nicht bei uns. Deshalb hatte die Geschäftsführung eine Unternehmensberatung damit beauftragt, die Lage im Unternehmen zu sondieren und Verbesserungsvorschläge zu machen. Ein ganz wichtiger Vorschlag war die Umstellung der Organisationsstruktur von der Funktionsorientierung auf die Geschäftsprozessorientierung ...

Wir können die Umstellung an einem Beispiel klarmachen: Einer unserer Großkunden – sagen wir mal die Larstadt Warenhaus AG – benötigt eine große Anzahl bestimmter Artikel und fragt bei uns an. Unserer Ver-

LERNFELD 1

DAS GROSS- UND AUSSENHANDELSUNTERNEHMEN PRÄSENTIEREN

kaufsabteilung (A) gelingt es, einen Kaufvertrag abzuschließen. Wir haben also einen Großauftrag. Eine Nachfrage in der Lagerabteilung (B) ergibt, dass nicht genug Artikel auf Lager sind. Es wird die Einkaufsabteilung (C) kontaktiert, damit ein Beschaffungskontakt angestoßen wird. Liegt die Ware komplett vor, wird sie versandt.

Dabei wird Kontakt mit der Rechnungswesenabteilung (D) aufgenommen, die eine Rechnung erstellen muss. Wir haben Reibungsverluste jeweils zwischen den vier Abteilungen, die zwischenzeitlich irgendwann an diesem Auftrag arbeiten, und weitere Reibungsverluste, wo die jeweilige Abteilung dann noch einmal Kontakt zum Kunden hat ... In den Abteilungen arbeitet jeweils ein Sachbearbeiter an dem Fall.

Bei der geschäftsprozessorientierten Unternehmensstruktur wird projektorientiert über die herkömmlichen Abteilungen hinweg in Teams zusammengearbeitet. Der Kundenauftrag der Larstadt Warenhaus AG löst den Geschäftsprozess aus. Die gesamte Arbeit liegt jetzt, salopp gesagt, in einer Hand. Ein Fallbearbeiter kümmert sich um alles: vom Erstkontakt mit der Larstadt Warenhaus AG bis hin zur zufriedenstellenden Warenlieferung bei der Larstadt Warenhaus AG. Er hat den genauen Überblick ...

Für unsere innerbetriebliche Schulung möchte ich eine PowerPoint-Präsentation erstellen. Sie können mir dabei helfen, zwei Folien zu erstellen ..."

Informationen zum Lösen der folgenden Handlungsaufgaben finden Sie im Lehrbuch „Groß im Handel, 1. Ausbildungsjahr" im Kapitel 19 (Arbeits- und Geschäftsprozesse im Groß- und Außenhandelsunternehmen) des Lernfeldes 1.

HANDLUNGSAUFGABEN

1. Geben Sie an, vor welchem Problem die Fairtext GmbH momentan steht.

2. Führen Sie auf, wie die Fairtext GmbH das Problem lösen könnte.

3. Stellen Sie die Nachteile der funktionsbezogenen Organisationsstruktur in Großhandelsunternehmen fest.

4. Herr Sternecker möchte die funktionsorientierte Organisationsstruktur anhand des Eingangsbeispiels auf einer Folie darstellen.

Ergänzen Sie die Grafik um die folgenden Begriffe:
Einkauf
Kundenkontakt
Lager
Rechnungswesen
Verkauf
Schnittstellen

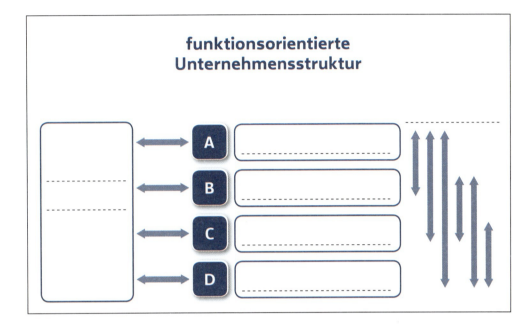

5. Geschäftsprozessorientierte Unternehmensstrukturen bringen Großhandelsunternehmen heute viele Vorteile. **Definieren Sie den Begriff „Geschäftsprozess".**

6. **Nennen Sie fünf Merkmale von Geschäftsprozessen.**

LERNFELD 1 DAS GROSS- UND AUSSENHANDELSUNTERNEHMEN PRÄSENTIEREN

7. Zeigen Sie auf, wozu die Darstellung der Geschäftsprozesse im Unternehmen benötigt wird.

8. Geben Sie an, welche Nachteile durch die Geschäftsprozessorientierung vermieden werden.

9. Jeder Geschäftsprozess besteht immer aus den beiden Komponenten Waren- und Informationsprozess.

Unterscheiden Sie Warenprozess und Informationsprozess.

10. Es gibt unterschiedliche Arten der Geschäftsprozesse.
   a) Erläutern Sie die Begriffe „Kernprozesse" und „Unterstützungsprozesse".
   b) Führen Sie Merkmale der jeweiligen Geschäftsprozessart auf.
   c) Bringen Sie jeweils ein Beispiel für eine Geschäftsprozessart.
   d) Führen Sie auf, wo solche Geschäftsprozesse in Ihrem Unternehmen zu beobachten sind.

Geschäftsprozessart:	Kernprozess	Unterstützungsprozess
Begriff:		
Merkmale:		
Beispiel:		
Beispiel im eigenen Unternehmen:		

11. Führen Sie fünf Strategien zur Optimierung von Geschäftsprozessen in Unternehmen auf und erläutern Sie diese kurz.

Strategie					
Erläuterung					

12. Herr Sternecker möchte die geschäftsprozessorientierte Organisationsstruktur anhand des Eingangsbeispiels auf einer Folie darstellen.

Ergänzen Sie die Grafik um die folgenden Begriffe:
Fallbearbeiter
Geschäftsprozess
Kundenauftrag
Kundenzufriedenheit

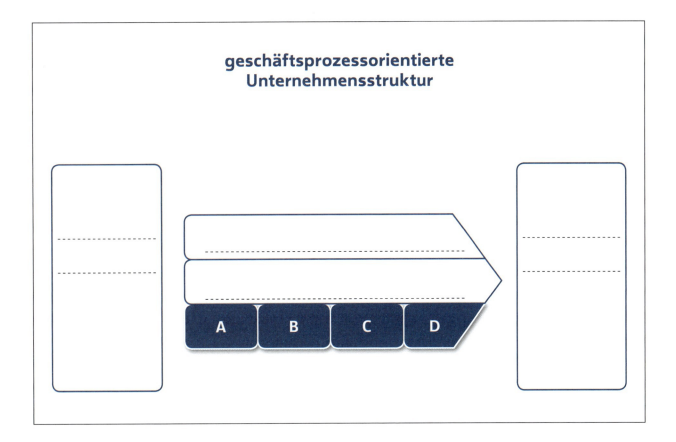

LERNFELD 1

DAS GROSS- UND AUSSENHANDELSUNTERNEHMEN PRÄSENTIEREN

VERTIEFUNGS- UND ANWENDUNGSAUFGABEN

1. Entscheiden Sie, ob die folgenden Aussagen richtig oder falsch sind.

Aussage	richtig	falsch	Begründung
Durch die Visualisierung von Geschäftsprozessen können Abläufe in Unternehmen beschrieben, dokumentiert, überwacht und letztlich optimiert werden.			
Eine Betonung der Funktionsorientierung im Unternehmen soll typische Schwachstellen wie hohe Durchlaufzeiten verhindern.			
Geschäftsprozesse werden unterteilt in Unterstützungsprozesse und Supportprozesse.			
Der Teilprozess Urlaubsantragsstellung ist Teil des Geschäftsprozesses Urlaubsabwicklung.			
Die Auftragsbearbeitung ist ein Unterstützungsprozess.			
Die Personalverwaltung ist ein Unterstützungsprozess.			
Kernprozesse beginnen mit dem Kundenwunsch und enden mit der Erfüllung des Kundenwunsches.			

WIR ERKENNEN DIE VORTEILE DER GESCHÄFTSPROZESSORIENTIERUNG IN GROSSHANDELSUNTERNEHMEN

2. Lösen Sie das folgende Kreuzworträtsel.

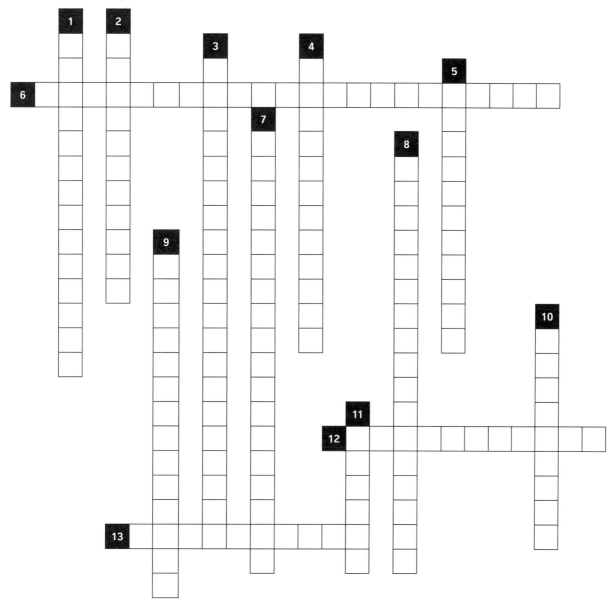

Waagerecht:

6. Hier gibt es keine direkte Schnittstelle zum Kunden.
12. Dieser erbringt eine direkte Wertschöpfung für den Kunden.
13. Strategie, bei der die Ware zum richtigen Zeitpunkt in richtiger Qualität und Menge am richtigen Ort bereitgestellt wird (ohne Bindestriche)

Senkrecht:

1. So soll der Verbesserungsprozess sein.
2. anderes Wort für Supply-Chain
3. Durch verschiedene Maßnahmen soll sichergestellt werden, dass der Geschäftsprozess oder das Produkt den Anforderungen entspricht.
4. Ausgangspunkt jedes Geschäftsprozesses
5. Übertragung von nicht wichtigen Geschäftsprozessen an Fremdunternehmen
7. Ziel der Geschäftsprozessorientierung
8. logisch zusammengehörende Folge von Aktivitäten, die dem Kunden einen Nutzen bringen und einen Beitrag zur Erreichung der Geschäftsziele darstellen
9. Schaffung von Mehrwert
10. Dies ist die Wertschöpfung bei Geschäftsprozessen.
11. japanisches Wort für KVP

Zur weiteren Vertiefung der Lerninhalte und Sicherung der Lernergebnisse empfehlen wir das Bearbeiten der Aufgaben und Aktionen im Kapitel 19 (Arbeits- und Geschäftsprozesse im Groß- und Außenhandelsunternehmen) des Lernfeldes 1 in Ihrem Lehrbuch „Groß im Handel, 1. Ausbildungsjahr".

LERNFELD 1

DAS GROSS- UND AUSSENHANDELSUNTERNEHMEN PRÄSENTIEREN

13 Wir beachten Kommunikationsregeln

HANDLUNGSSITUATION

Situation 1

Sebastian Holpert führt mit einer Kundin im Showroom ein Verkaufsgespräch:
„… *Diese wunderschöne Jacke kostet nur 49,90 €. Sie ist sehr leicht zu pflegen* …"

Situation 2

Zur gleichen Zeit möchte sich Caroline König in der Einkaufsabteilung ein neues Programm erklären lassen und wendet sich schüchtern und mit leiser Stimme an den Sachbearbeiter Herrn Marxen. Dieser verdreht die Augen und seufzt, Caroline anstarrend, und unterbricht sie laut und bestimmt:
„*Sie müssen aber auch ständig fragen. Das macht meine Kollegin Frau Besten, die ist gerade in der Frühstückspause.*"
Caroline ärgert sich, schluckt, sagt aber nichts.

Informationen zum Lösen der folgenden Handlungsaufgaben finden Sie im Lehrbuch „Groß im Handel, 1. Ausbildungsjahr", im Kapitel 20 (Anwendung verbaler und nonverbaler Kommunikationstechniken) des Lernfeldes 1.

HANDLUNGSAUFGABEN

1. Inwieweit können sich aus den beiden Situationen Probleme für die Fairtext GmbH ergeben?

_____

_____

_____

_____

2. Welches Ziel sollte die Fairtext GmbH verfolgen, damit das Problem gelöst werden kann?

_____

_____

3. Wie kann die Fairtext GmbH das Ziel erreichen?

_____

_____

_____

WIR BEACHTEN KOMMUNIKATIONSREGELN

4. Erläutern Sie den Begriff „Gespräch".

5. Führen Sie Instrumente für eine erfolgreiche Gesprächsführung auf.

6. Hilfreich für eine erfolgreiche Kommunikation ist auch die Verwendung von Ich-Botschaften. **Wandeln Sie die folgenden Aussagen in Ich-Botschaften um.**

So geht das nicht! Sie benutzen immer meinen Locher – und dann ist er immer weg.	
Sie vermasseln doch jeden Vertragsabschluss!	
Sie haben sich nicht an unserer Projektarbeit beteiligt.	
Sie sollten sich mal in Kommunikationsregeln schulen lassen. Immer tratschen Sie alles weiter!	
Sie reden immer dazwischen. Warum können Sie nicht mal nachdenken, bevor Sie etwas sagen?	

LERNFELD 1

DAS GROSS- UND AUSSENHANDELSUNTERNEHMEN PRÄSENTIEREN

7. Negative Formulierungen verstärken in Gesprächen das Negative und vermindern die Chance auf einen konstruktiven Verlauf des Gesprächs. Auch negative Sachverhalte bzw. Gefühle sollten deshalb positiv formuliert werden.
Ersetzen Sie in der folgenden Tabelle jede negative Formulierung durch eine positive.

kein Problem	
Ich habe jetzt keine Zeit.	
Das ist nicht unrealistisch.	
Das muss nicht sein.	
Sie müssen den Abfall noch rausbringen!	
Ich habe jetzt keine Lust, mit Ihnen zu reden!	
Darüber kann ich Ihnen keine Auskunft geben!	
Ich bin nicht der richtige Ansprechpartner.	

8. Um erfolgreich zu kommunizieren, sollten verschiedene Regeln eingehalten werden.
Ergänzen Sie die folgende Tabelle um die fehlenden Angaben.

Regel	Erläuterung
Beachten des einfachen Kommunikationsmodells	
	Informationen werden nicht nur auf einer sachlichen Ebene, sondern auch auf emotionalen Ebenen mitgeteilt.
	Die Stellung des Gesprächspartners in einer Gruppe sollte beachtet werden.
	Man sollte sich klarmachen, welche Zielsetzungen der Gesprächspartner im Gespräch verfolgt.
	Man zeigt dem Gesprächspartner bewusst, dass man Interesse an seinen Informationen hat.
Senden von Ich-Botschaften	
Sachverhalte konkret und positiv ausdrücken	

WIR BEACHTEN KOMMUNIKATIONSREGELN

Regel	Erläuterung
Äußern von Gefühlen	
	Zur Vermeidung destruktiver Emotionen sollte man den Gesprächspartner ausreden lassen.
	Erheblich Konflikt entschärfender und diplomatischer als eine direkt vorgebrachte Kritik ist …
	Eine Kommunikation mit ausländischen Gesprächspartnern wird umso erfolgreicher sein, je eher man bereit ist, Unterschiede in deren Kommunikationsverhalten (im Vergleich zum eigenen) bewusst und sensibel wahrzunehmen und sich entsprechend darauf einzustellen.
Anstreben von Win-win-Situationen	
	Das Einhalten von Höflichkeitsregeln erleichtert die Kommunikation und schafft ein positives Klima.

9. „… Diese wunderschöne Jacke kostet nur 49,90 €. Sie ist sehr leicht zu pflegen …"
Stellen Sie fest, welche vier Botschaften Sebastian Holpert mit dieser Aussage sendet.

10. **Führen Sie auf, welche vier Botschaften die Kundin wahrnimmt.**

11. **Erläutern Sie, in welchem Status sich Herr Marxen und Caroline König jeweils befinden.**

Herr Marxen	Caroline König

LERNFELD 1

DAS GROSS- UND AUSSENHANDELSUNTERNEHMEN PRÄSENTIEREN

12. Geben Sie an, welchen Fehler Herr Marxen im Gespräch mit Caroline König macht.

13. Machen Sie einen Vorschlag, wie Herr Marxen besser vorgehen könnte.

14. Geben Sie an, welchen Fehler Caroline König macht.

VERTIEFUNGS- UND ANWENDUNGSAUFGABEN

Lösen Sie das folgende Kreuzworträtsel:

Waagerecht:
1. informelles Gespräch über nicht geschäftliche Themen
4. Im Gespräch verwendete Wörter sollten so besetzt sein.
7. besondere Eigenschaft in Gesprächen mit Ausländern zu beachten
9. besser als zu kritisieren
11. Stellung innerhalb einer Gruppe
12. Eine solche Situation sollten beide Gesprächspartner, z. B. in einer Verhandlung, anstreben.
14. Wird dieser vor dem Gespräch richtig durchgeführt, hat dies positive Auswirkungen auf das Gespräch.
15. eine Ebene des Vier-Ohren-Modells

WIR BEACHTEN KOMMUNIKATIONSREGELN

Senkrecht:
2. eine Ebene des Vier-Ohren-Modells
3. Statt einen Vorwurf mit „Du" zu beginnen, sollte man eine solche vermitteln.
5. dies nicht mit dem Gesprächspartner machen, sondern ihn ausreden lassen
6. eine Ebene des Vier-Ohren-Modells
8. diese sollten in einem Gespräch geäußert werden
10. sollte beim Handschlag mit dem Gesprächspartner gesucht werden
13. So sollte zugehört werden.

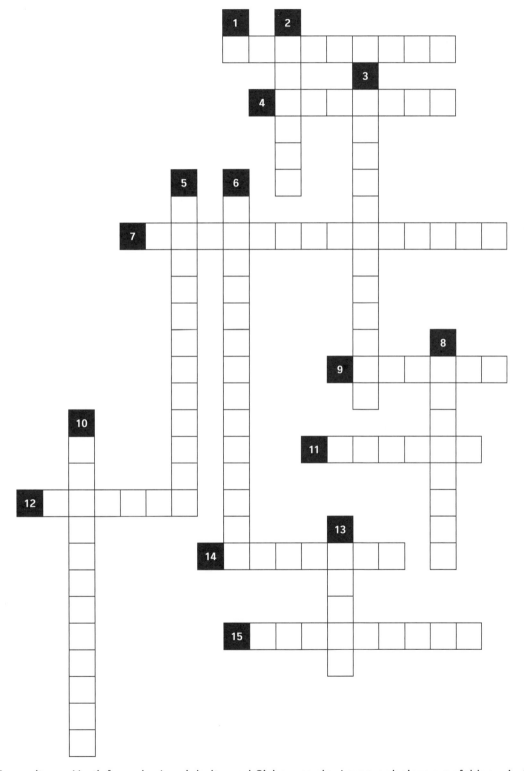

Zur weiteren Vertiefung der Lerninhalte und Sicherung der Lernergebnisse empfehlen wir die Bearbeitung der Aufgaben und Aktionen im Kapitel 20 (Anwendung verbaler und nonverbaler Kommunikationstechniken) des Lernfeldes 1 in Ihrem Lehrbuch „Groß im Handel, 1. Ausbildungsjahr".

LERNFELD 1

DAS GROSS- UND AUSSENHANDELSUNTERNEHMEN PRÄSENTIEREN

14 Wir verwenden Sprache und Körpersprache

HANDLUNGSSITUATION

Caroline König ist im Showroom eingesetzt. Sie hat gerade folgende Situation vor dem Regal mit der testweise neu eingeführten Warengruppe Parfüme beobachtet:

Ein Kunde steht am Regal und schaut sich eine Parfümpackung an. Ein Kollege von Caroline, der gerade ein Regal einräumt, baut sich 30 cm vor dem Kunden auf und spricht ihn mit schriller Stimme an.

Mitarbeiter: „Das glauben Sie doch selbst nicht, dass dieses Parfüm für Ihre Kunden oder für Sie geeignet ist!"

Kunde: „Sind Sie sicher? ... Ich könnte mir vorstellen, auch dieses Parfüm zu nehmen ..."

Mitarbeiter (mit hochgezogener Unterlippe): „Ja, das ist momentan der Renner. Greifen Sie sofort zu, sonst ist der Artikel vergriffen! Ich kann es meinen Kunden nicht oft genug sagen: Nehmen Sie diesen Artikel!"

Kunde: „Ich würde beide Parfüms vielleicht mal probieren ..."

Der Mitarbeiter gibt dem Kunden mit angehobenen Mundwinkeln und Augenbrauen eine Probe des ersten Parfüms.

Kunde (riecht und macht ein skeptisches Gesicht): „Mmh ...???"

Der Mitarbeiter stemmt erst die Hände in die Hüften und presst dann die Fingerkuppen einer Hand aneinander.

Mitarbeiter: „Ich habe Ihnen doch gleich gesagt, dass dieses Parfüm nichts für Sie ist. Hätten Sie mal auf mich gehört ..."

Der Kunde nimmt eine Probe des zweiten Parfüms.

Mitarbeiter (mit gestrecktem Kinn): „Dieses Parfüm werden Ihre Kunden kaum bezahlen können ..."

Kunde: „Nun ja, das überlege ich mir noch einmal. Ich brauche auch Bodylotion. Was könnten Sie mir da denn empfehlen?"

Der Mitarbeiter stellt sich mit breit auseinanderklaffenden Beinen vor den Kunden.

Mitarbeiter: „Also ohne jetzt dieses Gespräch beenden zu wollen ... Sie stellen sich das so einfach vor. Das reicht jetzt. Ich muss noch einräumen. Das geht also im Augenblick nicht ..."

Caroline König wundert sich etwas, denn Sie hat gerade gehört, dass Sprache und Körpersprache wichtige Instrumente in erfolgreichen Gesprächen sind.

Informationen zum Lösen der folgenden Handlungsaufgaben finden Sie im Lehrbuch „Groß im Handel, 1. Ausbildungsjahr" im Kapitel 20 (Anwendung verbaler und nonverbaler Kommunikationstechniken) des Lernfeldes 1.

HANDLUNGSAUFGABEN

1. Vor welchem Problem steht die Fairtext GmbH?

2. Welches Ziel sollte die Fairtext GmbH verfolgen, damit das Problem gelöst werden kann?

3. Wie kann die Fairtext GmbH das Ziel erreichen?

4. Stellen Sie fest, was man unter Körpersprache versteht.

5. a) Stellen Sie fest, welche fünf verschiedenen Bestandteile die Körpersprache umfasst.
   b) Erläutern Sie kurz jeden Bestandteil der Körpersprache.
   c) Ordnen Sie die körpersprachlichen Signale des Kollegen von Caroline König den Bestandteilen der Körpersprache zu und versuchen Sie, diese zu deuten.

Bestandteil der Körpersprache	Erläuterung	Beispiel und Bedeutung

LERNFELD 1

DAS GROSS- UND AUSSENHANDELSUNTERNEHMEN PRÄSENTIEREN

6. Begründen Sie, warum Kenntnisse über die Körpersprache wichtig sind für erfolgreiche Gespräche.

7. Führen Sie auf, mit welchen Gesprächsstörern der Mitarbeiter das vorgestellte Gespräch negativ beeinflusst.

Äußerung im Dialog	Gesprächsstörer

8. Geben Sie Gesprächsförderer an.
   Bringen Sie jeweils mindestens ein allgemeines Beispiel einer mündlichen Äußerung dieses Gesprächsförders.

Gesprächsförderer	Beispiel für eine mündliche Äußerung

WIR VERWENDEN SPRACHE UND KÖRPERSPRACHE

Gesprächsförderer	Beispiel für eine mündliche Äußerung

9. Schreiben Sie mit einem Partner zusammen den Dialog der Ausgangssituation so um, dass der Mitarbeiter möglichst viele Gesprächsförderer verwendet und positive Signale der Körpersprache aussendet.
Führen Sie den Dialog möglichst frei vor.
Bereiten Sie sich darauf vor, Ihren Mitschülern in der Nachbesprechung die verwendeten Gesprächsförderer und positiven körpersprachlichen Signale zu erläutern.

LERNFELD 1

DAS GROSS- UND AUSSENHANDELSUNTERNEHMEN PRÄSENTIEREN

10. Beobachten Sie einen anderen aufgeführten Dialog.
Geben Sie in der Nachbesprechung die erkannten Gesprächsförderer und positiven körpersprachlichen Signale an.

VERTIEFUNGS- UND ANWENDUNGSAUFGABEN

1. Lösen Sie das folgende Kreuzworträtsel.
Bitte beachten Sie, dass
- Umlaute wie ä im Rätsel als ae geschrieben werden;
- eventuelle Bindestriche nicht im Rätsel ausgeschrieben, also weggelassen werden.

Waagerecht:
2. Element der Körpersprache
6. Bestandteil der Mimik
8. So viel Prozent nimmt die nonverbale Kommunikation in Verkaufsgesprächen ein.
12. Bei dieser Frageform ist die Antwortmöglichkeit schon vorgegeben.
13. kundenfreundlich formulierte Aussagen, die sich positiv auf ein Verkaufsgespräch auswirken
15. Element der Körpersprache
16. Gesprächsstörer (Mehrzahl)
18. Element der Körpersprache
19. Ziel des Einsatzes von Körpersprache in Gesprächen
20. Ist die Ausdrucksweise so, wirkt ein Satz konzentrierter und dynamischer im Vergleich zur Verwendung von Substantiven.
21. Diese Gesprächsstörer sollten in Gesprächen nicht verwendet werden.

Senkrecht:
1. Element der Körpersprache
3. Damit strahlt man in Gesprächen positiv auf seine Umgebung.
4. Mit dieser Frage wird der Kunde aufgefordert, eigene Aussagen klarer darzulegen.
5. Element der Körpersprache
7. Bedeutung einer Distanzvergrößerung oder gerümpfter Nase
9. In diese Zone darf ein Mitarbeiter im Normalfall nicht eindringen.
10. Diese Frage will den Kunden manipulieren.
11. Negativformulierung, die i. d. R. zum Ende eines Verkaufsgesprächs führt
14. So sollte Kunden zugehört werden.
17. Diese Körperteile senden Signale im Bereich der Gestik aus.

2. Sebastian und Caroline wissen, dass im Umgang mit Kunden verschiedene Anforderungen an sie gestellt werden. Ihre Ausbildungsleiterin hat sie im letzten Gespräch ausführlich darauf hingewiesen. Deshalb bat sie alle Auszubildenden, in den nächsten Tagen doch einmal verstärkt auf die Sprache in Gesprächen wie z. B. in Verkaufsgesprächen zu achten. Dort träten ihrer Meinung nach die unterschiedlichsten Fehler auf. Sebastian und Caroline haben sich deshalb vorgenommen, mal genau die Kolleginnen und Kollegen zu beobachten und auch im privaten Einkauf aus der Sicht des Kunden auf die Sprache zu achten. Ihre Erfahrungen wollen sie in einer Tabelle zusammenfassen, um beim nächsten Auszubildendentreffen über ihre Ergebnisse zu berichten.

LERNFELD 1

DAS GROSS- UND AUSSENHANDELSUNTERNEHMEN PRÄSENTIEREN

Füllen Sie die folgende Tabelle zur Rolle der Sprache im Verkaufsgespräch aus:

Die Rolle der Sprache im Verkaufsgespräch			
Einflussfeld	Fehler	Anforderungen an den guten Verkäufer	Wirkung/Auswirkung auf den Kunden
Wortschatz			
Satzbau			
Aussprache/ Lautstärke			
Betonung/ Sprechtempo			

Zur weiteren Vertiefung der Lerninhalte und Sicherung der Lernergebnisse empfehlen wir die Bearbeitung der Aufgaben und Aktionen im Kapitel 20 (Anwendung verbaler und nonverbaler Kommunikationstechniken) des Lernfeldes 1 in Ihrem Lehrbuch „Groß im Handel, 1. Ausbildungsjahr".

WIR STEUERN UND KONTROLLIEREN DEN WARENFLUSS DURCH DAS UNTERNEHMEN

1 Wir steuern und kontrollieren den Warenfluss durch das Unternehmen

HANDLUNGSSITUATION

Sebastian Holpert wird im Rahmen seiner Ausbildung zum Kaufmann für Groß- und Außenhandelsmanagement bei der Fairtext GmbH in der Abteilung Verkauf eingesetzt.
Am ersten Tag bittet ihn der Abteilungsleiter Bernd Raub in sein Büro:

Bernd Raub: „Guten Morgen, Herr Holpert. Herzlich willkommen in unserer Abteilung Verkauf."

Sebastian Holpert: „Guten Morgen, Herr Raub, vielen Dank."

Bernd Raub: „Sie sollen in den nächsten Monaten Aufträge kundenorientiert bearbeiten. Um diese Kundenorientierung auch zu gewährleisten, müssen wir den Warenfluss durch unser Unternehmen jederzeit unter Kontrolle haben."

Sebastian Holpert: „Warenfluss? Was bedeutet das?"

Bernd Raub: „Das beinhaltet die physische Bewegung aller Waren durch das Unternehmen. Daneben gibt es noch den Informationsfluss. Um den komplexen Anforderungen gerecht werden zu können, haben wir seit einigen Jahren ein EDV-gestütztes Warenwirtschaftssystem."

Sebastian Holpert: „Und bringt das Vorteile?"

Bernd Raub: „Wenn Sie wüssten. Früher mit dem herkömmlichen Warenwirtschaftssystem mussten wir noch alle Belege ‚per Hand' ausfüllen. Sie sollten sich zunächst mit den verschiedenen Warenwirtschaftssystemen auseinandersetzen und überlegen, welchen Weg unsere Waren vom Einkauf bis zum Verkauf überhaupt gehen. Natürlich sind hier auch die verschiedenen Belege zu berücksichtigen."

Sebastian Holpert: „Okay. Ich werde mich umgehend informieren …"

Informationen zum Lösen der folgenden Handlungsaufgaben finden Sie im Lehrbuch „Groß im Handel, 1. Ausbildungsjahr" in Kapitel 1 (Warenwirtschaftssysteme und integrierte Unternehmenssoftware) des Lernfeldes 2.

HANDLUNGSAUFGABEN

1. Welche Probleme muss Sebastian klären?

LERNFELD 2

AUFTRÄGE KUNDENORIENTIERT BEARBEITEN

2. Nennen Sie Arten von Belegen, die bei (herkömmlichen) Warenwirtschaftssystemen früher von der Fairtext GmbH verwendet worden sein könnten.

3. Es wird bei Warenwirtschaftssystemen zwischen einem Warenfluss und einem Informationsfluss unterschieden. **Finden Sie jeweils fünf Beispiele bei der Fairtext GmbH oder aus Ihrem Unternehmen, die dem Warenfluss und dem Informationsfluss zugeordnet werden können.**

Warenfluss	Informationsfluss

4. Ein Warenwirtschaftssystem erfasst unter anderem den gesamten Vorgang von der Bestellung bis zum Verkauf. Diese Auftragsbearbeitung besteht idealtypisch aus acht Schritten.

Ordnen Sie die folgenden Vorgänge/Begriffe den acht Schritten einer Auftragsbearbeitung zu.

Vorgang

Lieferant schreibt Rechnung an den Kunden. – Lieferant liefert an den Kunden aus. – Kunde fordert Angebot vom Lieferanten an. – Kunde bestellt aufgrund des Angebots. – Kunde erhält die Rechnung vom Lieferanten. – Lieferant nimmt Bestellung des Kunden bzw. Auftrag an. – Lieferant gibt Angebot an den Kunden ab. – Kunde erhält die Ware vom Lieferanten.

Belegart/Vorgang

Angebot – Wareneingang – Rechnungskontrolle – Anfrage/Bestellung – Rechnung – Auftragsbestätigung – Lieferschein

Schritt	Vorgang	Belegart/Vorgang
1		
2		
3		
4		
5		
6		
7		
8		

5. Welche Art des Warenwirtschaftssystems würden Sie der Fairtext GmbH empfehlen? Begründen Sie Ihre Entscheidung kurz.

LERNFELD 2

AUFTRÄGE KUNDENORIENTIERT BEARBEITEN

6. Anne Schulte unterhält sich in der Mittagspause mit Sebastian Holpert.

Anne: „Ich dachte, ich wüsste schon alles über die Bedeutung der Warenwirtschaft und die EDV-gestützten Warenwirtschaftssysteme. Und dann sprach Mete davon, dass heute ERP-Systeme wichtig seien. Weißt du, was das für Systeme sind, Sebastian?"

Sebastian: „ERP-Systeme – ja, das weiß ich, das sind eigentlich Warenwirtschaftssysteme, so wie wir sie bisher schon kennengelernt haben. Aber in diese sind viele weitere Aufgaben eingebaut, um eine einheitliche Sicht auf die Geschäftsprozesse des Unternehmens zu bekommen und auch, um die Bedienung der Software in diesen Bereichen zu erleichtern."

a) Erläutern Sie den Begriff „ERP-Systeme" in Ihren Worten.

b) Begründen Sie, warum ERP-Systeme oft auch als „integrierte Unternehmenssoftware" bezeichnet werden.

c) Führen Sie Vorteile von ERP-Systemen auf.

d) Geben Sie typische Module einer ERP-Software an.

VERTIEFUNGS- UND ANWENDUNGSAUFGABEN

1. Tragen Sie bitte die folgenden Vorgänge in der richtigen Reihenfolge in den Waren- und Informationskreislauf eines Großhandelsunternehmens ein.

   Verkauf – Auszeichnung – Warenannahme – Rechnungsprüfung – Etikettenherstellung (soweit nicht durch Hersteller) – Verkaufsanalyse und Planung – Warenpräsentation – Wareneingangsprüfung – Verteilung

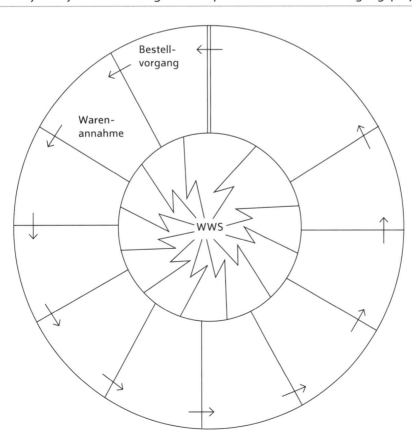

LERNFELD 2

AUFTRÄGE KUNDENORIENTIERT BEARBEITEN

2. Die Fairtext GmbH arbeitet mit einem EDV-gestützten Warenwirtschaftssystem (WWS). **Welche Vorteile bietet ein solches System?**

	Das WWS bietet artikelspezifische und aktuelle Informationen, einen schnelleren Zugriff auf wichtige Daten, eine Vereinfachung der Arbeitsprozesse und den Wegfall von Artikelnummern.
	Das WWS bietet artikelspezifische und aktuelle Informationen, einen schnelleren Zugriff auf wichtige Daten und eine hohe Kapitalbindung.
	Das WWS bietet artikelspezifische und aktuelle Informationen, einen schnelleren Zugriff auf wichtige Daten, eine Vereinfachung der Arbeitsprozesse und eine hohe Kapitalbindung.
	Das WWS bietet artikelspezifische und aktuelle Informationen, einen schnelleren Zugriff auf wichtige Daten, eine Vereinfachung der Arbeitsprozesse, den Wegfall von Artikelnummern und eine hohe Kapitalbindung.
	Das WWS bietet artikelspezifische und aktuelle Informationen, einen schnelleren Zugriff auf wichtige Daten und eine Vereinfachung der Arbeitsprozesse.

3. Ergänzen Sie den Lückentext um die folgenden Begriffe.

> aktuelle – alle – Bestellvorgang – detaillierte – Einsatz – geschlossenes – Informationsstands – kleinere – Kostenverfall – Lagerhaltung – Liquiditätsbedarf – manuell („von Hand" = ohne EDV-Einsatz) – Mitarbeiter – Steuerung – Verbesserung – Verkaufswirksamkeit – vollständige – Warenausgang – Wareneingang – Warenwirtschaftssystems – wert- und mengenmäßig

Ein _____ Warenwirtschaftssystem liegt vor, wenn _____ Warenbewegungen im Großhandelsbetrieb vom _____ über den _____ und die _____ bis hin zum _____ lückenlos zumindest _____ erfasst werden. Ziel eines geschlossenen _____ ist eine _____ von Entscheidungen im Großhandel durch Erhöhung des _____ der Mitarbeiter. Das Warenwirtschaftssystem liefert nämlich _____, _____ und _____ Informationen über den _____ der Ware im Großhandelsbetrieb.

Mit Warenwirtschaftssystemen lassen sich Entscheidungen begründen, die weit über die bloße _____ der Artikel hinausgehen. So lassen sich beispielsweise Informationen über die _____ bestimmter Präsentationsstandorte im Showroom, über die Verkaufsleistung einzelner _____ oder über den zu einem bestimmten Zeitpunkt bestehenden _____ gewinnen, die dann Grundlage für durchdachte marketingpolitische Entscheidungen sind.

Die Erfüllung der Aufgaben eines Warenwirtschaftssystems, das theoretisch auch _____ betrieben werden könnte, hängt in der Praxis von einer angemessenen EDV-Ausstattung ab. Da im Computerbereich ein enormer _____ stattgefunden hat, brauchen auch _____ Betriebe des Großhandels nicht mehr auf ein EDV-gestütztes Warenwirtschaftssystem zu verzichten.

WIR STEUERN UND KONTROLLIEREN DEN WARENFLUSS DURCH DAS UNTERNEHMEN

4. Herr Meier, Geschäftsführer der Lebensmittelgroßhandlung Legro, berichtet einem Freund: „Im Großhandel sind Informationen der wichtigste ‚Gewinnbringer' – und die fehlten uns ohne Warenwirtschaftssystem.

Hatten wir z. B. Gummibärchen im Sonderangebot, wusste keiner genau, ob denn die Nachfrage entsprechend gestiegen war. Wir konnten ja schließlich nicht jeden Abend nachzählen, wie viel Tüten noch in den Regalen lagen: Unsere Beschäftigten und Auszubildenden hatten Wichtigeres zu tun.

Was für Sonderangebote galt, traf erst recht für alle anderen Waren zu. So kam es vor, dass so mancher Artikel ungestört im Regal das Rentenalter erreichte, ohne dass ein Kunde danach verlangt hatte.

Natürlich hatten früher auch unsere Einkäufer ihre Probleme. Da sie über keine exakten Informationen über die Zahl der verkauften Artikel verfügten, bestellten sie mal lieber zu viel als zu wenig, damit die Kunden nicht vor leeren Regalen stehen müssen ..."

a) Welche Nachteile entstehen dem Betrieb, wenn die Kunden vor leeren Regalen stehen?

b) Welche Nachteile haben zu hohe Bestände an Waren?

c) In jedem Großhandelsunternehmen stellt sich ständig die Frage, ob Waren in ausreichendem Maße vorhanden sind, ohne zu große Lagerbestände einerseits oder Sortimentslücken andererseits in Kauf nehmen zu müssen.

Wie hilft ein EDV-gestütztes Warenwirtschaftssystem bei der Lösung dieses Problems?

Zur weiteren Vertiefung der Lerninhalte und Sicherung der Lernergebnisse empfehlen wir das Bearbeiten der Aufgaben und Aktionen in Kapitel 1 (Warenwirtschaftssysteme und integrierte Unternehmenssoftware) des Lernfeldes 2 in Ihrem Lehrbuch „Groß im Handel, 1. Ausbildungsjahr".

LERNFELD 2

AUFTRÄGE KUNDENORIENTIERT BEARBEITEN

2 Wir nutzen unterschiedliche Möglichkeiten der Kontaktaufnahme zu Kunden

HANDLUNGSSITUATION

Anne Schulte ist heute in der Abteilung Onlinevertrieb eingesetzt. Sie kommt mit Herrn Wange, dem Abteilungsleiter, ins Gespräch.

Anne Schulte: „Gestern in der Berufsschule sagte mir eine Mitschülerin, die in einer kleinen Großhandlung arbeitet, dass ihr Unternehmen den Kontakt zu ihren Kunden nicht über das Internet sucht. Das bräuchten sie nicht. Die würden nach wie vor herkömmlich arbeiten im Vertrieb."

Herr Wange: „Mmmh. Naja, auch wir treten nach wie vor mit Kunden auf traditionelle Weise in Kontakt. Diese Wege haben mit Sicherheit auch ihre Berechtigung. Aber immer wichtiger werden Möglichkeiten der Kontaktaufnahme zu den Kunden über das Internet. Es wird also immer wichtiger, jeden nur denkbaren Weg zu den Kunden zu gehen: Da gibt es mittlerweile eine ganze Menge!"

Anne Schulte: „Und welche Möglichkeiten der Kontaktaufnahme zu Kunden nutzen wir?"

Herr Wange: „Wir versuchen im Rahmen eines Omni-Channel-Konzeptes möglichst viele Wege zum Kunden zu gehen ..."

Anne Schulte: „Omni-Channel? Der Begriff sagt mir überhaupt nichts!"

Herr Wange: Mal angenommen, wir haben eine neue Warengruppe ins Sortiment aufgenommen. Jetzt überlegen Sie mal: Wie kann die Fairtext GmbH unsere Bestandskunden oder potenzielle Neukunden darüber informieren?"

Informationen zum Lösen der folgenden Handlungsaufgaben finden Sie im Lehrbuch „Groß im Handel, 1. Ausbildungsjahr" im Kapitel 7 (Möglichkeiten der Kontaktaufnahme zu Kunden) des Lernfeldes 2.

HANDLUNGSAUFGABEN

1. Vor welchem Problem steht die Fairtext GmbH (bzw. in der Handlungssituation Anne Schulte)?

2. Unterscheiden Sie zwischen Single-Channel-Vertrieb und Omni-Channel-Vertrieb.

WIR NUTZEN UNTERSCHIEDLICHE MÖGLICHKEITEN DER KONTAKTAUFNAHME ZU KUNDEN

3. Führen Sie auf, welches betriebseigene Vertriebssystem jeweils vorliegt.

	Sie arbeitet zentral vom Unternehmenssitz aus. Sie ist zuständig für die zielgerichtete Steuerung des Absatzes. Sie gestaltet den Verkaufsvorgang.
	Durch sie wird es einer Großhandlung ermöglicht, ihre Verkaufsbemühungen auch dezentral zu gestalten. Dadurch gewinnt die Großhandlung eine größere Kundennähe.
	Ein weisungsgebundener Angestellter des Unternehmens vermittelt Geschäfte und schließt sie ab. Dies geschieht durch Besuche des Kunden.

4. Unterscheiden Sie zwischen Absatzhelfern und betriebseigenen Vertriebssystemen.

5. Geben Sie an, welche Art des Absatzhelfers vorliegt.

	Dieser Absatzhelfer ist für ein (oder mehrere) Unternehmen in fremdem Namen und auf fremde Rechnung tätig. Er bekommt in der Regel eine Provision.
	Er stellt den Kontakt zwischen mehreren möglichen Käufern und Verkäufern her, sodass diese die Chance zum Vertragsabschluss erhalten. Er führt also Angebot und Nachfrage zusammen, schließt aber nicht selber die Verträge.
	Dieser Absatzhelfer führt Geschäfte in eigenem Namen, aber auf Rechnung eines Dritten aus.

6. Unterscheiden Sie die E-Commerce Arten B2B und B2C.

LERNFELD 2

AUFTRÄGE KUNDENORIENTIERT BEARBEITEN

7. Geben Sie an, welcher Online-Verkaufskanal im folgenden Beispiel gemeint ist.
„Dieser Online-Verkaufskanal ist die Grundlage jeder Verkaufsaktivität der Fairtext GmbH im Internet. Die Fairtext GmbH legt Wert auf eine ansprechende Gestaltung und Benutzerfreundlichkeit. Einerseits dient dieser Online-Verkaufskanal dazu, das Sortiment des Unternehmens bekannt zu machen. Andererseits sollen Kunden dann Kaufverträge abschließen können."

8. Führen Sie auf, wie eine Großhandlung mithilfe von Online-Branchenbüchern Kontakt zum Kunden aufnehmen kann.

9. Neben dem Angebot des eigenen Sortiments über den Webshop des Unternehmens können Großhandlungen ihre Artikel zusätzlich auf einer Verkaufsplattform anbieten.
Führen Sie Vorteile auf, die eine Großhandlung dadurch hat.

10. Erläutern Sie den Begriff „Auktionsplattform".

11. Führen Sie indirekte Online-Vertriebskanäle auf.

	Alle Maßnahmen, die darauf abzielen, dass die Internetseiten einer Großhandlung in den Suchergebnisseiten einer Suchmaschine auf höheren Plätzen gelistet werden.
	Auf der Suchmaschinenseite erscheint eine Anzeige der Großhandlung, wenn ein Kunde einen bestimmten Schlüsselbegriff (zum Beispiel einen gesuchten Artikel) in die Suchmaske der Suchmaschine eingibt.

	Betreiber bestimmter Internetseiten empfehlen über entsprechende Hinweise und Links in Bannerform die Webseite einer Großhandlung. Wenn es zu einem Vertragsabschluss kommt, bekommen die Internetseitenbetreiber eine Vergütung.
	Soziale Netzwerke und Netzgemeinschaften im Internet werden zu Umsatz- und Absatzsteigerungen genutzt.
	Kunden werden durch direkte E-Mails gezielt angeschrieben. Dies kann unter anderem über Newsletter geschehen.

VERTIEFUNGS- UND ANWENDUNGSAUFGABEN

Zur weiteren Vertiefung der Lerninhalte und Sicherung der Lernergebnisse empfehlen wir das Bearbeiten der Aufgaben und Aktionen in Kapitel 7 (Möglichkeiten der Kontaktaufnahme zu Kunden) des Lernfeldes 2 Ihres Lehrbuches „Groß im Handel, 1. Ausbildungsjahr".

3 Wir bearbeiten Anfragen und erstellen Angebote

HANDLUNGSSITUATION

Die Großhandlung Fairtext GmbH erhält am 2. April folgende Anfrage des Bekleidungsgeschäfts Gertrud Schön e. Kffr., Sundernstraße 34, 22159 Hamburg.

Gertrud Schön e. Kffr.
Sundernstraße 34 • 22159 Hamburg

Gertrud Schön e. Kffr. • Sundernstraße 34 • 22159 Hamburg

Textilgroßhandlung
Fairtext GmbH
Walsroder Str. 6 a
30625 Hannover

Ihr Zeichen:
Ihre Nachricht vom: .
Unser Zeichen: O/S
Unsere Nachricht vom:

Name: Frau Kunz
Telefon: 040 9653-55

Datum: 02.04.20..

Anfrage

Sehr geehrte Damen und Herren,

wir benötigen dringend Holzfällerhemden in den Größen M, L und XL.

Bitte senden Sie uns ein ausführliches Angebot bis zum 15.04.20..

Mit freundlichen Grüßen
Gertrud Schön e. Kffr.

i. V.

Kunz

LERNFELD 2

AUFTRÄGE KUNDENORIENTIERT BEARBEITEN

Der Abteilungsleiter Verkauf der Fairtext GmbH, Herr Raub, beauftragt daraufhin Anne Schulte, die Anfrage des Bekleidungsgeschäfts Gertrud Schön zu bearbeiten und einen Angebotsentwurf zu erstellen.

Herr Raub: „Hallo, Frau Schulte, ich habe hier eine Anfrage unserer langjährigen Kundin Gertrud Schön. Bitte prüfen Sie, ob wir Frau Schön ein Angebot machen können, und erstellen Sie nach einer positiven Prüfung unverzüglich ein ausführliches Angebot."

Anne Schulte: „Guten Tag, Herr Raub. Ich kümmere mich sofort darum. Muss ich irgendwelche Vorgaben bei der Auswahl der Angebotsinhalte berücksichtigen?"

Herr Raub: „Ja, beachten Sie bei der Festlegung der Angebotsinhalte die in unserem Warenwirtschaftssystem gespeicherten Kunden- und Artikeldaten."

Anne Schulte: „In Ordnung. Ich mache mich sofort an die Arbeit."

Nutzen Sie zur Lösung der Handlungsaufgaben die Informationen zur Bedeutung von Anfragen und Erstellung von Angeboten in Ihrem Lehrbuch „Groß im Handel, 1. Ausbildungsjahr", Lernfeld 2, Kapitel 2 (Verkaufsprozess von Waren und Dienstleistungen (B2B)), 8 (Bearbeitung von Anfragen und Bonitätsprüfung) und 10 (Erstellen von Angeboten).

Berücksichtigen Sie dabei außerdem die im Warenwirtschaftssystem der Fairtext GmbH gespeicherten Kundendaten von Gertrud Schön und Artikeldaten des Artikels „Holzfällerhemden".

WIR BEARBEITEN ANFRAGEN UND ERSTELLEN ANGEBOTE

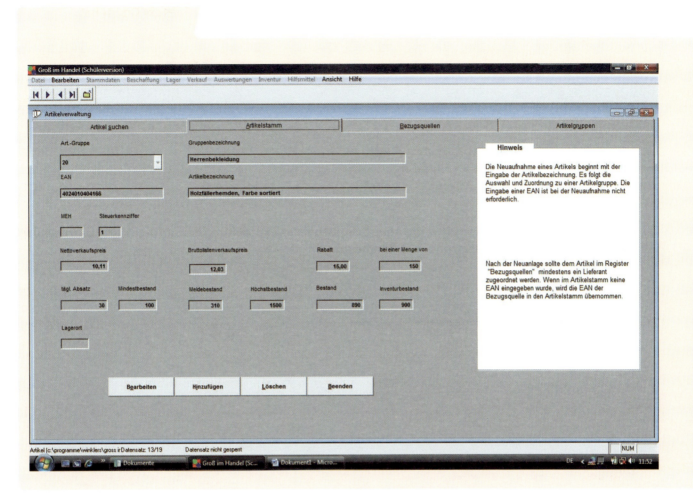

HANDLUNGSAUFGABEN

1. Welche Fragen muss Anne Schulte klären, um den Auftrag von Herrn Raub zu erfüllen?

LERNFELD 2

AUFTRÄGE KUNDENORIENTIERT BEARBEITEN

2. Stellen Sie fest, welche Bedeutung die Anfrage von Gertrud Schön für die Fairtext GmbH hat.

3. Beschreiben Sie die Arbeitsschritte, die Anne Schulte bei der Bearbeitung der Anfrage durchführen muss. Beachten Sie dabei, dass Gertrud Schön Stammkundin ist.

4. Welche Inhalte sollte ein ausführliches Angebot enthalten?

5. Bestimmen Sie den Preis, zu dem die Fairtext GmbH Gertrud Schön die Holzfällerhemden anbieten sollte.

6. Entscheiden Sie, welche Preisnachlässe die Fairtext GmbH Gertrud Schön anbieten sollte. Begründen Sie Ihre Entscheidung.

7. Wählen Sie die Lieferbedingungen (Regelungen zu Versandkosten, Versandverpackungskosten und zur Lieferzeit) aus, die die Fairtext GmbH in das Angebot an Gertrud Schön aufnehmen sollte. Begründen Sie Ihre Entscheidungen.

LERNFELD 2

AUFTRÄGE KUNDENORIENTIERT BEARBEITEN

8. Wählen Sie eine Zahlungsbedingung für das Angebot an Gertrud Schön aus. Begründen Sie Ihre Entscheidung.

9. Erstellen Sie einen schriftlichen Angebotsentwurf.

Fairtext GmbH
Textilgroßhandlung

Fairtext GmbH – Walsroder Str. 6 a – 30625 Hannover

Ihr Zeichen:
Ihre Nachricht vom:
Unser Zeichen:
Unsere Nachricht vom:

Name:
Telefon:

Datum:

LERNFELD 2

AUFTRÄGE KUNDENORIENTIERT BEARBEITEN

10. Wozu verpflichtet sich die Fairtext GmbH mit der Abgabe des Angebots gegenüber Gertrud Schön?

11. Wie lange ist die Fairtext GmbH an das Angebot an Gertrud Schön gebunden?

12. Bis wann kann die Fairtext GmbH dieses Angebot widerrufen?

VERTIEFUNGS- UND ANWENDUNGSAUFGABEN

1. Vervollständigen Sie die folgende Tabelle.

Angebotsinhalte	Gesetzliche Regelungen
Art, Beschaffenheit und Güte der Ware	
Kosten der Versandverpackung	
Versandkosten	
Lieferzeit	
Zahlungsbedingungen	

2. Die Fairtext GmbH erhält eine Anfrage der F. M. Russell Ltd., 154 St. Martin's Lane, WC2N 4ES London, England. Die F. M. Russel Ltd. erbittet ein Angebot für Holzfällerhemden in den Größen M, L und XL.

Machen Sie der Russell Ltd. ein Angebot zu den Angebotsbedingungen des von Ihnen formulierten Angebots an Gertrud Schöne Kffr. (siehe Aufgabe 9).

Erstellen Sie das schriftliche Angebot in englischer Sprache. Recherchieren Sie hierfür im Internet typische Redewendungen.

WIR BEARBEITEN ANFRAGEN UND ERSTELLEN ANGEBOTE

Fairtext GmbH
Textilgroßhandlung

Fairtext GmbH – Walsroder Str. 6 a – 30625 Hannover

Ihr Zeichen:
Ihre Nachricht vom:
Unser Zeichen:
Unsere Nachricht vom:

Name:
Telefon:

Datum:

Dear Sir or Madam

Offer

Zur weiteren Vertiefung und Sicherung der Lernergebnisse empfehlen wir das Bearbeiten der Aufgaben und Aktionen in Kapitel 8 (Bearbeitung von Anfragen und Bonitätsprüfung) und 10 (Erstellen von Angeboten) des Lernfeldes 2 Ihres Lehrbuches „Groß im Handel, 1. Ausbildungsjahr".

LERNFELD 2

AUFTRÄGE KUNDENORIENTIERT BEARBEITEN

4 Wir schließen Kaufverträge ab und erfüllen sie

HANDLUNGSSITUATION

Aufgrund ihres Angebots über Holzfällerhemden vom 6. April 20.. erhält die Großhandlung Fairtext GmbH am 19. April die folgende Bestellung des Bekleidungsgeschäfts Gertrud Schön e. Kffr., Sundernstraße 34, 22159 Hamburg.

Gertrud Schön e. Kffr.
Sundernstraße 34 • 22159 Hamburg

Ihr Zeichen:	AS
Ihre Nachricht vom:	06.04.20..
Unser Zeichen:	K/S
Unsere Nachricht vom:	
Name:	Frau Kunz
Telefon:	040 9653-55
Datum:	10.04.20..

Gertrud Schön e. Kffr. • Sundernstraße 34 • 22159 Hamburg

Textilgroßhandlung
Fairtext GmbH
Walsroder Str. 6 a
30625 Hannover

Bestellung

Sehr geehrte Damen und Herren,

wir danken Ihnen für Ihr Angebot. Wir bestellen Holzfällerhemden Artikel-Nr. 4024010404166:

50 Stück Größe M
50 Stück Größe L
50 Stück Größe XL

zum Stückpreis von 10,11 € netto abzüglich 15 % Rabatt.

Die Lieferung soll innerhalb von zwei Wochen frachtfrei erfolgen. Die Zahlung erfolgt innerhalb von 10 Tagen abzüglich 2 % Skonto oder innerhalb von 30 Tagen ohne Abzug.

Mit freundlichen Grüßen

Gertrud Schön e. Kffr.

i. V.

Kunz

Herr Raub bittet Anne Schulte, die Bestellung zu bearbeiten.

Nutzen Sie zur Lösung der Handlungsaufgaben die Informationen zur Auftragsabwicklung und zum Kaufvertrag in Ihrem Lehrbuch „Groß im Handel, 1. Ausbildungsjahr", Lernfeld 2, Kapitel 2 (Verkaufsprozess von Waren und Dienstleistungen (B2B)), 4 (Abschluss von Kaufverträgen) und 5 (Erfüllung von Kaufverträgen).

WIR SCHLIESSEN KAUFVERTRÄGE AB UND ERFÜLLEN SIE

HANDLUNGSAUFGABEN

1. Welche Fragen muss Anne Schulte klären, um den Auftrag von Herrn Raub zu erfüllen?

2. Wodurch kommen Verträge grundsätzlich zustande?

3. Durch welche Handlungen kann der Antrag auf Abschluss eines Kaufvertrags erfolgen?

   1. Möglichkeit:

   2. Möglichkeit:

4. Durch welche Handlungen kann ein Antrag auf Abschluss eines Kaufvertrags angenommen werden?

   1. Möglichkeit:

LERNFELD 2

AUFTRÄGE KUNDENORIENTIERT BEARBEITEN

2. Möglichkeit:

5. Beurteilen Sie, ob durch die Bestellung von Gertrud Schön bei der Fairtext GmbH ein Kaufvertrag zustande gekommen ist. Begründen Sie Ihre Meinung.

6. Beurteilen Sie, ob für das Zustandekommen eines Kaufvertrags zwischen der Fairtext GmbH und Gertrud Schön eine Auftragsbestätigung (Bestellungsannahme) erforderlich ist. Begründen Sie Ihre Meinung.

7. Schreiben Sie eine Auftragsbestätigung an Gertrud Schön.

Fairtext GmbH – Walsroder Str. 6 a – 30625 Hannover

Ihr Zeichen:
Ihre Nachricht vom:
Unser Zeichen:
Unsere Nachricht vom:

Name:
Telefon:

Datum:

LERNFELD 2

AUFTRÄGE KUNDENORIENTIERT BEARBEITEN

8. Welche Pflichten müssen Verkäufer und Käufer nach Abschluss eines Kaufvertrags erfüllen?

Pflichten des Verkäufers	Pflichten des Käufers

9. Welche Arbeitsschritte müssen von der Textilgroßhandlung Fairtext GmbH durchgeführt oder veranlasst werden, um die Bestellung über Holzfällerhemden auszuführen?

10. Durch welche Handlungen kann Gertrud Schön ihre Pflichten nach Abschluss des Kaufvertrags über den Kauf der Holzfällerhemden erfüllen?

11. Warum ist es für Gertrud Schön wichtig, dass ihr die Fairtext GmbH das Eigentum an den bestellten 150 Holzfällerhemden überträgt?

WIR SCHLIESSEN KAUFVERTRÄGE AB UND ERFÜLLEN SIE

VERTIEFUNGS- UND ANWENDUNGSAUFGABEN

1. Entscheiden Sie, ob die folgenden Rechtsgeschäfte nichtig oder anfechtbar sind. Begründen Sie Ihre Entscheidung.

Beispiel	Nichtig	Anfechtbar	Grund
Der Kioskinhaber Jürgen Probst verkauft der zwölfjährigen Martina Kunst eine Flasche Sekt.			
Anne Schulte bestellt bei der Bernhard Müller OHG 210 statt 120 Jeanshosen.			
Mete Öczan kauft ein gebrauchtes Auto, das nach Angaben des Verkäufers unfallfrei ist. Bei der Inspektion in der Werkstatt wird festgestellt, dass das Auto mindestens einen Unfall gehabt haben muss.			
Herr Hahnenkamp kauft eine Eigentumswohnung als Kapitalanlage. Den Kaufvertrag schließt er mit dem Verkäufer unter Zeugen mündlich ab.			
Zur Finanzierung ihrer neuen Wohnungseinrichtung nimmt Frau Besten über einen Kreditvermittler zu einem Zinssatz von 15 % im Monat Geld auf.			

Zur weiteren Vertiefung und Sicherung der Lernergebnisse empfehlen wir das Bearbeiten der Aufgaben und Aktionen in den Kapiteln 2 (Verkaufsprozess von Waren und Dienstleistungen (B2B)), 4 (Abschluss von Kaufverträgen) und 5 (Erfüllung von Kaufverträgen) des Lernfeldes 2 in Ihrem Lehrbuch „Groß im Handel, 1. Ausbildungsjahr".

LERNFELD 2

AUFTRÄGE KUNDENORIENTIERT BEARBEITEN

5 Wir beschaffen, erfassen und vervollständigen Kundendaten

HANDLUNGSSITUATION

Caroline König begleitet heute Herrn Sternecker von der Stabsstelle Organisation/EDV. Sie fragt ihn, was er heute vorhat.

Herr Sternecker: „Ich will heute am Stammdatenmanagement arbeiten, heutzutage eine ganz wichtige Sache in Unternehmen."

Caroline König: „Stammdatenmanagement? Was ist das denn? Reicht es nicht aus, die Stammdaten einfach zu erfassen – und fertig!?"

Herr Sternecker: „Nein, nein, nein! So sollten Sie das nicht sehen: Das Stammdatenmanagement spielt nämlich immer mehr eine ganz entscheidende Rolle für den Erfolg von Großhandelsunternehmen. Die Qualität der verwendeten Daten schlägt direkt auf alle wichtigen Geschäftsprozesse durch – und das im Positiven wie im Negativen. Stammdaten bilden die Grundlage für nahezu jeden innerbetrieblichen Vorgang."

Caroline König: „Das ist mir nicht so ganz klar!"

Herr Sternecker: „Stammdaten werden bei der Fairtext GmbH ständig abgerufen, aktualisiert und verändert – und das unternehmensweit, in allen Abteilungen und Standorten."

Caroline König: „Wo denn genau?"

Herr Sternecker: „Zunächst einmal dort, wo es um die Beschaffung, Lagerung und Auslieferung unserer Waren geht. Da geht es um die Kernprozesse unseres Unternehmens. Aber wenn Sie genau hinschauen, spielen sie darüber hinaus eigentlich überall eine Rolle: bei der Planung von Marketingleistungen, beim Anfertigen von Finanzberichten, bei der Wahl von Transportmitteln und so weiter und so fort."

Caroline König: „Na gut, überzeugt: Stammdaten spielen in vielen Prozessen eine Rolle. Aber warum muss man sich Gedanken machen über deren Qualität?"

Herr Sternecker: „Sind Stammdaten unvollständig oder falsch, kann das die Leistungsfähigkeit des Großhandelsunternehmens mindern und zu Verzögerungen bzw. schlechten und fehlerhaften Geschäftsentscheidungen führen."

Caroline König: „Wie das?"

Herr Sternecker: „Schauen wir uns einmal einen Mitarbeiter im Verkauf an: Dieser benötigt vollständige und zuverlässige Informationen über den Kunden, mit dem er gerade verhandelt. Hat er diese nicht, fehlt ihm die Sicherheit beim Vorgehen, eventuell kann er über den Tisch gezogen werden. Er benötigt weiterhin korrekte Stammdatensätze zu den Besonderheiten der Artikel, zu deren Verfügbarkeiten, Standorten und zu möglichen Transportmitteln. Die Genauigkeitsqualität der Daten ist dabei jedoch nicht immer gewährleistet, wenn unterschiedliche Abteilungen diese für sich gesondert erfassen …"

Caroline König: „… Und unterschiedliche Sichten auf Artikel verursachen natürlich Probleme, das leuchtet mir ein. So habe ich das tatsächlich noch nicht gesehen, dass ein Großhandelsunternehmen davon lebt, dass seine Daten eine angemessene Qualität besitzen. Trotzdem jetzt noch ein Aber: Ist ein Stammdatenmanagement nicht unmöglich bei der riesigen Datenmenge?"

Herr Sternecker: „Bei großen Datenmengen geht es nicht ohne Software. Wir haben uns vor Kurzem ein entsprechendes Programmpaket gekauft, das sich in unsere ERP-Software integrieren ließ. Überlegen Sie mal – das haben wir auch bei der Anschaffung gemacht: Was muss eine solche Software mindestens leisten?"

WIR BESCHAFFEN, ERFASSEN UND VERVOLLSTÄNDIGEN KUNDENDATEN

Informationen zum Lösen der folgenden Handlungsaufgaben finden Sie im Lehrbuch „Groß im Handel, 1. Ausbildungsjahr" im Kapitel 9 (Beschaffung, Erfassung und Vervollständigung der Kundendaten) des Lernfeldes 2.

HANDLUNGSAUFGABEN

1. Vor welchem Problem steht Herr Sternecker?

2. Führen Sie Gründe auf, warum die Datenmenge in einer Großhandlung im Vergleich zu früheren Zeiten in gewaltigem Ausmaß gestiegen ist.

3. Geben Sie an, welche negativen Auswirkungen unzuverlässige Daten für eine Großhandlung haben können.

4. Erläutern Sie, warum ein kleiner Datenfehler sich stark auf die gesamte Großhandlung auswirken kann.

LERNFELD 2

AUFTRÄGE KUNDENORIENTIERT BEARBEITEN

5. Definieren Sie den Begriff „Stammdaten".

6. Führen Sie die vier wichtigsten Stammdatenarten, die in einer Großhandlung verwendet werden, auf.

7. Erläutern Sie, was man unter Bewegungsdaten versteht.

8. Führen Sie die Entwicklungsstufen von Stammdaten auf.

9. Erläutern Sie, was man unter dem Stammdatenmanagement versteht.

10. Führen Sie die Aufgaben des Stammdatenmanagements auf.

11. Eine wichtige Tätigkeit im Rahmen des Stammdatenmanagements ist das Aufstellen eines Regelwerks, das klare Vorgaben zu den Dateninhalten macht.
Führen Sie sieben wichtige Fragestellungen auf, die ein solches Regelwerk beantwortet.

12. Führen Sie Möglichkeiten auf, wie schon bei der Eingabe neuer Stammdatensätze dafür gesorgt werden kann, dass Fehler überhaupt erst nicht entstehen.

LERNFELD 2

AUFTRÄGE KUNDENORIENTIERT BEARBEITEN

13. Legen Sie fest, was die Mindestleistungen einer Stammdatenmanagementsoftware bei der Erkennung und Bereinigung fehlerhafter Stammdatenbestände sind.

VERTIEFUNGS- UND ANWENDUNGSAUFGABEN

Zur weiteren Vertiefung der Lerninhalte und Sicherung der Lernergebnisse empfehlen wir das Bearbeiten der Aufgaben und Aktionen in Kapitel 9 (Beschaffung, Erfassung und Vervollständigung der Kundendaten) des Lernfeldes 2 Ihres Lehrbuches „Groß im Handel, 1. Ausbildungsjahr".

6 Wir verwenden den Eigentumsvorbehalt zur Sicherung unserer Forderungen

HANDLUNGSSITUATION

Derzeit ist Sebastian Holpert im Vertrieb der Fairtext GmbH eingesetzt. Ein neuer Kunde ruft bei Sebastian an. Er eröffnet sein Geschäft und möchte bei der ersten Ausstattung mit Herrenbekleidung möglichst eine günstige Ratenzahlung in Anspruch nehmen, da er die Zahlung dann von den ersten Einnahmen bezahlen kann. Der Kunde fragt Sebastian, ob er dabei etwas zu beachten habe. Daraufhin verweist Sebastian den Kunden auf die Allgemeinen Geschäftsbedingungen der Fairtext GmbH. Der Kunde fragt, was die AGB eigentlich bedeuten, und bittet ihn, ihm die Regelungen für seinen Kauf genauer zu erläutern, da er sein Geschäft gerade erst eröffnet.

Allgemeine Geschäftsbedingungen (Auszug)

1. Allgemeines

Unsere Lieferungen, Leistungen und Angebote erfolgen ausschließlich aufgrund dieser Allgemeinen Geschäftsbedingungen (AGB). Alle weiteren Vereinbarungen sowie Abänderungen sind nur gültig, wenn sie von uns schriftlich bestätigt werden.
...

10. Zahlungsbedingungen

Alle Zahlungen müssen so rechtzeitig bei uns eingegangen sein, dass uns die Beträge beim Fälligkeitstag gutgeschrieben worden sind.
Bei Überschreitung der Zahlungsfrist sind wir zur Geltendmachung eines Verzugsschadens berechtigt. Dabei können wir, vorbehaltlich eines höheren Schadens, einen Zinssatz von 9 % über dem Basiszinssatz berechnen.

11. Eigentumsvorbehalt

Alle Waren bleiben bis zur vollständigen Bezahlung unser Eigentum.

Informationen zum Lösen der folgenden Handlungsaufgaben finden Sie im Lehrbuch „Groß im Handel, 1. Ausbildungsjahr" in Lernfeld 2, Kapitel 11 (Eigentumsvorbehalt zur Forderungssicherung) und Kapitel 12 (Allgemeine Geschäftsbedingungen).

HANDLUNGSAUFGABEN

1. Geben Sie an, was Sebastian dem Kunden erläutern muss.

2. Welche Bedeutung haben die Allgemeinen Geschäftsbedingungen für den Abschluss von Kaufverträgen?

3. Welche Vorteile ergeben sich durch die Verwendung Allgemeiner Geschäftsbedingungen?

4. Welche Bedeutung haben die Allgemeinen Geschäftsbedingungen der Fairtext GmbH für den Abschluss von Kaufverträgen mit den Kunden?

LERNFELD 2

AUFTRÄGE KUNDENORIENTIERT BEARBEITEN

5. Finden Sie mithilfe des Lehrbuches heraus, was ein Eigentumsvorbehalt ist.

6. Welche Konsequenzen ergeben sich durch den Eigentumsvorbehalt für die Beteiligten?

	Käufer	Verkäufer
Konsequenzen		

7. Erarbeiten Sie sich die Gründe für einen Verkauf unter Eigentumsvorbehalt.

8. Nennen Sie die Probleme, die auch bei einem Verkauf unter Eigentumsvorbehalt auftreten können.

9. Erläutern Sie die zwei Möglichkeiten, wie die in Aufgabe 8 erarbeiteten Schwachstellen beim Verkauf unter Eigentumsvorbehalt zumindest teilweise behoben werden können.

10. Bereiten Sie das Kundengespräch von Sebastian Holpert vor. Überlegen Sie sich Fragen, die er dem Kunden stellen sollte, um für die Fairtext GmbH die bestmögliche Sicherheit bei gleichzeitig möglichst hoher Kundenzufriedenheit zu gewährleisten.

VERTIEFUNGS- UND ANWENDUNGSAUFGABEN

Zur weiteren Vertiefung und Sicherung der Lernergebnisse empfehlen wir das Bearbeiten der Aufgaben und Aktionen in Kapitel 11 (Eigentumsvorbehalt zur Forderungssicherung) und Kapitel 12 (Allgemeine Geschäftsbedingungen) des Lernfeldes 2 in Ihrem Lehrbuch „Groß im Handel, 1. Ausbildungsjahr".

LERNFELD 2

AUFTRÄGE KUNDENORIENTIERT BEARBEITEN

7 Wir führen Beratungs- und Verkaufsgespräche professionell durch

HANDLUNGSSITUATION

Caroline König ist nervös. Sie soll heute das erste Mal auf sich allein gestellt mit Kunden Verkaufsgespräche durchführen. Im Showroom der Fairtext GmbH kommt sie an mehreren Kollegen und Kolleginnen vorbei, die gerade Verkaufsgespräche führen.

Kollege/Kollegin	Aussage
A	„Ein Anzug dieses französischen Herstellers ist von sehr guter Qualität. Deshalb bekommen Sie auch zehn Jahre Garantie darauf. Der Preis beträgt 829,00 €. Er verfügt auch über eine umfangreiche Zubehörkollektion."
B	„Möchten Sie die zehn Jeans gleich mitnehmen oder soll ich sie Ihnen liefern lassen?"
C	„Wofür benötigen Ihre Kunden diese Schutzkleidung?"
D	„Mit dem Kauf dieser Anzüge haben Sie die richtige Entscheidung getroffen: Sie werden noch viel Freude damit haben. Auf Wiedersehen."
E	„Guten Tag! Ich sehe, Sie interessieren sich für Pullover. Wir haben da gerade ein sehr günstiges Angebot."
F	„Schauen Sie sich doch einmal diese Jeansmodelle hier an, die ich Ihnen empfehlen kann. Dieses Modell von Luigi Vendetta besteht aus 100 % ..."
G	„Diese Schuhe haben eine griffige Sohle. Damit haben Sie sogar beim Joggen im Wald oder im freien Gelände immer einen sicheren Stand."
H	„Ja, Sie haben recht, wenn Sie den Preis ansprechen, aber bei dieser Textilie liegt angesichts der Leistungsmerkmale ein ausgesprochen gutes Preis-Leistungs-Verhältnis vor."

Caroline erinnert sich an eine Aussage ihrer Ausbildungsleiterin:

„Schlechte Mitarbeiter, die die Regeln der Verkaufslehre nicht beherrschen, kosten den deutschen Großhandel jährlich Milliarden Euro. Daher muss jeder Mitarbeiter jedes Beratungs- und Verkaufsgespräch systematisch durchführen und dabei alle grundlegenden Verkaufstechniken beherrschen.
Wir in der Fairtext GmbH haben im letzten Jahr Millionen Euro Verlust gemacht. Deshalb hat unsere Unternehmensleitung eine Unternehmensberatung gebeten, die Ursachen dafür zu erforschen. Diese hat Beobachtungen und Kundenbefragungen im Unternehmen durchgeführt. Dabei wurde festgestellt, dass 45 % der Verluste auf erhebliche Mängel in Beratungs- und Verkaufsgesprächen zurückzuführen sind: Viele Verkaufsmitarbeiter haben lediglich geringe Verkaufskenntnisse und gehen sehr unprofessionell vor, merken dies häufig aber gar nicht. Auch die Warenkenntnisse lassen oft zu wünschen übrig ..."

Caroline König beschließt, so weit wie möglich als Verkaufs- und Beratungsprofi aufzutreten.

Informationen zum Lösen der folgenden Handlungsaufgaben finden Sie im Lehrbuch „Groß im Handel, 1. Ausbildungsjahr" im Kapitel 15 des Lernfeldes 2 (Führen von Beratungs- und Verkaufsgesprächen).

WIR FÜHREN BERATUNGS- UND VERKAUFSGESPRÄCHE PROFESSIONELL DURCH

HANDLUNGSAUFGABEN

1. Vor welchen Problemen stehen die Fairtext GmbH und Caroline König?

2. Welches Ziel sollte die Fairtext GmbH verfolgen, damit das Problem gelöst werden kann?

3. Wie kann die Fairtext GmbH das Ziel erreichen?

4. Stellen Sie fest, welche Phasen ein typisches Verkaufsgespräch umfasst.

5. Ordnen Sie jeder Phase des Verkaufsgesprächs eine der oben angeführten Äußerungen zu.

6. Geben Sie kurz das Ziel der jeweiligen Verkaufsphase an.

7. Führen Sie für jede der Phasen eines Verkaufsgesprächs mindestens zwei Verhaltensregeln an.

Phase des Verkaufsgesprächs (Aufgabe 4)	Aussage (Aufgabe 5)	Ziel der Phase (Aufgabe 6)	Regeln (Aufgabe 7)
1			

LERNFELD 2

AUFTRÄGE KUNDENORIENTIERT BEARBEITEN

	Phase des Verkaufsgesprächs (Aufgabe 4)	Aussage (Aufgabe 5)	Ziel der Phase (Aufgabe 6)	Regeln (Aufgabe 7)
2				
3				
4				
5				
6				
7				
8				

Phase des Verkaufsgesprächs (Aufgabe 4)	Aussage (Aufgabe 5)	Ziel der Phase (Aufgabe 6)	Regeln (Aufgabe 7)

8. Schreiben Sie mit einem Partner zusammen den Dialog eines Verkaufsgesprächs. Dabei soll der Mitarbeiter mindestens eine Regel pro Phase des Verkaufsgesprächs verwenden.
Führen Sie den Dialog möglichst frei vor.
Bereiten Sie sich darauf vor, Ihren Mitschülern in der Nachbesprechung die verwendeten Regeln zu erläutern.

9. Beobachten Sie einen anderen aufgeführten Dialog.
Geben Sie in der Nachbesprechung die erkannten Regeln pro Phase an.

ERWEITERUNG DER HANDLUNGSSITUATION

Caroline König ist erstaunt. Sie hat gerade ein Beratungsgespräch einer Kollegin beobachtet. Da ist allerhand schiefgelaufen. Das wäre ihr nicht passiert:

Im Showroom der Fairtext GmbH steht ein Stammkunde vor einem Regal und sieht sich verschiedene T-Shirts unterschiedlicher Hersteller an. Er nimmt mehrere in die Hand, schaut sie kurz an und legt sie anschließend wieder zurück. Mehrfach blickt er unsicher zur Verkäuferin, die in unmittelbarer Nähe Ware in ein Regal einräumt. Die Verkäuferin beachtet den Kunden nicht.

Sie registriert ihn zwar, räumt jedoch mit unfreundlichem Gesicht vom Kunden abgewandt weiter Ware ein. Der Kunde geht schließlich gezielt auf die Verkäuferin zu. Diese erhebt sich nun und fragt gelangweilt:

Verkäuferin: „Kann ich Ihnen helfen?"
Kunde: „Ja!"

In der Zwischenzeit hat die Verkäuferin die Waren eingeräumt und greift nebenbei zu einem MDE-Gerät, mit dem sie über einige Etiketten geht.

Verkäuferin: „Suchen Sie denn etwas Bestimmtes?"
Kunde: „Ja!"

Etwas genervt sieht die Verkäuferin den Kunden einmal kurz an. Sie ist weiterhin mit dem MDE-Gerät beschäftigt.

Verkäuferin (lauter): „Ja, was suchen Sie denn nun?"
Kunde: „Ja, also, für unsere Boutique suchen wir T-Shirts, die ..."

Die Verkäuferin zeigt auf einen Artikel, der sich direkt vor ihr im Regal befindet, den der Kunde aber kaum sehen kann.

Verkäuferin: „Nehmen Sie diese, die gehen momentan gut."
Kunde: „Es gibt doch da eine T-Shirt-Marke, die sehr angesagt ist. Die hat doch sogar die Zeitschrift Ökotest empfohlen."
Verkäuferin: „Habe ich nicht gelesen ..."
Kunde: „Eigentlich bin ich sehr an nachhaltig produziertem Textilien interessiert."
Verkäuferin: „Schauen Sie sich doch einfach mal um!"

Der Kunde guckt sich unsicher um.

Kunde: „Gibt es denn nachhaltige T-Shirts auch mit V-Ausschnitt?"
Verkäuferin: „Da müssen Sie mal dort rechts im Regal gucken und die Verpackungsaufschriften lesen."
Kunde: „Haben die T-Shirts dieses Herstellers denn besondere Vorteile im Vergleich zu normalem T-Shirts?"
Verkäuferin: „Ja, ich denke schon ... ich meine ... Auf jeden Fall gehen sie sehr gut ... Ich würde sie auch nehmen ..."
Kunde: „Ach, ich nehme doch normale T-Shirts."

Verkäuferin zeigt wieder auf ein T-Shirt.

Verkäuferin: „Dann dieses!"
Kunde: „Wie viel kostet es?"
Verkäuferin: „9,00 € das Stück."
Kunde: „Boah, das ist aber teuer!!!"
Verkäuferin: „Die meisten anderen Markenprodukte sind noch teurer. Die billigen No-Names sind links daneben. Die sind doch aber nichts für Sie."
Kunde: „Eigentlich hätte ich gerne einen etwas günstigeren Artikel gehabt."
Verkäuferin: „Dann schauen Sie mal selbst alles durch."
Kunde: „Hmh?"

Verkäuferin zeigt wieder auf das T-Shirt.

Verkäuferin: „Na, wollen Sie nun das T-Shirt oder nicht? Ansonsten kann ich Ihnen Unterhemden empfehlen: Die sind gerade im Angebot und sehr billig."
Kunde: „Da frage ich erst einmal meinen Chef ..."

Die Verkäuferin dreht sich beleidigt vom Kunden weg und widmet sich wieder einzuräumender Ware. Der Kunde verlässt kopfschüttelnd den Showroom.

10. Zeigen Sie die gemachten Fehler in den einzelnen Phasen des Beratungsgesprächs auf (in der Tabelle zu Aufgabe 11).

11. Machen Sie jeweils Verbesserungsvorschläge.

Phase	Fehler im Beratungsgespräch (Aufgabe 10)	Verbesserungsvorschläge (Aufgabe 11)
Kontaktphase		
Bedarfsermittlung		
Warenvorlage		
Verkaufsargumentation		
Preisnennung		

LERNFELD 2

AUFTRÄGE KUNDENORIENTIERT BEARBEITEN

Phase	Fehler im Beratungsgespräch (Aufgabe 10)	Verbesserungsvorschläge (Aufgabe 11)
Einwandbehandlung		
Herbeiführen des Kaufentschlusses		
Beendigung des Beratungsgesprächs		

12. Führen Sie mindestens fünf Regeln für richtiges Verhalten bei Einwänden auf.

VERTIEFUNGS- UND ANWENDUNGSAUFGABEN

1. Entscheiden Sie in den folgenden Fällen, welche Methode der Einwandbehandlung angewendet wird. Erläutern Sie kurz die jeweilige Methode.

Äußerung	Methode der Einwandbehandlung	Erläuterung
„Was müssen wir denn machen, damit Sie dieses Produkt doch kaufen?"		
„Dieses Produkt sagt Ihnen aber grundsätzlich zu?"		

WIR FÜHREN BERATUNGS- UND VERKAUFSGESPRÄCHE PROFESSIONELL DURCH

Äußerung	Methode der Einwandbehandlung	Erläuterung
„Das ist mit Sicherheit ein wichtiger Punkt, den Sie da ansprechen, doch beachten Sie die außergewöhnliche Ausstattung dieses Artikels."		
„Viele Kunden sagen zunächst, dass der Preis ihnen zu hoch sei. Wenn sie sich dann jedoch die Leistungsmerkmale dieses Artikels anschauen …"		
„Auf diesen wichtigen Punkt komme ich gleich noch einmal zurück."		
„Sie haben recht, dieser Pullover ist nicht aus reiner Baumwolle. Gerade deshalb brauchen Sie ihn nicht unbedingt chemisch zu reinigen, sondern können ihn bedenkenlos in die Waschmaschine stecken."		
„Gibt es einen Grund, warum Sie sich bisher noch nicht zum Kauf entscheiden können?"		

2. **Ergänzen Sie im folgenden Lückentext die fehlenden Begriffe:**

aktive – ausgehende – Bestandskunden – eingehende – Gesprächsleitfäden – Inbound – Interesse – Kundenansprache – Kundenbeziehung – Lautstärke – Nachteile – Outbound – Phasen – Rückmeldungen – Sprechgeschwindigkeit – Stimme – Telefon – Visitenkarte

Insbesondere beim Führen von Beratungsgesprächen am _____ kommt es darauf an, die kommunikativen _____, die das Medium Telefon mit sich bringt, weitgehend zu beseitigen. Gelingt die fernmündliche _____, kann man sich sehr deutlich von seinen Mitbewerbern abheben. Gerade bei häufig vorkommenden Telefonaten im Umfeld von Unternehmen, bei denen täglich über das Telefon große Warenmengen gelenkt werden, kommt es auf eine gut funktionierende _____ und auf eine schnelle und fehlerfreie Umsetzung der möglichen Bestellung an.

Ein Unternehmer muss immer daran denken, dass er am Telefon _____ und _____ seines Unternehmens ist. Er sollte daher mit einer angemessenen _____ und _____ sprechen. Ganz wichtig ist während des Beratungsgesprächs das _____ Zuhören. Darunter versteht man die Grundeinstellung, dass dem Sprechenden _____ gezeigt wird. Dies kann z. B. über kurze _____ geschehen.

Bei telefonischen Beratungsgesprächen unterscheidet man _____ und _____ Gespräche: Bei _____-Beratungsgesprächen wird der Anruf des Kunden entgegengenommen. Dieser möchte beraten werden und fordert Informationen oder gibt gleich Bestellungen auf.

Das Unternehmen ruft bei _____-Beratungsgesprächen _____ oder mögliche Kunden selbst gezielt an.

Bei beiden Arten der telefonischen Beratungsgespräche werden oft _____ verwendet. Diese dienen der Unterstützung bei der Führung professioneller Beratungsgespräche. Sie orientieren sich an den _____ eines normalen Beratungsgesprächs und geben Gesprächsabläufe und Formulierungen vor.

LERNFELD 2

AUFTRÄGE KUNDENORIENTIERT BEARBEITEN

3. Sie haben (die meisten) Lernsituationen dieses Lernfeldes durchgearbeitet. Zeit also, noch einmal das Ausmaß der Aufgabenerfüllung im gesamten Lernfeld zu überprüfen sowie die eigenen Handlungen in den vergangenen Phasen zu reflektieren.

   a) **Stellen Sie fest, inwieweit Sie Ihre Ziele in den vergangenen Lernsituationen erreicht haben (Wurden die Aufgaben jeweils den Anforderungen gemäß gelöst?).**

   b) **Überlegen Sie, inwieweit die Ausführung Ihrer Problemlösung jeweils sach- und fachgerecht war. Wenn dies nicht der Fall gewesen sein sollte, suchen Sie Ursachen dafür.**

   c) **Machen Sie Vorschläge, was Sie zukünftig besser machen können.**

Zur weiteren Vertiefung der Lerninhalte und Sicherung der Lernergebnisse empfehlen wir die Bearbeitung der Aufgaben und Aktionen in Ihrem Lehrbuch „Groß im Handel, 1. Ausbildungsjahr", Kapitel 15 im Lernfeld 2 (Führen von Beratungs- und Verkaufsgesprächen).

8 Wir prüfen Rechnungen

HANDLUNGSSITUATION

Sebastian Holpert arbeitet zurzeit im Rechnungswesen. Frau Staudt gibt ihm die folgende Rechnung mit der Bitte, sich zunächst genau über das Vorgehen bei der Prüfung von Rechnungen zu informieren und anschließend die Überprüfung der Rechnung in sachlicher und rechnerischer Hinsicht vorzunehmen. Für gewöhnlich wird die Prüfung der Rechnungen in sachlicher Hinsicht von dem Bearbeiter in der Einkaufsabteilung vorgenommen, aber dies ist bei der vorliegenden Rechnung offensichtlich vergessen worden.

Peter Pührt

Peter Pührt · Kohlerstr. 33 · 90480 Nürnberg
Fairtext GmbH
Frau Staudt
Walsroder Str. 6 a
30625 Hannover

Ihr Zeichen　　　　　St
Ihre Nachricht vom　12.03.20..
Unser Zeichen　　　DP
Unsere Nachricht vom　06.03.20..

Telefon　　　0911 336478-25
Fax　　　　　0911 336478-01
Internet:　　http://www.peterpührt-wvd.de
E-Mail:　　　info@peterpührt-wvd.de

Datum　　　16.03.20..

Rechnung Nr. 211-20..

Sehr geehrte Frau Staudt,

vielen Dank für Ihre Bestellung. Wir freuen uns sehr, dass Sie sich für unsere Ware entschieden haben und erlauben uns mit der Lieferung unserer Ware am heutigen Tag wie folgt abzurechnen:

Artikel	Artikelnr.	Größe	Stück	Listenpreis	Preis
Damenbluse Sybille, Farbe: Weiß	017-08-1237-01	36	15	21,00 €	315,00 €
Damenbluse Sybille, Farbe: Weiß	017-08-1237-01	38	15	21,00 €	315,00 €
Damenbluse Sybille, Farbe: Weiß	017-08-1237-01	40	25	21,00 €	525,00 €
Damenbluse Sybille, Farbe: Weiß	017-08-1237-01	42	25	21,00 €	525,00 €
Damenbluse Sybille, Farbe: Weiß	017-08-1237-01	44	20	21,00 €	525,00 €
Damenbluse Sybille, Farbe: Weiß	017-08-1237-01	46	15	21,00 €	315,00 €
				netto Liste	2.415,00 €
				Rabatt 10 % −	241,50 €
				Transport +	23,00 €
				netto	**2.196,50 €**
				19 % USt +	417,34 €
				brutto	**2.613,84 €**

Bitte zahlen Sie innerhalb von 10 Tagen nach Erhalt der Rechnung mit einem Skontoabzug von 2 % oder innerhalb von 30 Tagen ohne Abzug.

Wir freuen uns bereits auf Ihren nächsten Auftrag.

Mit freundlichen Grüßen

Peter Pührt

i. A. *M. Pührt*

Melanie Pührt

Informationen zum Lösen der folgenden Handlungsaufgaben finden Sie in Ihrem Lehrbuch „Groß im Handel, 1. Ausbildungsjahr", in Kapitel 16 des Lernfeldes 2 (Erstellung und Kontrolle von Rechnungen und Lieferscheinen mit einer integrierten Unternehmenssoftware).

LERNFELD 2

AUFTRÄGE KUNDENORIENTIERT BEARBEITEN

HANDLUNGSAUFGABEN

1. Geben Sie an, wie Sebastian vorgehen muss, um den Auftrag von Frau Staudt zu bearbeiten.

2. Geben Sie an, welche Dokumente für eine ordnungsgemäße Rechnungsprüfung benötigt werden.

3. Geben Sie die Prüfungsinhalte und -handlungen an, die ein Bearbeiter bei der sachlichen Prüfung einer Rechnung vornehmen muss.

Prüfungsinhalt	Prüfungshandlung

4. Geben Sie kurz an, wie der Sachbearbeiter die erfolgreiche sachliche Prüfung einer Rechnung ohne Beanstandungen dokumentiert.

WIR PRÜFEN RECHNUNGEN

5. Erläutern Sie kurz, warum es sinnvoll ist, dass der Sachbearbeiter die sachliche Prüfung wie in der Handlungsaufgabe zuvor dokumentiert.

6. Im Folgenden ist das Angebot des Lieferanten Peter Pührt zu der Rechnung aus der Handlungssituation abgebildet. Die Fairtext GmbH hat die Bestellung exakt so vorgenommen, wie die Artikel angeboten wurden. **Nehmen Sie die sachliche Belegprüfung für die Rechnung vor und nehmen Sie erforderliche Eintragungen vor.** (Hinweis: Die Rechnung ist nach Handlungsaufgabe 9 noch einmal zur Bearbeitung abgebildet.)

Peter Pührt

Peter Pührt · Kohlerstr. 33 · 90480 Nürnberg
Fairtext GmbH
Frau Staudt
Walsroder Str. 6 a
30625 Hannover

Ihr Zeichen: St
Ihre Nachricht vom: 05.03.20..
Unser Zeichen: DP
Unsere Nachricht vom:

Telefon: 0911 336478-25
Fax: 0911 336478-01
Internet: http://www.peterpührt-wvd.de
E-Mail: info@peterpührt-wvd.de

Datum: 06.03.20..

Angebot 377

Sehr geehrte Frau Staudt,

wir freuen uns über Ihr Interesse an unseren Produkten. Gern unterbreiten wir Ihnen folgendes Angebot:

Artikel	Artikelnr.	Listenpreis	USt 19%	Preis
Damenbluse Sybille, ¾ Arm, erstklassiger Tragekomfort, Teilungsnähte, hervorragende Passform, Gr. 34-52, 49% Polyester, 49% Baumwolle, 2% Elastolefin, ca. 125 g/qm Stretch Farbe: Weiß, Hellblau, Schwarz, Rosa	017-08-1237-01	21,00 €	3,99 €	24,99 €

Der Preis gilt frei Haus. Die Transportkosten betragen 0,20 € je Stück.

Wir freuen uns, Ihnen folgende Rabattstaffel anbieten zu können:

Bestellmenge	Rabatt
25	5%
50	7%
100	10%
250	15%

Wir können die Blusen innerhalb von fünf Arbeitstagen nach Bestellungseingang liefern. Bitte zahlen Sie innerhalb von zehn Tagen nach Erhalt der Rechnung mit einem Skontoabzug von 2% oder innerhalb von 30 Tagen ohne Abzug.

Über einen Auftrag von Ihnen freuen wir uns.

Mit freundlichen Grüßen

Peter Pührt

i. A. *M. Pührt*

Melanie Pührt

LERNFELD 2

AUFTRÄGE KUNDENORIENTIERT BEARBEITEN

---

fairtext GmbH
Textilgroßhandlung

Fairtext GmbH · Walsroder Str. 6 a · 30625 Hannover
Peter Pührt
Melanie Pührt
Kohlerstr. 33
90480 Nürnberg

Ihr Zeichen	MPü
Ihre Nachricht vom	06.03.20..
Unser Zeichen	St
Unsere Nachricht vom	05.03.20..
Telefon	0511 4155-0
Fax	0511 4155-10
Internet:	www.fairtext-wvd.de
E-Mail:	staudt@fairtext-wvd.de
Datum	07.03.20..

Bestellung

Sehr geehrte Frau Pührt,

wir danken für Ihr Angebot. Wir bestellen

Damenblusen Sybille, Farbe Weiß, 017-08-1237-01:

15 Stück Größe 36
15 Stück Größe 38
25 Stück Größe 40
25 Stück Größe 42
20 Stück Größe 44
15 Stück Größe 46

zum Stückpreis von 21,00 €, abzüglich 10 % Rabatt, und akzeptieren Ihre Lieferkonditionen aus Ihrem Angebot vom 6. März d. J.

Wir hoffen auf baldige Lieferung.

Mit freundlichen Grüßen

Fairtext GmbH

i. A.

Staudt

---

7. Geben Sie die Prüfungsinhalte und -handlungen an, die ein Bearbeiter bei der rechnerischen Prüfung einer Rechnung vornehmen muss.

8. Geben Sie kurz an, wie der Sachbearbeiter die erfolgreiche rechnerische Prüfung einer Rechnung ohne Beanstandungen dokumentiert.

Peter Pührt

Peter Pührt · Kohlerstr. 33 · 90480 Nürnberg
Fairtext GmbH
Frau Staudt
Walsroder Str. 6 a
30625 Hannover

Ihr Zeichen	St
Ihre Nachricht vom	12.03.20..
Unser Zeichen	DP
Unsere Nachricht vom	06.03.20..
Telefon	0911 336478-25
Fax	0911 336478-01
Internet:	http://www.peterpührt-wvd.de
E-Mail:	info@peterpührt-wvd.de
Datum	16.03.20..

Rechnung Nr. 211-20..

Sehr geehrte Frau Staudt,

vielen Dank für Ihre Bestellung. Wir freuen uns sehr, dass Sie sich für unsere Ware entschieden haben und erlauben uns mit der Lieferung unserer Ware am heutigen Tag wie folgt abzurechnen:

Artikel	Artikelnr.	Größe	Stück	Listenpreis	Preis
Damenbluse Sybille, Farbe: Weiß	017-08-1237-01	36	15	21,00 €	315,00 €
Damenbluse Sybille, Farbe: Weiß	017-08-1237-01	38	15	21,00 €	315,00 €
Damenbluse Sybille, Farbe: Weiß	017-08-1237-01	40	25	21,00 €	525,00 €
Damenbluse Sybille, Farbe: Weiß	017-08-1237-01	42	25	21,00 €	525,00 €
Damenbluse Sybille, Farbe: Weiß	017-08-1237-01	44	20	21,00 €	525,00 €
Damenbluse Sybille, Farbe: Weiß	017-08-1237-01	46	15	21,00 €	315,00 €
				netto Liste	2.415,00 €
				Rabatt 10 % −	241,50 €
				Transport +	23,00 €
				netto	**2.196,50 €**
				19 % USt +	417,34 €
				brutto	**2.613,84 €**

Bitte zahlen Sie innerhalb von 10 Tagen nach Erhalt der Rechnung mit einem Skontoabzug von 2 % oder innerhalb von 30 Tagen ohne Abzug.

Wir freuen uns bereits auf Ihren nächsten Auftrag.

Mit freundlichen Grüßen

Peter Pührt

i. A. *M. Pührt*

Melanie Pührt

LERNFELD 2

AUFTRÄGE KUNDENORIENTIERT BEARBEITEN

10. Geben Sie an, wie mit dem Beleg nun weiter verfahren werden soll.

VERTIEFUNGS- UND ANWENDUNGSAUFGABEN

Zur weiteren Vertiefung der Lerninhalte und Sicherung der Lernergebnisse empfehlen wir die Bearbeitung der Aufgaben und Aktionen in Kapitel 16 des Lernfeldes 2 Ihres Lehrbuches „Groß im Handel, 1. Ausbildungsjahr" (Erstellung und Kontrolle von Rechnungen und Lieferscheinen mit einer integrierten Unternehmenssoftware).

WIR BEACHTEN DIE BESONDERHEITEN BEI AUSLANDSGESCHÄFTEN

9 Wir beachten die Besonderheiten bei Auslandsgeschäften

HANDLUNGSSITUATION

Die Fairtext GmbH erhält am 19. März eine Anfrage der Firma Impex aus Basel.

Impex, Rheinufer 12, CH-4027 Basel

Textilgroßhandlung
Fairtext GmbH
Walsroder Str. 6 a
30625 Hannover

Basel, 15. März 20..

Anfrage

Sehr geehrte Damen und Herren,

wir benötigen dringend

Herrenfreizeithemden aus 100 % Baumwolle, blau gestreift, in den Größen 39 bis 43.

Bitte senden Sie uns deshalb ein ausführliches Angebot über 200 Herrenfreizeithemden bis zum 25. März 20..

Mit freundlichen Grüßen

Impex – Basel

Der Leiter der Außenhandelsabteilung Herr Sieg beauftragt Anne Schulte und Mete Öczan festzustellen,
- welche Ausfuhrbestimmungen bei der Ausfuhr von Herrenfreizeithemden in die Schweiz beachtet werden müssen.
- welche Einfuhrbestimmungen der Schweiz von der Fairtext GmbH bei einem Verkauf von Herrenfreizeithemden in die Schweiz beachtet werden müssen.
- welche besonderen Inhalte das Angebot an die Firma Impex enthalten sollte.

Informationen zum Lösen der folgenden Handlungsaufgaben finden Sie im Lehrbuch „Groß im Handel, 1. Ausbildungsjahr" im Lernfeld 2, Kapitel 17 (Besonderheiten von Auslandsgeschäften) und den folgenden Einfuhrbestimmungen der Schweiz.

Schweiz

Schweizerische Eidgenossenschaft
Confédération Suisse/Confederazione Svizzera
(mit Fürstentum Liechtenstein)
Switzerland

1 Allgemeine Informationen

1.1 Kurzinfos

 Landesvorwahl: +41
Liechtenstein: +4175

 MEZ
EU-Sommerzeit

 Deutsch, Französisch, Italienisch

 1 Schweizer Franken
= 100 Rappen/Centimes
(ISO-Code: CHF)

 Nach AWG frei vereinbar
Devisenbestimmungen der Schweiz beachten

 Harmonisiertes System
Verzollung nach Bruttogewicht,
Nettoverzollung kann in manchen Fällen möglich sein

 Mitglied

 Angeschlossen

 Angeschlossen

1.2 Einfuhr aus der Bundesrepublik

Seit 1.4.1973 Freihandelsabkommen mit der EU. Die Schweizer Einfuhr ist weitgehend liberalisiert und es bedarf nur für wenige Warengattungen einer Importlizenz. Nützliche Informationen unter: www.zoll.admin.ch. Mitglied der EFTA und EWR-Mitglied (Liechtenstein). Es bestehen Normenvorschriften für viele Produkte. Abkommen mit der EU regeln die Anerkennung von Konformitätsbewertungen (besondere Regelungen für Nahrungsmittel und chemische Waren). Importgenehmigungen sind z. B. für Kartoffeln, Fleisch, Saatgut, Lebens- und Genussmittel sowie für Tiere, die nicht den Standardeinfuhrbedingungen entsprechen, erforderlich. Für vorverpackte Nahrungsmittel sind besondere Vorschriften für die Etikettierung einzuhalten. Manche Produkte aus dem Novel-Food-Bereich müssen vom Bundesamt für Lebensmittelsicherheit und Veterinärwesen bewilligt werden. Grundlage ist der Novel Food-Catalogue der EU. Medizinische Erzeugnisse dürfen nur von Firmen mit Lizenz eingeführt werden (Swissmedic, die Schweizerische Zulassungs- und Aufsichtsbehörde für Arzneimittel und Medizinprodukte). Zudem sind Arzneimittelzulassungen erforderlich. Niederspannungsprodukte müssen bestimmte Anforderungen erfüllen. Holz und Holzerzeugnisse unterliegen der Verordnung über die Deklaration von Holz und Holzprodukten vom 4.6.2010. Es bestehen bestimmte Anforderungen an die Deklaration (z. B. wissenschaftlicher Name, Handelsname und Ursprungsangabe). Waren, die den EU- bzw. EWR-Vorschriften entsprechen, dürfen fast ohne Ausnahmen (z. B. Lebensmittel) frei bewegt werden.

Bitte beachten: Einfuhrverbot besteht für bestimmte Pflanzenschutzmittel.

1.3 Verpackung

Die Schweiz wendet für Verpackungsholz den IPPC-Standard ISPM Nr. 15 an (ausgenommen EU). Wortlaut der Richtlinie sowie weitere Informationen über die Homepage www.julius-kuehn.de. Es besteht eine Regelung zur Vermeidung von Verpackungsmaterial. Heu und Stroh sind als Verpackungsmaterial zugelassen. Die Vorschriften der Verordnung von Getränkeverpackungen (PVC und Glas) sind zu beachten.

1.4 Markierung

Der Ursprung sowohl auf Verpackungen als auch auf Produkten muss klar erkennbar sein, d. h. es dürfen keine Zeichen, Bilder etc. vorhanden sein, die einen fälschlichen Eindruck vermitteln können, sonst wird die Einfuhr untersagt. Eine Ursprungsmarkierung („Made in Germany" ist bei folgenden Produkten

Vorschrift: pflanzenpasspflichtige Erzeugnisse, Holz und Holzwaren, Waren mit geschützten Ursprungsbezeichnungen.

1.5 Mustersendungen

Teilnahme am Carnet-A.T.A.-System (auch Liechtenstein, da Zollunion). Mustersendungen ohne Handelswert sind allgemein zollfrei. Außerdem werden keine Zollgebühren verlangt bei Mustern (verbrauchbare [Wert je Muster] und unverbrauchbare Produkte [Wert je Art und Qualität], Kosmetika, Tabakwaren, Alkohol, Medikamente [Wert je Sendung]), deren Wert max. 100 CHF nicht übersteigt. Werden Muster bestellt und als Handelsware importiert, so sind Zollgebühren zu entrichten.

...

Quelle: Handbuch für Export und Versand 2020: Länder- und Zollinformationen kompakt. 69. Auflage. Hamburg: Storck Verlag 2020, S. 587 ff.

HANDLUNGSAUFGABEN

1. Welche Fragen müssen Anne Schulte und Mete Öczan klären, um den Auftrag von Herrn Sieg zu erfüllen?

2. Stellen Sie fest, ob es sich bei einer Lieferung an die Impex in Basel um eine Ausfuhr oder um eine Versendung handelt.

3. Stellen Sie mithilfe der Ausfuhrliste fest, ob eine Lieferung von Herrenfreizeithemden nach Basel genehmigungspflichtig ist. Die aktuelle Ausfuhrliste finden Sie auf der Website des Bundesamtes für Wirtschaft und Ausfuhrkontrolle (BFA) (www.bafa.de/DE/Aussenwirtschaft/Ausfuhrkontrolle/Gueterlisten/gueterlisten_node.html).

LERNFELD 2

AUFTRÄGE KUNDENORIENTIERT BEARBEITEN

4. Beschreiben Sie die Schritte des Ausfuhrverfahrens, die bei der Ausfuhr von Herrenfreizeithemden nach Basel durchgeführt werden müssen.

5. Stellen Sie fest, welche Einfuhrbestimmungen der Schweiz von der Fairtext GmbH bei einer Lieferung von Herrenfreizeithemden an die Impex beachtet werden müssen.

WIR BEACHTEN DIE BESONDERHEITEN BEI AUSLANDSGESCHÄFTEN

6. Stellen Sie die Inhalte zusammen, die das Angebot der Fairtext GmbH an die Impex enthalten sollte.

VERTIEFUNGS- UND ANWENDUNGSAUFGABEN

Zur weiteren Vertiefung und Sicherung der Lernergebnisse empfehlen wir das Bearbeiten der Aufgaben und Aktionen in des Kapitels 17 des Lernfeldes 2 Ihres Lehrbuches „Groß im Handel., 1. Ausbildungsjahr" (Besonderheiten von Auslandsgeschäften).

LERNFELD 3

BESCHAFFUNGSPROZESSE PLANEN, STEUERN UND KONTROLLIEREN

1 Wir bereiten die Beschaffung von Waren vor

HANDLUNGSSITUATION

Herr Harriefeld, Leiter des Funktionsbereichs Beschaffung, hat gerade eine Auswertung des Warenwirtschaftssystems vor sich liegen. Er beschließt, Anne Schulte damit zu beauftragen, die notwendigen Nachbestellungen von Waren vorzunehmen.

Gleichzeitig soll sie die Neuaufnahme des Artikels Damenpullover „Elle" der Größen 36 bis 42 (70 % Wolle, 30 % Polyacryl) in das Sortiment vorbereiten. Herrn Harriefeld wurden verstärkt Nachfragen von Kunden nach diesem Artikel gemeldet.

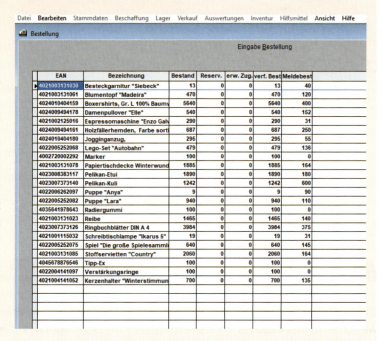

Informationen zum Lösen der folgenden Handlungsaufgaben finden Sie im Lehrbuch „Groß im Handel, 1. Ausbildungsjahr" in den Kapiteln 2 (Beschaffungsplanung) und 3 (Bezugsquellenermittlung und Einholen von Angeboten) im Lernfeld 3.

HANDLUNGSAUFGABEN

1. Vor welchen Aufgaben steht Anne Schulte?

2. Stellen Sie fest, welche Artikel nachbestellt werden müssen.

3. Beschreiben Sie die notwendigen Schritte, die zur Nachbestellung dieser Artikel erforderlich sind.

WIR BEREITEN DIE BESCHAFFUNG VON WAREN VOR

4.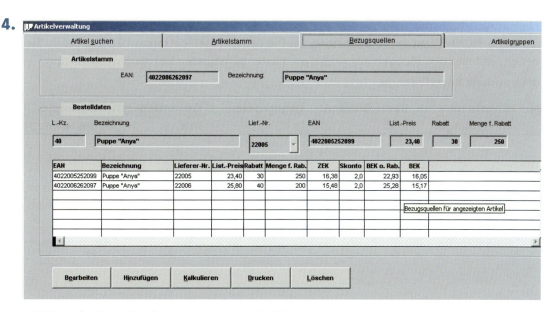

Wählen Sie die günstigste Bezugsquelle für den Artikel „Puppe Anya" anhand des Artikelstamms im Warenwirtschaftssystem der Fairtext GmbH aus.

5. Herr Harriefeld bittet Anne Schulte zu überprüfen, ob bei einer Bestellung von 1000 Stück der Puppe „Anya" mit einer Bestellsumme von 25.800,00 € noch genügend Geld für weitere Bestellungen in der Warengruppe vorhanden ist. Anne Schulte führt daher mit einem EDV-gestützten Warenwirtschaftssystem eine Limitrechnung für eine bestimmte Warengruppe durch. Sie arbeitet mit folgenden Daten:

– angestrebter Umsatz im Planungszeitraum aufgrund früherer Verkäufe: 300.000,00 €
– erhoffter Kalkulationsabschlag (= erzielte Kalkulation): 40 %
– Limitreserve: 20 %
– Ist-Bestellungen bisher: 110,00 €
– Freigabe jetzt: 25.800,00 €

a) **Tragen Sie die fehlenden Begriffe in die Tabelle ein.**
b) **Berechnen Sie das neue Restlimit.**

Begriff	Betrag in €	Erläuterung
Umsatz		
erzielte Kalkulation	40,0 %	
Planumsatz EK		
Saisonlimit		
Limitreserve		
freies Limit		
Ist-Bestellungen		
Restlimit		
Freigabe	jetzt	
Restlimit neu		

LERNFELD 3

BESCHAFFUNGSPROZESSE PLANEN, STEUERN UND KONTROLLIEREN

6. Herr Harriefeld teilt Anne Schulte mit, dass der Gesamtbedarf des nächsten Jahres an der Puppe „Anya" 1000 Stück beträgt. Es fallen 80,00 € Kosten pro Bestellung an. Die Lagerkosten betragen 1,20 € je Stück. Sie soll ermitteln, wie oft und mit welchen Mengen der Artikel am kostengünstigsten bezogen werden kann.

Ermitteln Sie die optimale Bestellmenge.

Bestellmenge	Anzahl der Bestellungen	Bestellkosten in €	Lagerkosten in €	Gesamtkosten in €	Optimale Bestellmenge

7. Anne Schulte muss nun Bezugsquellen für den neuen Artikel Damenpullover „Elle" finden.

Führen Sie acht mögliche Informationsquellen für die Auswahl von Erstlieferanten auf.

8. Anne Schulte fordert Angebote zum Artikel Damenpullover „Elle" von neuen Lieferanten an. Sie entnimmt einem Branchenadressbuch auch die folgende Bezugsquelle: Flammann KG, Halberstädter Str. 18, 30134 Hildesheim.
Erstellen Sie eine Anfrage.

Fairtext GmbH, Walsroder Str. 6 a, 30625 Hannover	Ihr Zeichen:
	Ihre Nachricht vom:
	Unser Zeichen:
	Unsere Nachricht vom:
	Name:
	Telefon:
	Internet:
	E-Mail:
	Datum:

9. Aufgrund der Anfrage von Anne Schulte liefert die Firma Flammann KG 500 Damenpullover.
Beurteilen Sie die rechtliche Situation.

LERNFELD 3

BESCHAFFUNGSPROZESSE PLANEN, STEUERN UND KONTROLLIEREN

VERTIEFUNGS- UND ANWENDUNGSAUFGABEN

1. Ein Textileinzelhändler führt mit einem EDV-gestützten Warenwirtschaftssystem eine Limitrechnung für eine bestimmte Warengruppe durch.
   Angestrebter Umsatz im Planungszeitraum aufgrund früherer Verkäufe: 600.000,00 €
   Erhoffter Kalkulationsabschlag (= erzielte Kalkulation): 40 %
   Limitreserve: 20 %
   Ist-Bestellungen bisher: 220.000,00 €
   Freigabe am 21. Juli: 24.000,00 €

   Tragen Sie die fehlenden Begriffe ein.

   Berechnen Sie das neue Restlimit.

Begriff	Betrag in €	Erläuterung
	40,0 %	erhoffter Bruttogewinn
		geplanter Wareneinsatz
		Gesamtbetrag, der im Planungszeitraum ausgegeben werden darf
		für Sonderfälle vorgesehen
		Betrag, über den im Rahmen vorhersehbarer Bestellungen eingekauft werden darf
		der bisherige Auftragswert
		der für Bestellungen noch offene Betrag
	21.07.	neue Ausgabe

2. Die Fairtext GmbH hat bei einem bestimmten Artikel einen Jahresbedarf von 2 000 Stück. Pro Bestellung fallen Kosten von 50,00 € an. Die Lagerkosten eines Artikels betragen 1,50 €.

   Berechnen Sie die optimale Bestellmenge.

Bestellmenge	Anzahl der Bestellungen	Bestellkosten in €	Lagerkosten in €	Gesamtkosten in €

Zur weiteren Vertiefung der Lerninhalte und Sicherung der Lernergebnisse empfehlen wir das Bearbeiten der Aufgaben und Aktionen in den Kapiteln 1 (Der Beschaffungsprozess), 2 (Beschaffungsplanung) und 3 (Bezugsquellenermittlung und Einholen von Angeboten) des Lernfeldes 3 Ihres Lehrbuches „Groß im Handel, 1. Ausbildungsjahr".

2 Wir vergleichen Angebote

HANDLUNGSSITUATION

Die Fairtext GmbH hat vier Angebote über die Lieferung von Damenpullovern der Größen 36 bis 42 (70 % Wolle, 30 % Polyacryl) eingeholt. Um für das demnächst anlaufende Frühjahrsgeschäft ein ausreichendes Angebot zu haben, benötigt sie in spätestens 14 Tagen 100 Damenpullover.

Aus dem Schreiben der Wuppertaler Firma Erwin Lottermann an die Fairtext GmbH:

> Für das unserem Haus entgegengebrachte Interesse danken wir Ihnen und bieten Ihnen an:
> Nr. 85 Mod. Florenz aus 70 % Wolle und 30 % Polyacrylfasern je 30,00 €
> Bei Abnahme von mindestens 50 Pullovern können wir Ihnen einen Rabatt von 10 % auf den Listeneinkaufspreis einräumen.
> Wir gewähren Ihnen außerdem ein Zahlungsziel von 40 Tagen. Bei Zahlung innerhalb von 8 Tagen erhalten Sie 2 % Skonto.
> Die Lieferung erfolgt frei Haus.

Aus dem Schreiben der Firma Huhn in Hildesheim an die Fairtext GmbH:

> Wir bedanken uns für Ihre Anfrage und bieten Ihnen an:
> Nr. 998 Mod. Locarno aus 30 % Polyacryl und 70 % Wolle   je 25,00 €
> Lieferzeit: 8 Tage nach Bestellung
> Zahlung: 30 Tage Ziel
> Versandkosten: 112,00 €
>
> Für Ihre Schaufensterdekoration stellen wir Ihnen kostenlos Werbeplakate zur Verfügung.

Aus dem Schreiben der Lüneburger Firma Hirsch an die Fairtext GmbH:

> Vielen Dank für Ihre Anfrage. Wir bieten Ihnen an:
> Nr. 123 Mod. Jeannette aus 70 % Wolle und 30 % Polyacryl je 24,00 €. Mindestabnahme: 20 Stück. Lieferung frei Haus. Zahlungsbedingungen: 14 Tage netto Kasse; bei Zahlung innerhalb einer Woche 1 % Skonto. Die Lieferzeit beträgt momentan 4 Wochen!

Aus dem Schreiben der Firma Abmeier aus Gelle an die Fairtext GmbH:

> können wir Ihnen folgendes Angebot machen:
> Nr. 0079 Modell „Carmen" aus Polyacryl je 18,50 €.
> Lieferung erfolgt sofort frei Haus, 30 Tage Ziel.

Anne Schulte bearbeitet die heute hereingekommen Angebote. Sie führt zunächst einen Angebotsvergleich durch und bestellt sofort schriftlich die Ware bei dem für die Fairtext GmbH günstigsten Lieferanten. Drei Tage später kommt von dem Lieferanten ein Fax, dass man sich für die Bestellung bedanke, der Rechnungspreis sich aber um 55 % verteuere, weil mittlerweile die Rohstoffpreise drastisch gestiegen seien.

Informationen zum Lösen der folgenden Handlungsaufgaben finden Sie im Lehrbuch „Groß im Handel, 1. Ausbildungsjahr" im Kapitel 4 (Angebotsvergleich) des Lernfeldes 3.

LERNFELD 3

BESCHAFFUNGSPROZESSE PLANEN, STEUERN UND KONTROLLIEREN

HANDLUNGSAUFGABEN

1. Vor welchem Problem steht die Fairtext GmbH?

2. Begründen Sie, warum es sich bei den vier Schreiben, die Anne Schulte bearbeitet, nicht um Anpreisungen, sondern um Angebote handelt.

3. Klären Sie, ob die Angebote bindend sind.

4. Stellen Sie fest, wie bei den vier Angeboten die Übernahme der Versandkosten zwischen Käufer und Verkäufer geregelt ist.

5. Führen Sie den quantitativen und den qualitativen Angebotsvergleich durch und ermitteln Sie den für die Fairtext GmbH günstigsten Lieferanten.

Qualitativer Angebotsvergleich	Lottermann	Huhn	Hirsch	Abmeier

152

Qualitativer Angebotsvergleich	Lottermann	Huhn	Hirsch	Abmeier

6. Beurteilen Sie die Situation, dass der ausgewählte Lieferant für die bestellte Ware einen um 55 % höheren Preis verlangt.

VERTIEFUNGS- UND ANWENDUNGSAUFGABEN

1. Führen Sie auf, in welchen Fällen Angebote nicht bindend sind.

LERNFELD 3

BESCHAFFUNGSPROZESSE PLANEN, STEUERN UND KONTROLLIEREN

2. Der Zeitpunkt der Bezahlung der Ware kann vor, bei oder nach Lieferung liegen.

Wann liegt bei den folgenden Bedingungen der Zeitpunkt der Zahlung?

a) Zahlung gegen Nachnahme
b) Ziel zwei Monate
c) Zahlung im Voraus
d) netto Kasse

3. Erläutern Sie, wie die Übernahme der Kosten der Versandpackung zwischen Käufer und Verkäufer geregelt werden kann.

Stellen Sie fest, welche unterschiedlichen Regelungen es gibt.

Erläutern Sie die jeweilige Regelung.

Ermitteln Sie beispielhaft die Kosten für die Fairtext GmbH als Käufer im folgenden Fall:

Das Nettogewicht einer Ware, die die Fairtext GmbH bestellen möchte, beträgt 50 kg. Der Preis pro kg beträgt 2,00 €. Das Verpackungsgewicht (Tara) beträgt 2 kg. Der Selbstkostenpreis der Verpackung beträgt 5,00 €.

Beförderungsbedingungen beim Versendungskauf	Bedeutung	Kosten für die Fairtext GmbH als Käufer im Beispiel
gesetzliche Regelung		
vertragliche Regelung:		
vertragliche Regelung:		
vertragliche Regelung:		

4. Stellen Sie fest, wie die gesetzliche Regelung für die Übernahme der Versandkosten beim Platzkauf ist.

WIR VERGLEICHEN ANGEBOTE

5. Erläutern Sie, wie die Übernahme der Versandkosten zwischen Käufer und Verkäufer geregelt werden kann.

Stellen Sie fest, welche unterschiedlichen Beförderungsbedingungen es gibt.

Erläutern Sie jeweils, welche Kosten der Verkäufer übernehmen muss.

Ermitteln Sie beispielhaft die Kosten für die Fairtext GmbH als Käufer im folgenden Fall:

Die Fairtext GmbH bestellt Waren bei der Tankert AG in München, die mit der Bahn transportiert werden. Für den Transport vom Sitz der Tankert AG zum Versandbahnhof München entstehen 40,00 € Hausfracht. Die Fracht der Bahn beträgt 450,00 €. Für den Transport vom Empfangsbahnhof Hannover ins Lager der Fairtext GmbH müssen an den Bahnspediteur 50,00 € Hausfracht gezahlt werden.

Beförderungsbedingungen beim Versendungskauf	Kosten für den Verkäufer	Kosten für die Fairtext GmbH als Käufer im Beispiel
gesetzliche Regelung:	Beim Versendungskauf muss der Verkäufer die Kosten nur bis zur Versandstation zahlen.	450,00 € + 50,00 € = 500,00 €
vertragliche Regelung: ab Werk / ab Lager	Der Verkäufer übernimmt keine Transportkosten.	40,00 € + 450,00 € + 50,00 € = 540,00 €
vertragliche Regelung: frei Versandbahnhof	Der Verkäufer trägt die Kosten bis zum Versandbahnhof.	450,00 € + 50,00 € = 500,00 €
vertragliche Regelung: frachtfrei Empfangsbahnhof	Der Verkäufer trägt die Kosten bis zum Empfangsbahnhof.	50,00 €
vertragliche Regelung: frei Haus	Der Verkäufer trägt alle Transportkosten bis zum Lager des Käufers.	0,00 €

6. Ergänzen Sie das folgende Schema der Bezugskalkulation:

Listenpreis	Preis, der im Angebot (oft in Form von Listen) genannt wird	100 %	200,00 €
− Liefererrabatt		− 20 %	− 40,00 €
Zieleinkaufspreis		80 % / 100 %	160,00 €
− Lieferskonto		− 2 %	− 3,20 €
Bareinkaufspreis		98 %	156,80 €
+ Bezugskosten			10,40 €
Bezugspreis			167,20 €

LERNFELD 3

BESCHAFFUNGSPROZESSE PLANEN, STEUERN UND KONTROLLIEREN

7. Anne Schulte arbeitet momentan in der Einkaufsabteilung. Heute Vormittag gehen die folgenden Fälle über ihren Schreibtisch:

I. Die Fairtext GmbH erhält drei Angebote für den Artikel „Digitales Diktiergerät".

a) Kurz KG: Listenpreis 11,20 €; 3 % Skonto; 10 % Rabatt; keine Bezugskosten

b) Uhlendorf Büro GmbH: Listenpreis 13,10 €; kein Skonto; 25 % Wiederverkäuferrabatt; Bezugskosten 2,00 €

c) Tegeler GmbH: Listenpreis 9,30 €; kein Rabatt; kein Skonto; Bezugskosten 8 % des Listenpreises

Ermitteln Sie den jeweiligen Bezugspreis.

II. Die Fairtext GmbH hat für ihre Kantine eine Lieferung Tomaten (100 kg) bekommen. Berechnet werden müssen die in Rechnung gestellten Verpackungskosten. Der Preis der Tomaten liegt bei 0,90 € je Kilogramm. Die Tara beträgt 10 kg.

Berechnen Sie die Kosten bei b/n.

III. Für den Transport eines Artikels von Hamburg nach Hannover entstehen folgende Kosten:

Rollgeld 1 (Hamburg – Bahnhof Hamburg) 14,00 €

Fracht Hamburg – Hannover 36,00 €

Rollgeld 2 (Bahnhof Hannover – Lager Fairtext GmbH) 18,00 €

Bestimmen Sie die Transportkosten für den Käufer (die Fairtext GmbH in Hannover) in folgenden Situationen:

a) unfrei

b) Es liegt keine vertragliche Regelung vor.

c) frei Haus

d) ab Werk

e) frachtfrei

f) ab Bahnhof hier

a)

b)

c)

d)

e)

f)

8. Die Fairtext GmbH hat zwei Angebote vorliegen:

Angebot 1: Angebotspreis 15,00 €, 15 % Rabatt, 2 % Skonto, 5,00 € Bezugskosten
Angebot 2: Angebotspreis 18,00 €, 20 % Rabatt, 2 % Skonto, 2,50 € Bezugskosten

	Angebot 1	Angebot 2
Listenpreis		
– Rabatt		
Zieleinkaufspreis		
– Skonto		
Bareinkaufspreis		
+ Bezugskosten		
Bezugspreis		

WIR VERGLEICHEN ANGEBOTE

9. Oft wird im Rahmen eines qualitativen Angebotsvergleichs die Methode der Nutzwertanalyse angewandt.

> Bei der Nutzwertanalyse werden mögliche Entscheidungskriterien so gewichtet, dass wichtige Kriterien stärker zur Geltung kommen als unwichtige. Die Qualität der Entscheidungen soll dadurch gesteigert werden.
> - Man wählt zunächst geeignete Kriterien aus, die bei der Beurteilung von Angeboten als wichtig angesehen werden.
> - Nach ihrer Wichtigkeit werden die ausgewählten Kriterien dann mit Gewichtungspunkten (bzw. Gewichtungsprozenten) gewichtet. Die Gesamtsumme der vergebenen Punkte (bzw. Prozente) muss 100 betragen.
> - Im nächsten Schritt wird bewertet, inwieweit die Angebote das jeweilige Kriterium erfüllen.
> - Bei jedem Angebot wird für jedes Kriterium das Produkt aus Gewichtungs- und Bewertungspunkten ermittelt.
> - Die Punkte werden pro Angebot zusammengezählt. Das Angebot mit der höchsten Summe ist das qualitativ beste.

Anne Schulte hat verschiedene Angebote für einen Artikel eingeholt. Nach dem quantitativen Angebotsvergleich haben drei Angebote den günstigsten Bezugspreis. Zur endgültigen Auswahl nutzt Anne im Rahmen des qualitativen Angebotsvergleichs die Nutzwertanalyse.

Sie hat mittlerweile schon die relevanten Kriterien ermittelt und diese gewichtet. Auch hat sie schon bewertet, inwieweit die jeweiligen Angebote das jeweilige Kriterium erfüllen (Eingaben von Anne in der folgenden Tabelle in kursiver Schrift).

a) Ergänzen Sie die Tabelle der Nutzwertanalyse.

Kriterien	Gewichtung der Kriterien	ANGEBOTE Runge KG		Matzke AG		Schaper GmbH	
Mitlieferung von Werbematerial	10	*5*	50	*5*	50	*3*	30
Termintreue	30	*5*	150	*3*	90	*1*	30
Lieferzeit	10	*1*	10	*3*	30	*5*	50
Umweltaspekte	20	*4*	80	*1*	20	*2*	40
Beschwerden in der Vergangenheit	10	*3*	30	*5*	50	*5*	50
Qualität	20	*3*	60	*4*	80	*5*	100
Gesamtsumme	100		380		320		300

b) Entscheiden Sie, welchen Anbieter Anne Schulte auswählen soll.

Anne Schulte sollte die Runge KG auswählen, da dieses Angebot mit 380 Punkten die höchste Gesamtsumme erzielt.

Zur weiteren Vertiefung der Lerninhalte und Sicherung der Lernergebnisse empfehlen wir das Bearbeiten der Aufgaben und Aktionen im Kapitel 4 (Angebotsvergleich) des Lernfeldes 3 Ihres Lehrbuches „Groß im Handel, 1. Ausbildungsjahr".

LERNFELD 3

BESCHAFFUNGSPROZESSE PLANEN, STEUERN UND KONTROLLIEREN

3 Wir bestellen Waren

HANDLUNGSSITUATION

Caroline König arbeitet zurzeit in der Einkaufsabteilung der Fairtext GmbH.

Vom Abteilungsleiter, Herrn Harriefeld, erhält Caroline am 04.09.20.. den Auftrag, bei der Spengler & Sohn OHG

100 Blusen, weiß, Größe 36
 50 Blusen, weiß, Größe 38
 50 Blusen, weiß, Größe 40
 20 Blusen, weiß, Größe 42

zu bestellen.

Von der Spengler & Sohn OHG liegt das folgende Angebot vor.

Spengler & Sohn OHG

Lahnstraße 14 · 35578 Wetzlar

Spengler & Sohn OHG · Lahnstraße 14 · 35578 Wetzlar
Fairtext GmbH
Walsroder Str. 6 a
30625 Hannover

Ihr Zeichen:	k/h
Ihre Nachricht vom:	28.08.20..
Unser Zeichen:	G/S
Unsere Nachricht vom:	.
Name:	Herr Gerhard
Telefon:	06441 7328-55
Internet:	www.spengler-wvd.de
E-Mail:	gerhard@spengler-wvd.de
Datum:	02.09.20..

Angebot für Damenblusen

Sehr geehrte Damen und Herren,

wir danken Ihnen für Ihre Anfrage. Folgende Blusen können wir Ihnen zu einem äußerst günstigen Preis anbieten:

Bestell-Nr. 4435 Damenblusen, weiß, 50% Baumwolle, 50% Polyester,
                  Gr. 36 bis 42, zum Preis von 12,40 €/Stück
                  einschließlich Verpackung.

Bei Abnahme von mindestens 50 Stück gewähren wir Ihnen einen Mengenrabatt von 15%. Bei unserer Lieferung ab Lager Wetzlar stellen wir Ihnen pro Bluse 0,10 € Transportkosten in Rechnung. Die Blusen sind innerhalb zwei Wochen lieferbar.

Ihre Zahlung erbitten wir innerhalb von vier Wochen ab Rechnungsdatum netto Kasse.

Wir freuen uns auf Ihren Auftrag.

Mit freundlichen Grüßen

Spengler & Sohn OHG

i. V. *Gerhard*

Gerhard

Außerdem bittet Herr Harriefeld Caroline, bei der Alber & Bayer GmbH & Co. KG, Nelkenstraße 28, 52000 Aachen

100 Spannbetttücher, Bestell-Nr. 123/4, zum Preis von 29,50 € je Stück,
200 Bettwäschegarnituren, Bestell-Nr. 134/2, zum Preis von 32,00 € je Stück

nachzubestellen.

WIR BESTELLEN WAREN

Informationen über die Alber & Bayer GmbH & Co. KG findet Caroline König im Warenwirtschaftssystem der Fairtext GmbH.

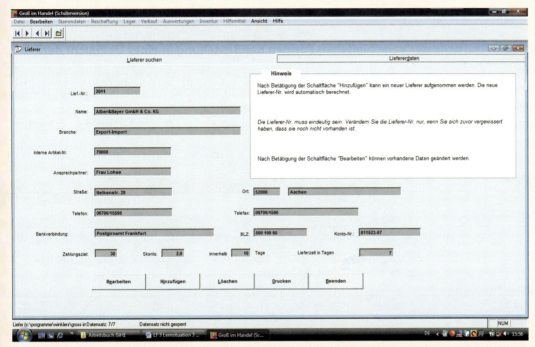

Herr Harriefeld bittet Caroline König, den Auftrag unverzüglich zu erledigen, da die Fairtext GmbH die Blusen, Spannbetttücher und Bettwäschegarnituren bis spätestens 30.09.20.. in Hannover benötigt.

Informationen zum Lösen der folgenden Handlungsaufgaben finden Sie im Lehrbuch „Groß im Handel, 1. Ausbildungsjahr" im Kapitel 6 (Bestellung) im Lernfeld 3.

HANDLUNGSAUFGABEN

1. Welche Probleme muss Caroline König lösen, um die Aufträge von Herrn Harriefeld zu erfüllen?

LERNFELD 3

BESCHAFFUNGSPROZESSE PLANEN, STEUERN UND KONTROLLIEREN

2. In welcher Form kann Caroline König die Bestellungen abgeben?

3. Stellen Sie Vorteile und Nachteile der verschiedenen Formen der Bestellung in einer Übersicht dar.

4. Entscheiden Sie, welche Form der Bestellung Caroline König für ihre Bestellung bei der Spengler & Sohn OHG wählen sollte. Begründen Sie Ihre Entscheidung.

5. Entscheiden Sie, welche Form der Bestellung Caroline König für ihre Bestellung bei der Alber & Bayer GmbH & Co. KG wählen sollte. Begründen Sie Ihre Entscheidung.

6. Stellen Sie die Angaben zusammen, die eine ausführliche Bestellung enthalten sollte.

7. Stellen Sie die Angaben zusammen, die eine Bestellung mindestens enthalten muss.

8. Entscheiden Sie, welche Angaben die Bestellung an die Spengler & Sohn OHG enthalten soll. Begründen Sie Ihre Entscheidung.

LERNFELD 3

BESCHAFFUNGSPROZESSE PLANEN, STEUERN UND KONTROLLIEREN

9. Entscheiden Sie, welche Angaben die Bestellung an die Alber & Bayer GmbH & Co.KG enthalten soll. Begründen Sie Ihre Entscheidung.

10. Schreiben Sie die Bestellung an die Spengler & Sohn OHG.

Fairtext GmbH – Walsroder Str. 6 a – 30625 Hannover

Ihr Zeichen:
Ihre Nachricht vom:
Unser Zeichen:
Unsere Nachricht vom:

Name:
Telefon:
Internet:
E-Mail:

Datum:

11. Schreiben Sie die Bestellung an die Alber & Bayer GmbH & Co. KG.

Fairtext GmbH – Walsroder Str. 6 a – 30625 Hannover

Ihr Zeichen:
Ihre Nachricht vom:
Unser Zeichen:
Unsere Nachricht vom:

Name:
Telefon:
Internet:
E-Mail:

Datum:

LERNFELD 3

BESCHAFFUNGSPROZESSE PLANEN, STEUERN UND KONTROLLIEREN

12. Stellen Sie fest, ob durch die Bestellung bei der Spengler & Sohn OHG ein Kaufvertrag zustande gekommen ist.

13. Erläutern Sie, wie durch die Bestellung der Fairtext GmbH bei der Alber & Bayer GmbH & Co.KG ein Kaufvertrag zustande kommen kann.

VERTIEFUNGS- UND ANWENDUNGSAUFGABEN

1. Caroline König hat in ihrer Bestellung an die Spengler & Sohn OHG falsche Mengenangaben gemacht. Anstatt von den Blusen, Gr. 42, 20 Stück zu bestellen, hat sie 50 Stück bestellt. Machen Sie einen Vorschlag, wie Caroline dieses Missgeschick korrigieren kann.

Zur weiteren Vertiefung und Sicherung der Lernergebnisse empfehlen wir das Bearbeiten der Aufgaben und Aktionen im Kapitel 6 (Bestellung) des Lernfeldes 3 Ihres Lehrbuches „Groß im Handel, 1. Ausbildungsjahr".

4 Wir schließen einen Vertrag über Dienstleistungen ab

HANDLUNGSSITUATION

Die Verwaltungsräume der Fairtext GmbH sollen einmal in der Woche von einem selbstständigen Gebäudereiniger gereinigt werden. Die Unterhaltsreinigung der Verwaltungsräume umfasst die Reinigung der Fußbodenbeläge, der Gegenstände der Büroausstattung und Büroeinrichtung sowie der sanitären Anlagen.

Die selbstständige Gebäudereinigerin Kirsten Maurer erklärt sich bereit, die wöchentliche Unterhaltsreinigung für einen Pauschalbetrag von 200,00 € netto zuzüglich 19 % Umsatzsteuer durchzuführen.

Die Leiterin der Verwaltung der Fairtext GmbH, Frau Zimmerer, findet das Angebot günstig. Sie beauftragt den siebzehnjährigen Auszubildenden Sebastian Holpert, einen Dienstleistungsvertrag über die Unterhaltsreinigung der Verwaltungsräume zu formulieren und mit Kirsten Mauer abzuschließen.

Informationen zum Lösen der folgenden Handlungsaufgaben finden Sie im Lehrbuch „Groß im Handel, 1. Ausbildungsjahr" Lernfeld 3, Kapitel 7 (Beauftragung von Dienstleistungen) und Lernfeld 2, Kapitel 3 (Rechts- und Geschäftsfähigkeit).

HANDLUNGSAUFGABEN

1. Welche Fragen muss Sebastian Holpert klären, um den Auftrag von Frau Zimmerer zu erfüllen?

2. Sebastian Holpert ist erst siebzehn Jahre alt. **Prüfen Sie, ob er trotzdem im Auftrag der Fairtext GmbH einen rechtverbindlichen Vertrag mit Kirsten Maurer abschließen kann.**

LERNFELD 3

BESCHAFFUNGSPROZESSE PLANEN, STEUERN UND KONTROLLIEREN

3. Durch welche Handlung erfolgt der Antrag auf Abschluss des Vertrages über die Reinigung der Verwaltungsräume?

4. Durch welche Handlung wird der Antrag auf Abschluss des Vertrages angenommen?

5. Um welche Vertragsart handelt es sich bei dem zwischen der Fairtext GmbH und Kirsten Maurer abgeschlossenen Vertrag?

6. Welche Pflichten müssen die Auftragnehmerin und der Auftraggeber nach Abschluss des Vertrags erfüllen?

Pflichten der Auftragnehmerin	Pflichten des Auftraggebers

7. Welche Inhalte muss der Dienstleistungsvertrag zwischen der Fairtext GmbH und Kirsten Maurer enthalten?

WIR SCHLIESSEN EINEN VERTRAG ÜBER DIENSTLEISTUNGEN AB

8. Erstellen Sie den Dienstleistungsvertrag zwischen der Fairtext GmbH und Kirsten Maurer. Nutzen Sie dafür die folgende Vorlage.

Dienstleistungsvertrag

Zwischen

_____

_____

_____

(im Folgenden Auftraggeber genannt)

und

_____

Broyhanstraße 17

30169 Hannover

(im Folgenden Auftragnehmerin genannt)

wird dieser Vertrag über folgende Dienstleistungen abgeschlossen:

§ 1 Gegenstand des Vertrags

Der Auftraggeber überträgt der Auftragnehmerin die Durchführung der Unterhaltsreinigung der

_____

_____

_____

_____

Die Reinigung erfolgt _____

§ 2 Vertragsdauer und Kündigung

Das Vertragsverhältnis beginnt am xx.xx.20.. und endet am xx.xx.20.. Das Vertragsverhältnis verlängert sich jeweils automatisch um ein weiteres Jahr, wenn nicht eine der Parteien einen Monat vor Ablauf eines Vertragsjahres kündigt.

§ 3 Art und Umfang der Leistungen

_____

_____

_____

_____

Die Auftragnehmerin verpflichtet sich, die nach diesem Vertrag zu erbringenden Leistungen fachgerecht auszuführen.

Für die vertraglich festgelegten Arbeiten stellt der Auftraggeber die erforderlichen Maschinen, Geräte, Reinigungs- und Behandlungsmittel zur Verfügung.

LERNFELD 3

BESCHAFFUNGSPROZESSE PLANEN, STEUERN UND KONTROLLIEREN

§ 4 Vergütung

Die Auftragnehmerin erhält vom Auftraggeber für die nach § 3 zu erbringenden Leistungen eine Vergütung

§ 5 Auftragserfüllung

Die Leistungen der Auftragnehmerin gelten auftragsgerecht erfüllt und abgenommen, wenn der Auftraggeber nicht unverzüglich begründete Einwände erhebt. Die Zahlung erfolgt nach Rechnungsstellung innerhalb von 14 Tagen.

Werden vom Auftraggeber bei der vertraglich festgelegten Leistung berechtigt Mängel beanstandet, so ist der Auftragnehmer zur Nachbesserung verpflichtet.

Datum: xx.xx.20..

Auftraggeber

Auftragnehmerin

VERTIEFUNGS- UND ANWENDUNGSAUFGABEN

Zur weiteren Vertiefung und Sicherung der Lernergebnisse empfehlen wir das Bearbeiten der Aufgaben und Aktionen des Kapitels 7 (Beauftragung von Dienstleistungen) in Lernfeld 3 Ihres Lehrbuches „Groß im Handel., 1. Ausbildungsjahr".

5 Wir bahnen Einfuhrgeschäfte an und schließen sie ab

HANDLUNGSSITUATION

Aufgrund einer Anfrage erhält die Fairtext GmbH die folgenden beiden Angebote über Herrenhemden:

Angebot 1

Textil-International Ltd., 25 Pat Tat St, Sanpokong, Kowloon, Hongkong

...

Angebot Nr. EX 124/97

Wir danken Ihnen für Ihre Anfrage und bieten Ihnen an

Material:	Herrenhemd aus 100 % Baumwolle, Farben Natur und Blau, in den Größen 39/40, 41/42 und 43/44 zum Preis von 80,00 HK-$ je Stück
Preisstellung:	netto, FOB Hongkong
Lieferzeit:	4 Wochen nach Eintreffen Ihres Auftrags
Zahlung:	Dokumente gegen Kasse (D/P)*

Angebot 2

Import-Export, Istanbul, Turkey

...

Angebot Nr. 234/13

Wir danken Ihnen für Ihre Anfrage und bieten Ihnen an

Material:	Herrenhemd aus 100 % Baumwolle, Farben Natur und Blau, in den Größen 39/40, 41/42 und 43/44 zum Preis von 75,00 Lira je Stück
Preisstellung:	netto, FCA Istanbul
Lieferzeit:	4 Wochen nach Eintreffen Ihres Auftrags
Zahlung:	Dokumente gegen Kasse (D/P)*

Der Leiter der Einkaufsabteilung, Herr Harriefeld, beauftragt Caroline König,
- bei dem preisgünstigsten Anbieter
  je 100 Herrenhemden in den Größen 39/40, 41/42 und 43/44 in der Farbe Natur und
  je 150 Herrenhemden in den Größen 39/40, 41/42 und 43/44 in der Farbe Blau
  zu bestellen
- sowie die notwendigen Papiere für die Einfuhr der bestellten Ware zu beschaffen.

---

* Erläuterung: Bei der Zahlungsbedingung „Dokumente gegen Kasse (D/P = Documents against payment)" werden die Dokumente, mit denen über die Ware verfügt werden kann (Konnossement, Frachtbriefdoppel, Spediteurversanddokumente), dem Käufer nur gegen sofortige Zahlung ausgehändigt.

Industrie- und Handelskammer Hochrhein-Bodensee

Import aus Drittländern

Stand: März 2020

[...]

7. Anforderungen/Bestimmungen in der EU – sind spezielle Genehmigungen erforderlich?

Im Regelfall sind keine speziellen Genehmigungen erforderlich. Mengenmäßige Einfuhrbeschränkungen und Genehmigungserfordernisse ergeben sich aber im Agrarbereich und bei Eisen- und Stahl- sowie Aluminiumerzeugnissen.

Welche Waren im Einzelnen betroffen sind, ergibt sich ebenfalls aus dem Zolltarif. Als Genehmigungsbehörden sind für den Agrarbereich **die Bundesanstalt für Landwirtschaft und Ernährung (BLE)**, Bonn, Telefon 0228 6845-0, www.ble.de, und für die gewerblichen Waren das **Bundesamt für Wirtschaft und Ausfuhrkontrolle (BAFA)**, Eschborn, Telefon 06196 908-0, www.bafa.de, zuständig.

Für Lebensmittel bestehen in Einzelfällen Vorführpflichten bei der Einfuhrabfertigung. Besondere Verbote und Beschränkungen bestehen beispielsweise bei geschützten Tier- und Pflanzenarten und Produkten daraus. Einschränkungen ergeben sich auch aus dem Schutz der Umwelt, der menschlichen Gesundheit und der öffentlichen Sicherheit.

Tipp: Mithilfe des Trade Helpdesk, einer von der EU kostenfrei zur Verfügung gestellten Datenbank, lassen sich die Anforderungen/Bestimmungen in das jeweilige EU-Mitgliedsland recherchieren.

8. Benötigte Dokumente für die Zollabfertigung

Grundsätzlich werden benötigt:

- **Handelsrechnung** der ausländischen Lieferanten (ohne ausländische Umsatzsteuer)
- **Einfuhranmeldung:** Für den Import und die folgende Abfertigung zum freien Verkehr (oder in ein anderes Zollverfahren) müssen Sie ab einem Warenwert von 22 Euro oder einem Gewicht von 1000 Kilogramm eine formale Zollanmeldung abgeben. Dies kann elektronisch über das ATLAS-System oder die Internetzollanmeldung erfolgen. Alternativ können Sie die Einfuhr auch auf Papier (Formular: Einheitspapier) anmelden. Dieses darf jedoch in der Regel nicht von Hand ausgefüllt werden.
- **Zollwertanmeldung:** notwendig bei zollpflichtigen Drittlandswaren ab einem Warenwert von 20.000 Euro pro Sendung.
- **EORI-Nummer:** benötigen Sie ab dem ersten Importvorgang. Die Zollnummer/EORI-Nummer beantragen Sie bei der Zollverwaltung.

In Einzelfällen:

- **Ursprungszeugnisse** (nur in vorgeschriebenen Ausnahmefällen).
- **Einfuhrgenehmigungen, Überwachungsdokumente, Einfuhrkontrollmeldungen**.
- **Internationale Wareneingangsbescheinigungen/Endverbleibserklärungen:** Diese sind erforderlich bei Rüstungsgütern, Gütern für kerntechnische Zwecke und Waren mit strategischer Bedeutung (zum Beispiel besonders leistungsfähige Computer oder Präzisionswerkzeugmaschinen). Der Importeur wird in diesem Fall von seinem Lieferanten aufgefordert, diese Bescheinigung auszustellen.

Zur Zollersparnis:

- **Ursprungszeugnis nach Formblatt A / Ursprungserklärung eines Registrierten Exporteurs (REX)** (für die Inanspruchnahme von Zollpräferenzen bei Einfuhren aus begünstigten Entwicklungsländern)
- **Warenverkehrsbescheinigungen (EUR.1 / EUR-MED / Ursprungserklärung, A.TR)** zur Zollermäßigung bei Staaten, mit denen entsprechende Abkommen bestehen.

[...]

Quelle: IHK Hochrhein-Bodensee: Kurzinformation: Import aus Drittländern. In: www.konstanz-ihk.de. o. ED www.konstanz.ihk.de/international/import-und-export/import/einfuhr/import-aus-drittlaendern-kurzinformation-4573902 [20.04.2020].

Informationen zum Lösen der folgenden Handlungsaufgaben finden Sie im Lehrbuch „Groß im Handel, 1. Ausbildungsjahr" in Kapitel 8 des Lernfeldes 3 (Beschaffung aus der EU und aus Drittländern) und im obigen Informationsblatt der Handelskammer Hochrhein-Bodensee.

HANDLUNGSAUFGABEN

1. Welche Probleme muss Caroline König lösen, um die Aufträge von Herrn Harriefeld zu erfüllen?

LERNFELD 3

BESCHAFFUNGSPROZESSE PLANEN, STEUERN UND KONTROLLIEREN

2. Rechnen Sie den Stückpreis netto, FOB Hongkong der Textil International Ltd., und den Stückpreis netto, FCA Istanbul der Im- und Export Istanbul, in Euro um. Nutzen Sie dazu als Hilfsmittel die folgende Wechselkurstabelle.

Devisenkurse

Stand: 26.03.2020

Kurse in Euro (Abrechnungskurse)
Mengennotierung 1,00 € = X Währungseinheiten

Land	ISO-Code	Geldkurs	Briefkurs
USA	USD	1,0930	1,0990
Japan	JPY	120,0000	120,4800
Großbritannien	GBP	0,9135	0,9175
Schweiz	CHF	1,0615	1,0655
Kanada	CAD	1,5442	1,5562
Schweden	SEK	10,9645	11,0125
Norwegen	NOK	11,5598	11,6078
Dänemark	DKK	7,4467	7,4867
Australien	AUD	1,8163	1,8363
Hongkong	HKD	8,4269	8,5669
Neuseeland	NZD	1,8519	1,8759
Polen	PLN	4,5453	4,6153
Singapur	SGD	1,5658	1,5858
Südafrika	ZAR	19,0794	19,3194
Thailand	THB	35,4959	36,0959
Tschechien	CZK	27,2660	27,6660
Ungarn	HUF	353,52	358,52
Türkei	TRY	7,0577	7,0877

Irrtum vorbehalten

Obige Kurstabelle zeigt Kurse in Mengennotiz. Bitte beachten Sie, dass bei Währungsabrechnungen zur Mengennotiz Fremdwährungsverkäufe an Kunden zum Geldkurs und Fremdwährungsankäufe von Kunden zum Briefkurs erfolgen.

Quelle: Hamburger Sparkasse AG, Hamburg: Devisenkurse. 26.03.2020. In: www.haspa.de/content/dam/myif/haspa/work/dokumente/pdf/haspa/devisenkurse/2020/03-maerz/devisenkurse26032020.pdf?n=true [28.03.2020].

3. Erläutern Sie die Verteilung der Kosten und des Transportrisikos zwischen Verkäufer und Käufer bei der Lieferungsbedingung FOB Hongkong.

4. Erläutern Sie die Verteilung der Kosten und des Transportrisikos zwischen Verkäufer und Käufer bei der Lieferungsbedingung FCA Istanbul.

5. Ermitteln Sie den Bareinstandspreis geliefert unverzollt Hannover (DAP) für das Angebot 1 für 750 Stück. Berücksichtigen Sie dabei folgende Kosten:
Die Seefracht bis zum Bestimmungshafen Hamburg beträgt 1.000,00 US-$, die Seetransportversicherung 900,00 US-$, die Kosten der Entladung in Hamburg 100,00 €, die Frachtkosten von Hamburg betragen nach Hannover 210,00 €.

Bareinstandpreis frei an Bord (FOB)

LERNFELD 3

BESCHAFFUNGSPROZESSE PLANEN, STEUERN UND KONTROLLIEREN

6. **Ermitteln Sie den Bareinstandpreis geliefert unverzollt Hannover (DAP) für das Angebot 2 für 750 Stück.**
Berücksichtigen Sie dabei folgende Kosten:
Die Transportkosten bis nach Hannover betragen 1.000,00 €, die Transportversicherung 600,00 € und die Entladekosten 50,00 €.

Bareinstandpreis frei Frachtführer (FCA)

7. **Entscheiden Sie sich für das günstigste Angebot.**

8. Schreiben Sie einen Bestellbrief an den günstigsten Anbieter.

Fairtext GmbH – Walsroder Str. 6 a – 30625 Hannover

Ihr Zeichen:
Ihre Nachricht vom:
Unser Zeichen:
Unsere Nachricht vom:

Name:
Telefon:
Internet:
E-Mail:

Datum:

LERNFELD 3

BESCHAFFUNGSPROZESSE PLANEN, STEUERN UND KONTROLLIEREN

9. Da Deutsch in Hongkong keine Handelssprache ist, muss der Angebotsbrief in einer in Hongkong gültigen Handelssprache (Englisch oder Chinesisch [Kantonesisch]) verfasst werden.

Fertigen Sie eine englische Übersetzung der schriftlichen Bestellung an, die sie in Aufgabe 8 formuliert haben.

Typische Redewendungen für Bestellungen in englischer Sprache finden Sie im Internet, z. B. unter https://www.englisch-hilfen.de/words/commercial_bestellung.htm [aufgerufen am 08.03.2022].

Fairtext GmbH – Walsroder Str. 6 a – 30625 Hannover

Ihr Zeichen:
Ihre Nachricht vom:
Unser Zeichen:
Unsere Nachricht vom:

Name:
Telefon:
Internet:
E-Mail:

Datum:

Dear Sir or Madam

Offer

10. Welche Papiere muss Caroline König für die Einfuhrabfertigung der Hemden besorgen oder erstellen?

VERTIEFUNGS- UND ANWENDUNGSAUFGABEN

Zur weiteren Vertiefung und Sicherung der Lernergebnisse empfehlen wir das Bearbeiten der Aufgaben und Aktionen im Kapitel 8 (Beschaffung aus der EU und aus Drittländern) des Lernfeldes 3 in Ihrem Lehrbuch „Groß im Handel, 1. Ausbildungsjahr".

LERNFELD 3

BESCHAFFUNGSPROZESSE PLANEN, STEUERN UND KONTROLLIEREN

6 Wir nutzen Warenwirtschaftssysteme im Einkauf

HANDLUNGSSITUATION

Die Geschäftsführer der Fairtext GmbH, Pascal Hahnenkamp und Viktoria Schröter, haben eine Sitzung einberufen, da sie zum Ende des Jahres verschiedene Statistiken des Einkaufs benötigen, um damit die Einkaufsziele für das kommende Geschäftsjahr festzulegen. An dieser Sitzung nehmen neben dem Abteilungsleiter Einkauf, Herrn Harriefeld, sowie zwei weiteren Mitarbeitern auch die beiden Auszubildenden Anne Schulte und Mete Öczan teil.

Es soll um drei Themenbereiche gehen:

1. Warenwirtschaftssystem

Frau Schröter hat sich zu Beginn des letzten Jahres für ein neues EDV-gestütztes Warenwirtschaftssystem eingesetzt. Dies ist nun eingeführt worden. Frau Schröter interessiert zum einen, welche Stammdaten benötigt wurden, um das Arbeiten mit dem Warenwirtschaftssystem überhaupt zu ermöglichen, und zum anderen, was die wesentlichen Vorteile dieses Systems im Einkauf sind.

2. Preiskalkulation

Frau Schröter hat neueste Marktforschungsberichte vorliegen, aus denen hervorgeht, dass bei besseren Angebotspreisen der Absatz bestimmter Artikel erhöht werden kann. Die Abteilung Einkauf soll sich daher um neue Lieferanten bemühen, die bessere Einkaufpreise bei aussichtsreichen Artikeln bieten können.

3. Einkaufsauswertung

In Kürze stehen die Jahresgespräche mit einigen Lieferanten an. Herr Hahnenkamp und Herr Harriefeld werden dabei mit dem Lieferanten Bernhard Müller OHG Verhandlungen führen, um Preise, Lieferkonditionen und Ähnliches für das neue Jahr festzulegen. Dazu werden verschiedene Informationen benötigt.

Der Abteilungsleiter Herr Harriefeld tritt an die beiden Auszubildenden Anne Schulte und Mete Öczan heran, weil diese bei der Aufbereitung der geforderten Daten helfen sollen.

Informationen zum Lösen der folgenden Handlungsaufgaben finden Sie im Lehrbuch „Groß im Handel, 1. Ausbildungsjahr" in Kapitel 9 (ERP und Warenwirtschaftssysteme im Einkauf) des Lernfeldes 3.

WIR NUTZEN WARENWIRTSCHAFTSSYSTEME IM EINKAUF

HANDLUNGSAUFGABEN

1. Welche Fragen müssen Anne und Mete klären?

2. Wichtige Stammdaten im Einkauf sind die der Einkaufsartikel und die der Lieferanten. Anne und Mete bekommen von Herrn Harriefeld folgenden Auftrag:
Welche Informationen sind bei den Artikeln und bei den Lieferanten für die Stammdatenpflege wesentlich? Stellen Sie Ihre Ergebnisse stichwortartig in der nachfolgenden Tabelle dar.

Stammdaten	
Artikel	**Lieferant**

3. Das neue Warenwirtschaftssystem der Fairtext GmbH hat viele Vorteile gegenüber dem alten System, das zum Teil noch manuelle Erfassungen vorsah.
Nennen Sie für die nachfolgenden Bereiche des Einkaufs die wesentlichen Vorteile und Möglichkeiten des eingeführten EDV-gestützten Warenwirtschaftssystems.

Bereich	Vorteile/Möglichkeiten
Lieferantenauskunftssystem	
System für Angebotsaufforderungen	

LERNFELD 3

BESCHAFFUNGSPROZESSE PLANEN, STEUERN UND KONTROLLIEREN

Bereich	Vorteile/Möglichkeiten
Unterstützung des Bestellwesens	
Rückstandsüberwachung und Mahnwesen	
Wareneingang	
Rechnungsprüfung	

4. Marktanalysen der Fairtext GmbH haben ergeben, dass bei einem um 10 % günstigeren Bezugspreis und einer entsprechenden neuen Kalkulation der Verkaufspreise deutlich mehr Multifunktionsjacken abgesetzt werden können. Daher soll der Bezugspreis hier gesenkt werden. Die bisherigen Lieferanten Bernhard Müller OHG sowie die Firma Friedrich-Wilhelm Heine e. K. sind leider nicht bereit, den Angebotspreis zu senken. Es liegen noch zwei weitere Angebote von der Pautsch KG und Meyermann GmbH vor.

	Pautsch KG	Meyermann GmbH
Listenpreis	21,00 €	17,80 €
mengenabhängiger Rabatt	25 %	5 %
Skonto	3 % innerhalb von 10 Tagen	netto Kasse

a) Die Bezugspreise für die Bernhard Müller OHG und die Fa. Friedrich-Wilhelm Heine hat Anne bereits aus dem WWS entnommen. **Kalkulieren Sie die Bezugspreise der anderen Lieferanten und ermitteln Sie den günstigsten Lieferanten.**

Lieferant	%	Bernhard Müller OHG	%	Friedrich-Wilhelm Heine e.K.	%	Pautsch KG	%	Meyermann GmbH
Listeneinkaufspreis		22,00 €		20,00 €				
−Lieferantenrabatt	10	2,20 €	15	3,00 €				
Zieleinkaufspreis		19,80 €		17,00 €				
−Lieferantenskonto	2	0,40 €	2	0,34 €				
Bareinkaufspreis		19,40 €		16,66 €				
+ Bezugskosten		− €		− €				
= Bezugspreis		19,40 €		16,66 €				
Bezugspreis/Einheit		19,40 €		16,66 €				
Lieferzeit in Tagen		7,00 €		10,00 €				

Der günstigste Lieferant ist _____

WIR NUTZEN WARENWIRTSCHAFTSSYSTEME IM EINKAUF

b) Wie hoch ist die tatsächliche Preissenkung? Ist das Ziel einer 10-prozentigen Senkung des Bezugspreises erreicht?

5. Herr Hahnenkamp und Herr Harriefeld wollen ein Jahresgespräch mit dem Lieferanten Bernhard Müller OHG (Lieferantennr. 20101) führen. Daher haben Anne und Mete von allen Artikeln, die die Bernhard Müller OHG liefert, nachfolgende Informationen aus dem Warenwirtschaftssystem zusammengestellt:

	Benötigte Menge	Eingekaufte Menge Müller[1]	Bezugspreis Müller[1]	Einkauf bei Fa. Müller	
				€	%
Jeansweste mit Pailletten	950	950	15,83 €		
Multifunktionsjacke	1500	500	16,66 €		
Baumwoll-Sakko gefüttert	630	0	52,82 €		
Boxershorts, Gr. L 100 % Baumw.	1950	1950	10,21 €		
Holzfällerhemden, Farbe sortiert	5000	1400	16,98 €		
Jogginganzug	2000	1820	21,21 €		
			Gesamt %		

[1] Werte des vergangenen Jahres

a) Bestimmen Sie die mit der Firma Bernhard Müller OHG im vergangenen Jahr getätigten Umsätze, indem Sie diese in die entsprechende Spalte eintragen.

b) Nennen Sie stichpunktartig vier Auffälligkeiten in der oben stehenden Statistik, die Herr Hahnenkamp und Herr Harriefeld beim anstehenden Jahresgespräch berücksichtigen sollten.

c) Welche Schlussfolgerungen/Empfehlungen würden Sie Herrn Hahnenkamp und Herrn Harriefeld bezüglich Ihrer vier in b) genannten Auffälligkeiten mit auf den Weg geben?

LERNFELD 3

BESCHAFFUNGSPROZESSE PLANEN, STEUERN UND KONTROLLIEREN

VERTIEFUNGS- UND ANWENDUNGSAUFGABEN

1. Die Fairtext GmbH möchte ein neues EDV-gestütztes Warenwirtschaftssystem einführen.
Welche Vorteile ergeben sich für das Unternehmen durch dieses WWS?

	Die Lieferzeiten werden verkürzt und Kapital wird gebunden.
	Wartezeiten der Kunden vor den Kassen werden verkürzt.
	Es gibt tägliche Informationen zu Inventurdifferenzen.
	Es gibt einen schnellen Zugriff auf wichtige Daten sowie artikelgenaue und aktuelle Informationen.
	Der Mindestbestand wird aktuellen Umsatzzahlen automatisch angepasst.

2. Anne und Mete von der Fairtext GmbH arbeiten mit einem Warenwirtschaftssystem.
Welche Information können sie durch dieses System nicht ermitteln?

	Kundenzufriedenheit
	Soll-Bestand eines Pullovers mit einer speziellen Farbe
	schwer verkäufliche Artikel
	Meldebestand mit Hinweis, dass nachbestellt werden muss
	Umsatzstatistik für einen bestimmten Tag.

3. Herr Ritter von der Küsa GmbH hat bei der Stichtagsinventur einen Ist-Bestand beim Artikel Reibe in Höhe von 20 Stück festgestellt. Das Warenwirtschaftssystem weist einen Soll-Bestand von 25 Stück aus.
Aus welchem Grund könnte der tatsächliche Bestand niedriger sein als der durch das Warenwirtschaftssystem ausgewiesene Soll-Bestand?

	Beim Kassieren wurden versehentlich Reiben doppelt als Abgang erfasst.
	Es hat eine Änderung des Meldebestands während des Jahres gegeben.
	Es wurde versehentlich ein Wareneingang von Reiben als Schälmesser erfasst.
	Eine Retour von fehlerhaften Reiben zum Lieferanten wurde nicht erfasst.
	Die Umschlagshäufigkeit des Artikels Reibe hat sich um 5 erhöht.

Zur weiteren Vertiefung der Lerninhalte und Sicherung der Lernergebnisse empfehlen wir das Bearbeiten der Aufgaben und Aktionen in Kapitel 9 (ERP und Warenwirtschaftssysteme im Einkauf) des Lernfeldes 3 Ihres Lehrbuches „Groß im Handel, 1. Ausbildungsjahr".

7 Wir berücksichtigen Gesichtspunkte der Nachhaltigkeit

HANDLUNGSSITUATION

Anne Schulte, Auszubildende in der Fairtext GmbH, interessiert sich sehr für Umweltfragen. Einen Artikel in einer Fachzeitschrift für Großhändler über die Umweltbelastung bei Herstellung und Vertrieb von Textilien liest sie daher äußerst interessiert:

Die Umweltproblematik von Textilien

von Silke Hartschwager

Die Deutschen sind Weltmeister im Verbrauch von Textilien. Im Schnitt kauft jeder Deutsche etwa 26 kg. Über ein Drittel aller Bekleidungsstoffe sind aus Baumwolle.

In den letzten Jahren sind immer mehr Untersuchungen veröffentlicht worden, die aufzeigen, dass Textilien zum Teil gesundheits- und umweltschädliche Stoffe enthalten. Um die Umweltproblematik von Textilien vollständig zu erfassen, muss zunächst die gesamte textile Kette betrachtet werden. So geht beispielsweise der **Anbau** des bedeutendsten Textilrohstoffs Baumwolle mit einem gewaltigen Wasserverbrauch einher. Im Sudan werden für 1 kg Rohbaumwolle ca. 30 m³ Nilwasser verbraucht. Der Aralsee in Kasachstan ist vom Austrocknen bedroht, weil seine Zuflüsse zur Bewässerung von Baumwollplantagen umgeleitet werden. Der massive Einsatz von Kunstdünger und Pestiziden sowie der Chemikalieneinsatz zur Entlaubung der Baumwollpflanzen vor der Ernte belasten die Gewässer und die Gesundheit der im Baumwollanbau beschäftigten Arbeitnehmer. So werden 20 % der weltweit eingesetzten Pestizide (Pflanzenschutzmittel) über die Baumwollfelder versprüht, obwohl Baumwolle nur auf 2,4 % der weltweit zur Verfügung stehenden Anbaufläche angebaut wird …

Bei der **Gewebeherstellung** und der **Textilveredelung** (Bleichen, Ausrüsten, Färben) werden allein in Deutschland rund 8000 chemische Textilhilfsmittel (jährlich 400 000 t) eingesetzt. Besonders problematisch sind dabei die Verwendung formaldehydhaltiger Kunstharze im Rahmen der Hochveredelung sowie das Färben mit synthetischen, sog. Azo-Farbstoffen. Rückstände verbleiben in den Textilien und können allergieauslösende und krebserregende Wirkungen für den Träger haben. Im Rahmen des weltweiten textilen Produktionsprozesses entstehen weiterhin Umweltbelastungen durch **Verpackung** und **Transport**. In der **Gebrauchsphase** entstehen Abwasserbelastungen durch Auswaschen von Textilchemikalien und Waschmittel. Das **Entsorgungsproblem** wird anhand jährlich rund 960 000 t ausgemusterter Kleidungstücke deutlich …

Ein ganz anderes Problem bei der Herstellung von Baumwolle ist, dass dies sehr arbeitsintensiv ist. In Drittweltländern sind die Arbeitslöhne extrem niedrig. Noch billiger als Erwachsene sind allerdings Kinder. Diese müssen bis zu 12 Stunden am Tag – zum Teil für 50 Cent Tageslohn – arbeiten.

Anne Schulte spricht am nächsten Tag Herrn Harriefeld darauf an.

…

Anne Schulte: „Spielt denn diese Problematik überhaupt bei uns im Verkauf eine Rolle?"

Herr Harriefeld: „Gerade auch hier. Die Nachhaltigkeit steht gerade bei uns im Verkauf immer mehr im Vordergrund. So nehmen wir z. B. immer mehr nachhaltig produzierte Artikel in unserer Sortiment auf. Vielen unserer Kunden ist das wichtig! Aber natürlich auch in anderen Bereichen des Unternehmens ist die Nachhaltigkeit wichtig."

Anne Schulte: „Nachhaltigkeit ??? …"

Herr Harriefeld: „Ja, schauen Sie mal hier auf die Verpackungen. Da können Sie sehen, ob ein Artikel nachhaltig ist."

Anne Schulte: „Also, das müssen Sie mir mal genauer erklären …"

Informationen zum Lösen der folgenden Handlungsaufgaben finden Sie im Lehrbuch „Groß im Handel, 1. Ausbildungsjahr", im Lernfeld 3, Kapitel 10 (Nachhaltigkeit)..

LERNFELD 3

BESCHAFFUNGSPROZESSE PLANEN, STEUERN UND KONTROLLIEREN

HANDLUNGSAUFGABEN

1. Erläutern Sie, warum Nachhaltigkeit für die Fairtext GmbH eine große Rolle spielt.

2. Erläutern Sie den Begriff der Nachhaltigkeit.

3. Unterscheiden Sie die drei Arten der Nachhaltigkeit.

ökonomische Nachhaltigkeit	soziale Nachhaltigkeit	ökologische Nachhaltigkeit

4. Erläutern Sie die textile Kette.

5. Führen Sie für die einzelnen Phasen der Produktionskette eines Artikels Ihrer Branche Umweltbelastungen auf.

WIR BERÜCKSICHTIGEN GESICHTSPUNKTE DER NACHHALTIGKEIT

6. Führen Sie Beispiele für nachhaltige Verkaufsargumente auf, die den warenethischen Mehrwert von Artikeln betonen.

7. Erläutern Sie den Begriff „Ökolabel".

8. Führen Sie Beispiele auf für Ökolabel, die bei Artikeln Ihrer Branche verwendet werden bzw. in Ihrem Ausbildungsbetrieb eine Rolle spielen.

LERNFELD 3 — BESCHAFFUNGSPROZESSE PLANEN, STEUERN UND KONTROLLIEREN

9. Ergänzen Sie die folgende Tabelle zum Recycling.

Recycling					
Begriff					
Arten					
Erläuterung der verschiedenen Arten	wiederholte Verwendung eines Produkts für den für die Erstverwendung vorgesehenen Verwendungszweck	Nutzung eines Produkts für eine vom Erstzweck verschiedene Verwendung, für die es nicht hergestellt ist	Wiedereinsatz von Stoffen und Produkten in bereits früher durchlaufene Produktionsprozesse unter teilweiser oder völliger Formauflösung und -veränderung	Einsatz von Stoffen und Produkten in noch nicht durchlaufene Produktionsprozesse unter Umwandlung zu neuen Werkstoffen oder Produkten (Verlust der Materialidentität oder/und Gestaltänderung gegenüber den eingesetzten Produkten)
allgemeine Beispiele					
Beispiele aus dem Ausbildungsunternehmen					

WIR BERÜCKSICHTIGEN GESICHTSPUNKTE DER NACHHALTIGKEIT

VERTIEFUNGS- UND ANWENDUNGSAUFGABEN

Anne Schulte liest in einer Fachzeitschrift ein Interview mit einem Manager einer sehr großen Möbelkette zur Bedeutung der Nachhaltigkeit im Unternehmen.

Überlegen Sie, welche Fragen jeweils gestellt worden sein könnten.

Für uns ist die Nachhaltigkeit der Motor, der unsere Artikel während des gesamten Geschäftsprozesses begleitet. Angetrieben wird alles von der Gestaltung der Produkte bis hin zur Produktion. Alles wird von der Nachhaltigkeit beeinflusst. Und natürlich spielt sie auch eine große Rolle beim Versand und Transport der Waren zum Kunden.
In unserem weltweit vertretenen Unternehmen haben wir etwa 200 000 Beschäftigte. Alle versuchen dabei den Nachhaltigkeitsgedanken zu leben und die Bedeutung der Nachhaltigkeit auch zu verbreiten. Aus unserer Unternehmensphilosophie ist die Nachhaltigkeit überhaupt nicht mehr wegzudenken. Sie ist alltäglicher Bestandteil unserer Arbeit. Wir sind aber nicht dort angekommen, wo wir hinmöchten. Vor diesem Hintergrund ist es mein Job, die Nachhaltigkeit voranzubringen. Deshalb haben wir nun in allen Unternehmensbereichen Sustainability Manager installiert, die die Nachhaltigkeit fördern sollen.
Sie können unsere Nachhaltigkeitsziele im Internet nachlesen. Unser Konzept für Nachhaltigkeit hat drei Bausteine: Wir möchten es unseren Kunden zunächst ermöglichen, zu Hause nachhaltiger zu leben. Das bedeutet, dass sie Produkte zu günstigen Preisen kaufen sollten, mit denen sie in ihrem Privatleben Abfall reduzieren können. Weniger Wasser und Energie soll damit verbraucht werden. Wir haben uns schon seit einigen Jahren auf den Weg gemacht, dieses Ziel zu fördern. Wir wollen aber beim jetzigen Stand nicht stehenbleiben, sondern die Erreichung solcher Ziele erheblich weiter ausbauen. Unsere Absicht ist es, unseren Kunden bis 2025 erheblich mehr Artikel für ein Leben im Sinne der Nachhaltigkeit anzubieten. In unserem Unternehmen planen wir bis 2025 Klimaneutralität zu erreichen. Dazu wollen wir auf erneuerbare Energien im Produktionsprozess setzen. Zudem wollen wir Ressourcen schonen und ein Ziel ist es, auch regenerative Energie zu nutzen bzw. zu gewinnen. Im Rahmen der Lieferketten, deren Bestandteil wir zum Teil eben sind, möchten wir ebenfalls mehr Nachhaltigkeit erreichen. Wir prüfen daher die Arbeits- und Umweltbedingungen bei unseren Lieferanten. Wir bieten diesen auch an, die Nachhaltigkeitsziele in Kooperation mit uns zu erreichen.
Ganz klar und eindeutig möchte ich sagen, was wir wollen: Weniger Verbrauch an Energie. Und die, die wir benötigen, die soll aus regenerativen Quellen kommen. Wir stabilisieren damit unsere Kosten: Das schützt uns auch vor Ausschlägen bei der Preisentwicklung für Energie. Von unserem Gesamtverbrauch an Energie im gesamten Unternehmen haben wir im letzten Jahr erneuerbare Energie gewonnen, die 38 % des gesamten Verbrauchs darstellt. 2021 waren 82 000 Solaranlagen weltweit und 85 Windkraftanlagen in Betrieb.
Wir waren sehr glücklich darüber, dass eine Fachzeitschrift kürzlich berichtet hat, dass wir in unserer Branche der nachhaltigste Produzent weltweit sind. Über diese Außenwirkung haben wir uns wirklich sehr gefreut. Was mir aber viel wichtiger ist, sind die Fortschritte in unserem Unternehmen. Dort müssen wir die Nachhaltigkeit voranbringen. Unsere Absicht ist es, keine besonderen Artikel zu produzieren, die besondere Nachhaltigkeit oder Ökoartikel sind. Wir möchten unser gesamtes Warenangebot auf Nachhaltigkeit ausrichten. 92 % unseres Umsatzes soll – so unsere Planung – durch Absätze mit nachhaltigen Produkten erzielt werden. Wir sind gerade dabei, mit einer Nachhaltigkeit-Scorecard zu arbeiten: 80 % unseres Produktangebots haben wir untersucht und schon mehr als 35 % unserer Produkte sind nachhaltig. Über 90 % aller in der Produktion verwendeten Materialien sind erneuerbar, recyclingfähig oder recycelt.

Sollte sich unser Unternehmen nicht um die Nachhaltigkeit sorgen, bedeutet dies, dass wir irgendwann in den nächsten Jahren in unserem Marktbereich eliminiert werden. Wir müssen die Effizienz der Energie und der Ressourcen in den Mittelpunkt unserer Bemühungen stellen: die Kunden fordern diese. Auch die steigenden Preise für Energie und Rohstoffe machen dies notwendig. Wir sind von dem Hintergrund des Klimawandels dazu gezwungen, auch Emissionen zu vermindern. Und es wird weiter davon ausgegangen, dass wir auf dem Preisniveau bleiben, auf dem wir schon sind. Das sind aus ökonomischer Sicht schon die Rahmenbedingungen, die uns zwingen, nachhaltig zu arbeiten. Die Nachhaltigkeit passt aber nicht nur aus ökonomischen Gründen zu unserem Unternehmen. In unserem Unternehmensprogramm tauchen immer wieder zwei Begriffe auf, die für alle Mitarbeiter wichtig sind: Bescheidenheit und Einfachheit. Die stehen nicht im Widerspruch zur Nachhaltigkeit und zum ökonomischen Denken. Einsparungen sind letztendlich sogar eine Konsequenz davon.
Wir haben uns jetzt schon länger mit Nachhaltigkeit auseinandergesetzt. Deutlich ist uns geworden, dass sich unsere Arbeit ändern muss. Wir können nicht mehr mit den Methoden des letzten Jahrhunderts die Probleme dieses Jahrhunderts lösen. Wir haben unsere Strategie geschärft und einen sehr ehrgeizigen Maßnahmenkatalog entwickelt, der allen klarmachen sollte, wohin sich unser Unternehmen entwickeln wird.
Seit einigen Jahren bekommen unsere Lieferanten einmal pro Jahr einen Besuch von uns. Wir schauen uns in Gesprächen und Besichtigungen an, ob Nachhaltigkeitsstandards eingehalten und erfüllt werden. Wir führen auch Audits durch. Eines unserer früher gesetzten Ziele war, dass ab 2020 alle Lieferanten von uns die von uns favorisierten Nachhaltigkeitsstandards erreichen. Wir freuen uns darüber, dass die meisten dies geschafft haben. Einige unserer Kunden schaffen dies nicht bzw. verweigerten diese sogar. Als Konsequenz berücksichtigen wir Sie in Zukunft nicht mehr bei Bestellungen.
Oft ist es unser eigener Ehrgeiz. Sehen Sie, Holz und Baumwolle sind unsere wichtigsten Rohstoffe, die in die Produktion unserer Produkte einfließen. Gerade bei Baumwolle gibt es zwar die Möglichkeit, diese von Lieferanten zu beziehen, die bewusst einen nachhaltigen Anbau anstreben. Unser Problem ist: Es gibt leider noch nicht genug Lieferanten, die Baumwolle verantwortungsvoll produzieren. Wir haben deshalb mit der Better Cotton Initiative vereinbart, in den nächsten Jahren nach und nach kontinuierlich mehr zu bestellen und hoffen, bis 2025 dann tatsächlich 100 % zu erreichen.
Man sollte einfach mal nur kurz nachdenken und sich dann zu fragen: Benötige ich den Artikel wirklich? Muss ich das wirklich kaufen? Muss ich für die kurze Strecke das Auto nehmen, oder geht das auch mit dem Rad? Dies sind viele Kleinigkeiten, aber in der Gesamtheit kann damit viel erreicht werden. Ich muss aber zugeben, auch bei mir überwiegt oft die Bequemlichkeit, und dann nehme ich doch das Auto. Dennoch hoffe ich, dass in der Gesamtbilanz bei mir die Nachhaltigkeit überwiegt. Nachhaltigkeit sollte eben nicht nur mit Verzicht gleichgesetzt werden.

Zur weiteren Vertiefung der Lerninhalte und Sicherung der Lernergebnisse empfehlen wir das Bearbeiten der Aufgaben und Aktionen des Kapitels 10 (Nachhaltigkeit) im Lernfeld 3 Ihres Lehrbuches „Groß im Handel, 1. Ausbildungsjahr".

1 Wir lernen die Aufgaben und Vorschriften der Buchführung kennen

HANDLUNGSSITUATION

Martina Jonas, Leiterin des Funktionsbereichs Rechnungswesen der Fairtext GmbH, kommt aufgeregt ins Büro von Frau Staudt, in dem auch die Auszubildende Anne Schulte sitzt:

Martina Jonas: „Guten Morgen, Frau Staudt, guten Morgen, Anne."

Frau Staudt und Anne Schulte: „Guten Morgen, Frau Jonas."

Martina Jonas: „So geht das nicht mehr weiter, wir brauchen jetzt dringend ein neues Computersystem. Ich kann nicht den halben Tag lang auf eine kleine Statistik warten. Rufen Sie doch sofort bei ‚PC-Pross' an, er soll uns diese Woche noch ein Angebot machen."

Frau Staudt: „Was soll das EDV-System denn können?"

Martina Jonas: „Wir brauchen einen Server, mit dem wir das betriebliche Rechnungswesen organisieren und unsere Buchführung erledigen können. Dass er netzwerkfähig ist und Möglichkeiten für mehrere Arbeitsplätze bietet, versteht sich."

Frau Staudt: „Was darf denn das kosten?"

Martina Jonas: „Ich rechne durchaus mit einer Summe von 50.000,00 €."

Anne Schulte: „Oh, das ist ja sehr viel Geld. Lohnt sich denn diese Ausgabe, wo ein PC doch gar keinen Umsatz für unser Unternehmen erzeugt?"

Martina Jonas: „Das ist eine berechtigte Frage. Am besten Sie beschäftigen sich erst einmal mit den Grundlagen des betrieblichen Rechnungswesens und der Buchführung. Dann können Sie sich diese Frage zu der Investition sicherlich selbst beantworten."

Informationen zum Lösen der folgenden Handlungsaufgaben finden Sie im Lehrbuch „Groß im Handel, 1. Ausbildungsjahr" in den Kapiteln 1 (Belege und Wertströme) und 2 (Anforderungen an eine ordnungsgemäße Buchführung) des Lernfeldes 4.

HANDLUNGSAUFGABEN

1. Welche Probleme muss Anne klären?

LERNFELD 4

WERTESTRÖME ERFASSEN UND DOKUMENTIEREN

2. Frau Jonas hat davon gesprochen, dass das betriebliche Rechnungswesen mit dem neuen EDV-System organisiert werden soll.

a) Was wird unter dem betrieblichen Rechnungswesen verstanden?

___

b) Wesentliche Aufgaben bzw. Funktionen des betrieblichen Rechnungswesens bei der Fairtext GmbH sind die
- Dokumentations- und Informationsfunktion,
- die Dispositionsfunktion
- sowie die Kontrollfunktion.

Erläutern Sie diese drei Aufgaben bzw. Funktionen.

___

c) Nennen Sie die vier Bereiche des betrieblichen Rechnungswesens.

___

3. Neben dem betrieblichen Rechnungswesen hat Frau Jonas auch die Buchführung erwähnt.

a) Was sind die Unterschiede zwischen dem betrieblichen Rechnungswesen und der Buchführung?

___

b) Auch bei der Fairtext GmbH gibt es in der Regel täglich mehrere Geschäftsfälle. **Was verstehen Sie unter einem Geschäftsfall? Nennen Sie drei Beispiele.**

c) **Warum ist die kaufmännische Buchführung so bedeutsam?**

d) **Welche Anspruchsgruppen der Fairtext GmbH haben ein Interesse an den Daten aus der Buchführung des Unternehmens?**

e) **Warum kann die Fairtext GmbH nicht auf eine ordnungsgemäße Buchführung verzichten?**

4. Frau Staudt gibt Anne Schulte verschiedene Auszüge aus Gesetzestexten des HGB sowie der Abgabenordnung (AO).

Frau Staudt: „Aus diesen Auszügen lässt sich herauslesen, welche gesetzlichen Bestimmungen es zum betrieblichen Rechnungswesen und zur Buchführung gibt."

Abgabenordnung (AO) – Auszüge

§ 141 Buchführungspflicht bestimmter Steuerpflichtiger

(1) Gewerbliche Unternehmer sowie Land- und Forstwirte, die nach den Feststellungen der Finanzbehörde für den einzelnen Betrieb

1. Umsätze einschließlich der steuerfreien Umsätze, ausgenommen die Umsätze nach § 4 Nr. 8 bis 10 des Umsatzsteuergesetzes, von mehr als 600.000,00 € im Kalenderjahr oder
2. (weggefallen)
3. selbstbewirtschaftete land- und forstwirtschaftliche Flächen mit einem Wirtschaftswert (§ 46 des Bewertungsgesetzes) von mehr als 25.000,00 € oder
4. einen Gewinn aus Gewerbebetrieb von mehr als 60.000,00 € im Wirtschaftsjahr oder
5. einen Gewinn aus Land- und Forstwirtschaft von mehr als 60.000,00 € im Kalenderjahr gehabt haben, (…)

§ 145 Allgemeine Anforderungen an Buchführung und Aufzeichnungen

(1) Die Buchführung muss so beschaffen sein, dass sie einem sachverständigen Dritten innerhalb angemessener Zeit einen Überblick über die Geschäftsvorfälle und über die Lage des Unternehmens vermitteln kann. Die Geschäftsvorfälle müssen sich in ihrer Entstehung und Abwicklung verfolgen lassen. …

§ 146 Ordnungsvorschriften für die Buchführung und für Aufzeichnungen (1) Die Buchungen und die sonstigen Aufzeichnungen sind vollständig, richtig, zeitgerecht und geordnet vorzunehmen. Kasseneinnahmen und Kassenausgaben sollen täglich festgehalten werden. …

(3) Die Buchungen und die sonst erforderlichen Aufzeichnungen sind in einer lebenden Sprache vorzunehmen. Wird eine andere als die deutsche Sprache verwendet, so kann die Finanzbehörde Übersetzungen verlangen. Werden Abkürzungen, Ziffern, Buchstaben oder Symbole verwendet, muss im Einzelfall deren Bedeutung eindeutig festliegen. …

(5) Bücher oder die sonst erforderlichen Aufzeichnungen können auch in der geordneten Ablage von Belegen bestehen oder auf Datenträgern geführt werden, soweit diese Formen der Buchführung einschließlich des dabei angewandten Verfahrens den Grundsätzen ordnungsmäßiger Buchführung entsprechen; …

§ 147 Ordnungsvorschriften für die Aufbewahrung von Unterlagen (1) Die folgenden Unterlagen sind geordnet aufzubewahren:

1. Bücher und Aufzeichnungen, Inventare, Jahresabschlüsse, Lageberichte, die Eröffnungsbilanz sowie die zu ihrem Verständnis erforderlichen Arbeitsanweisungen und sonstigen Organisationsunterlagen,
2. die empfangenen Handels- oder Geschäftsbriefe,
3. Wiedergaben der abgesandten Handels- oder Geschäftsbriefe,
4. Buchungsbelege,
5. sonstige Unterlagen, soweit sie für die Besteuerung von Bedeutung sind.

(2) Mit Ausnahme der Jahresabschlüsse und der Eröffnungsbilanz können die in Absatz 1 aufgeführten Unterlagen auch als Wiedergabe auf einem Bildträger oder auf anderen Datenträgern aufbewahrt werden, wenn dies den Grundsätzen ordnungsmäßiger Buchführung entspricht (…)

(3) Die in Absatz 1 Nr. 1, 4 und 4a aufgeführten Unterlagen sind acht Jahre und die sonstigen in Absatz 1 aufgeführten Unterlagen sechs Jahre aufzubewahren, sofern nicht in anderen Steuergesetzen kürzere Aufbewahrungsfristen zugelassen sind. …

Handelsgesetzbuch (HGB) – Auszüge

§ 238 Buchführungspflicht

(1) Jeder Kaufmann ist verpflichtet, Bücher zu führen und in diesen seine Handelsgeschäfte und die Lage seines Vermögens nach den Grundsätzen ordnungsmäßiger Buchführung ersichtlich zu machen. Die Buchführung muss so beschaffen sein, dass sie einem sachverständigen Dritten innerhalb angemessener Zeit einen Überblick über die Geschäftsvorfälle und über die Lage des Unternehmens vermitteln kann. Die Geschäftsvorfälle müssen sich in ihrer Entstehung und Abwicklung verfolgen lassen.

(2) Der Kaufmann ist verpflichtet, eine mit der Urschrift übereinstimmende Wiedergabe der abgesandten Handelsbriefe (Kopie, Abdruck, Abschrift oder sonstige Wiedergabe des Wortlauts auf einem Schrift-, Bild- oder anderen Datenträger) zurückzubehalten.

§ 239 Führung der Handelsbücher

(…) (3) Eine Eintragung oder eine Aufzeichnung darf nicht in einer Weise verändert werden, dass der ursprüngliche Inhalt nicht mehr feststellbar ist. Auch solche Veränderungen dürfen nicht vorgenommen werden, deren Beschaffenheit es ungewiss lässt, ob sie ursprünglich oder erst später gemacht worden sind.

§ 257 Aufbewahrung von Unterlagen, Aufbewahrungsfristen

(1) Jeder Kaufmann ist verpflichtet, die folgenden Unterlagen geordnet aufzubewahren:
1. Handelsbücher, Inventare, Eröffnungsbilanzen, Jahresabschlüsse, Einzelabschlüsse nach § 325 Abs. 2a, Lageberichte, Konzernabschlüsse, Konzernlageberichte sowie die zu ihrem Verständnis erforderlichen Arbeitsanweisungen und sonstigen Organisationsunterlagen, (…)

WIR LERNEN DIE AUFGABEN UND VORSCHRIFTEN DER BUCHFÜHRUNG KENNEN

a) Ist die Fairtext GmbH laut Handelsgesetzbuch (HGB) zur Buchführung verpflichtet?

b) Sind die Bedingungen gemäß Abgabenordnung (AO) § 141 seitens der Fairtext GmbH erfüllt, damit Buchführungspflicht besteht?

c) Wann gilt die Buchführung der Fairtext GmbH als ordnungsgemäß im Sinne der § 238 HGB und § 145 AO?

d) Ist es der Fairtext GmbH ohne Weiteres möglich, Eintragungen in den Büchern zu verändern oder zu löschen? Begründen Sie Ihre Entscheidung.

e) Was muss die Fairtext GmbH gemäß § 146 AO bei Kasseneinnahmen und Kassenausgaben beachten?

f) Was gilt gemäß § 257 HGB für die Belege, nach denen die Buchungen vorgenommen werden?

g) Welche Unterlagen sind von der Fairtext GmbH gemäß § 147 AO wie lange aufzubewahren?

LERNFELD 4

WERTESTRÖME ERFASSEN UND DOKUMENTIEREN

h) **Unter welchen Umständen kann die Fairtext GmbH Unterlagen auf Datenträgern aufbewahren?**

5. Heute Morgen kommt Martina Jonas, Leiterin des Funktionsbereichs Rechnungswesen der Fairtext GmbH, ins Büro, um sich bei Anne Schulte danach zu erkundigen, ob sich die Investition des neuen Computersystems lohnt.

   a) **Finden Sie Argumente, die gegen die Investition des neuen Computersystems sprechen. Stellen Sie dabei auch mögliche Alternativen dar.**

   b) **Finden Sie Argumente, die für die Investition des neuen Computersystems sprechen. Begründen Sie dabei Ihre Argumente ausführlich.**

WIR LERNEN DIE AUFGABEN UND VORSCHRIFTEN DER BUCHFÜHRUNG KENNEN

VERTIEFUNGS- UND ANWENDUNGSAUFGABEN

1. Ordnen Sie die folgenden Begriffe den vier Teilgebieten des betrieblichen Rechnungswesens (Geschäftsbuchführung, Kosten- und Leistungsrechnung, Statistik, Planungsrechnung) zu.

	Teilgebiet des betrieblichen Rechnungswesens
Dokumentationsaufgabe	
Betriebs- und Branchenvergleich	
Soll-Ist-Vergleiche (Abweichungsanalyse)	
Preiskalkulationen	

2. Kreuzen Sie an: Bis zu welchem Zeitpunkt müssen Sie die Bilanz und das Inventar aus dem Jahr 2020 gemäß den Bestimmungen des HGB mindestens aufbewahren?

bis 31. Dezember 2050	
bis 31. Dezember 2032	
bis 31. Dezember 2026	
bis 31. Dezember 2023	
bis 31. Dezember 2022	

3. Die Fairtext GmbH will sich ein neues EDV-System kaufen. **Prüfen Sie, in welchen Fällen gegen die Grundsätze ordnungsgemäßer Buchführung verstoßen würde.**

a) Sie haben die Rechnung versehentlich falsch gebucht. Sie geben die Stornobuchung ins System ein und buchen dann den Vorgang neu. ☐

b) Sie zahlen das neue EDV-System aus der Kasse bar. Die Belege werden direkt in die Kasse gelegt. ☐

c) Sie zahlen die Rechnung für die Installation ebenfalls bar aus der Kasse. Der Beleg soll erst in der kommenden Woche in die Kasse gelegt werden, weil dann ein neuer Monat beginnt. ☐

d) Sie rechnen damit, dass Sie dieses System fünf Jahre nutzen können. Entsprechend legen Sie nur ein Fünftel des Betrags in die Kasse. ☐

e) Sie scannen die Rechnung ein, speichern diese als Datei und vernichten dann die Original-Rechnung. ☐

4. Welche der folgenden Aussagen entsprechen dem Grundsatz ordnungsgemäßer Buchführung?

a) Wir kalkulieren unsere Einkaufspreise monatlich. ☐

b) keine Buchung ohne Beleg ☐

c) Buchungsbelege werden nummeriert und geordnet aufbewahrt. ☐

d) Dem Kunden werden Zahlungsziele eingeräumt. ☐

e) tägliche Aufzeichnung der Kasseneinnahmen und -ausgaben ☐

LERNFELD 4

WERTESTRÖME ERFASSEN UND DOKUMENTIEREN

5. Lösen Sie mithilfe des Kapitels 1 des Lernfeldes 4 Ihres Lehrbuches das folgende Silbenrätsel.

AB – AMT – AUS – BE – BE – BEN – BI – BUCH – DELS – ER – EX – FALL – FI – FOLG – GA – GE – GE – HAN – IN – KUNFTS – LAN – LE – LEG – MENS – MIT – NANZ – NUNG – NEH – ORD – QUEL – REN – SCHÄFTS – SETZ – TEL – TER – TERN – TU – UN – VEN – WEIS – ZEN

1 Vorgang, der das Vermögen und/oder die Schulden eines Großhandelsunternehmens verändert:
_____

2 Keine Buchung ohne: _____

3 Hier sind Vorschriften zur Buchführung geregelt: _____

4 Diese enthält die steuerrechtlichen Regeln für die Buchführung:
_____

5 Müssen zehn Jahre lang aufbewahrt werden (Mehrzahl): _____

6 Müssen sechs Jahre lang aufbewahrt werden (Mehrzahl): _____

7 Ziel der Buchführung: _____

8 Soll mit der Buchführung ermittelt werden: _____

9 Diese staatliche Institution interessiert sich für die Buchführung, um genug Steuern einzunehmen:
_____

10 So ist der Beleg, wenn er im Geschäftsverkehr mit Außenstehenden anfällt:
_____

11 Wichtige Aufgabe der Buchführung bei Rechtsstreitigkeiten: _____

Zur weiteren Vertiefung der Lerninhalte und Sicherung der Lernergebnisse empfehlen wir das Bearbeiten der Aufgaben und Aktionen in den Kapiteln 1 (Belege und Wertströme) und 2 (Anforderungen an eine ordnungsgemäße Buchführung) des Lernfeldes 4 in Ihrem Lehrbuch „Groß im Handel, 1. Ausbildungsjahr".

2 Wir ermitteln die Vermögenswerte und Schulden durch Bestandsaufnahme

HANDLUNGSSITUATION

Frau Staudt, Mitarbeiterin der Abteilung Rechnungswesen, kommt gerade aus dem Lager. Sie hat eine Inventurliste mitgebracht, die zum Ende des Geschäftsjahres erstellt wird. Ein Auszug daraus ist nachfolgend dargestellt:

GTIN	Bezeichnung	VK-Preis	EK-Preis	Soll-Bestand	Ist-Bestand	Gesamtwert
4022006262097	Damen-Ledergürtel	40,56 €	19,25 €	795	792	
4023007373119	Kette mit Anhänger	66,81 €	24,30 €	811	815	
4023007373126	Baumwoll-Sakko, gefüttert	50,00 €	18,70 €	750	750	

Frau Staudt legt die Liste auf den Schreibtisch von Anne Schulte.

Frau Staudt: „Hallo Anne. Sehen Sie sich doch diese Inventuraufnahmeliste einmal genauer an. Was fällt Ihnen auf?"

Anne Schulte: „Inventuraufnahmeliste – was ist das?"

Frau Staudt: „Dort werden die festgestellten Mengen aus der Inventur eingetragen."

Anne Schulte: „Inventur, Soll-Bestand, Ist-Bestand, Verkaufspreise, Einkaufspreise und Gesamtwert – warum ist das hier alles aufgeführt?"

Frau Staudt: „Das ist eine gute Frage. Die Werte der Inventurliste werden benötigt, um das Inventar aufzustellen."

Anne Schulte: „Hmm, das klingt kompliziert ..."

Informationen zum Lösen der folgenden Handlungsaufgaben finden Sie im Lehrbuch „Groß im Handel, 1. Ausbildungsjahr" in den Kapiteln 3 (Inventur und Inventar) und 4 (Inventurvereinfachungsverfahren) des Lernfeldes 4.

HANDLUNGSAUFGABEN

1. Welche Probleme muss Anne für die Aufstellung des Inventars klären?

LERNFELD 4

WERTESTRÖME ERFASSEN UND DOKUMENTIEREN

2. Frau Staudt hat die Inventuraufnahmeliste aus dem Lager der Fairtext GmbH mitgebracht.

   a) Wie wurden die Zahlen des Ist-Bestandes ermittelt?

   b) Wann muss bei der Fairtext GmbH eine Inventur durchgeführt werden?

   c) Was wird bei der Inventur insgesamt aufgenommen?

   d) Woher stammen die Zahlen des Soll-Bestandes? Was verstehen Sie unter einem Soll-Bestand?

   e) In der aufgeführten Inventuraufnahmeliste der Fairtext GmbH sind Differenzen zwischen dem Soll-Bestand und dem Ist-Bestand zu erkennen. Nennen Sie mögliche Gründe für diese Differenzen.

   f) Wird der Soll-Bestand oder der Ist-Bestand für die weitere Bewertung der Waren herangezogen?

3. In der Inventuraufnahmeliste der Fairtext GmbH sind sowohl Einkaufs- als auch Verkaufspreis angegeben.

   a) Welche Gründe sprechen für die Bewertung nach Einkaufspreisen, welche für die Bewertung nach Verkaufspreisen?

   Bewertung nach Einkaufspreisen:

   Bewertung nach Verkaufspreisen:

b) Bestimmen Sie aus der nachfolgenden Inventuraufnahmeliste der Fairtext GmbH den Gesamtwert aller einzelnen Artikel sowie die Summe auf Basis der Einkaufspreise.

Inventuraufnahmeliste Handelswaren

GTIN	Bezeichnung	VK-Preis	EK-Preis	Soll-Bestand	Ist-Bestand	Gesamtwert
4020102200081	Jeansweste mit Pailletten	25,00 €	11,15 €	185	179	
4021002125030	Nadelstreifen-Anzug mit Weste	159,59 €	66,30 €	97	97	
4021002200010	Multifunktionsjacke	43,16 €	19,80 €	183	183	
4021003131023	Wellness-Microfaser-Anzug	36,16 €	14,24 €	885	885	
4021003131030	Stufenrock mit Spitzensaum	16,51 €	6,00 €	923	923	
4021003131078	Leder-Blazer, Porc-Velours	94,56 €	31,52 €	274	274	
4021003131085	Hosenanzug	37,96 €	14,95 €	881	881	
4021004141052	Jacquard-Blazer	21,61 €	7,20 €	422	421	
4022005252068	Jeans-Rock	30,00 €	10,20 €	453	449	
4022005252075	Jerseykleid	20,29 €	7,99 €	461	461	
4022005500046	Klima-Aktiv-Jacke	74,25 €	31,50 €	115	120	
4022006262097	Damen-Ledergürtel	40,56 €	19,25 €	795	792	
4023007373119	Kette mit Anhänger	66,81 €	24,30 €	811	815	
4023007373126	Baumwoll-Sakko gefüttert	50,00 €	18,70 €	750	750	
4023007373140	Strickjacke 100 % Baumwolle	25,00 €	9,43 €	392	390	
4024009494154	Boxershorts, Gr. L 100 % Baumwolle	8,85 €	3,37 €	298	300	
4024009494178	Damenpullover „Elle"	32,36 €	12,75 €	684	643	
4024010404166	Holzfällerhemden, Farbe sortiert	10,11 €	3,91 €	703	703	
4024010404180	Jogginganzug	33,00 €	23,75 €	765	767	
	Summe					

LERNFELD 4

WERTESTRÖME ERFASSEN UND DOKUMENTIEREN

4. Alle Werte aus der Inventur müssen nun geordnet aufgestellt werden. Dieses sogenannte Inventar folgt einer bestimmten Gliederung.

   a) Aus welchen drei Teilen setzt sich das Inventar zusammen?

   b) Wie wird das Reinvermögen ermittelt und was bedeutet das?

   c) Was sind die wesentlichen Unterschiede zwischen dem Anlagevermögen und dem Umlaufvermögen? Nennen Sie je zwei Beispiele bei der Fairtext GmbH.

   d) Erstellen Sie ein Inventar für die Fairtext GmbH zum 31.12. anhand der nachstehend aufgeführten Inventurdaten. Nutzen Sie zur Aufstellung des Inventars das nachfolgende Formular. Ergänzen Sie den Wert der Position „Handelswaren" aus Aufgabe 3b). Die anderen Daten kommen aus den verschiedenen, jeweils zuständigen Abteilungen.

Bankguthaben	
– Volksbank Hannover	62.000,00 €
– Sparkasse Hannover	65.000,00 €
Warenbestände	
– Handelswaren	?
– Lebensmittel	50.000,00 €
– Technik	200.000,00 €
Grundstücke	250.000,00 €
Gebäude	
– Verwaltungsgebäude	220.000,00 €
– Kaufhaus	240.000,00 €
Forderungen	
– Fa. Meyermann	22.000,00 €
– Fa. Schulze	42.000,00 €
– Fa. Rindelhardt	47.000,00 €
Betriebs- und Geschäftsausstattung	62.000,00 €
Kassenbestand	8.000,00 €
Verbindlichkeiten	
– Kühling GmbH	65.000,00 €
– Pautsch OHG	83.000,00 €
Darlehen bei der Volksbank Hannover	195.000,00 €
Hypothek bei der Sparkasse Hannover	390.000,00 €

Inventar der Fairtext GmbH Hannover, zum 31. Dez. 20..	Wert	Wert
A. Vermögen		
I. Anlagevermögen		
II. Umlaufvermögen		
Summe des Vermögens		
B. Schulden		
Summe der Schulden		
C. Ermittlung des Eigenkapitals		
Inventar der Fairtext GmbH Hannover, zum 31. Dez. 20..	Wert	Wert

LERNFELD 4

WERTESTRÖME ERFASSEN UND DOKUMENTIEREN

VERTIEFUNGS- UND ANWENDUNGSAUFGABEN

1. Bei der körperlichen Bestandsaufnahme hat ein Unternehmen die Möglichkeit, verschiedene Inventurverfahren anzuwenden. Dies sind die zeitnahe Stichtagsinventur, die zeitlich verlegte Inventur, die permanente Inventur sowie die Stichprobeninventur.

Definieren Sie die vier angegebenen Inventurverfahren und stellen Sie die Vor- und Nachteile heraus.

Verfahren	Definition	Vor- und Nachteile
zeitnahe Stichtagsinventur		
zeitlich verlegte Inventur		
permanente Inventur		
Stichprobeninventur		

2. Die Fairtext GmbH will eine zeitlich verlegte Inventur durchführen. Dabei soll die Wertfortschreibung bzw. die Wertrückrechnung zum Bilanzstichtag am 31.12.2022 berücksichtigt werden.

a) Für den Artikel „Multifunktionsjacke" wurde ein wertmäßiger Bestand von 1.400,00 € am Tag der Inventur (1. Oktober) ermittelt. Weiterhin sind bis zum Bilanzstichtag für den Artikel noch ein Einkauf am 25.10. über 1.120,00 € sowie Verkäufe am 29.10. über 560,00 € und am 03.11. über 280,00 € erfolgt.

Ermitteln Sie den Inventurbestand der Multifunktionsjacken zum Bilanzstichtag.

Bestand/Veränderungen	Datum	Wert
Bestand am Inventurtag	01.10.2022	1.400,00 €
+ Einkauf	25.10.2022	1.120,00 €
− Verkauf	29.10.2022	560,00 €
− Verkauf	03.11.2022	280,00 €
= Inventurbestand am Bilanzstichtag	31.12.2022	1.680,00 €

b) Für den Artikel „Hosenanzug" wurde ein wertmäßiger Bestand von 2.800,00 € am Tag der Inventur (10. Februar 2023) ermittelt. Weiterhin sind seit dem Bilanzstichtag für den Artikel noch ein Einkauf am 25. Januar 2023 über 500,00 € sowie ein Verkauf am 29. Januar 2021 über 1.200,00 € erfolgt.

Ermitteln Sie den Inventurbestand der Hosenanzüge zum Bilanzstichtag.

Bestand/Veränderungen	Datum	Wert
Bestand am Inventurtag	10.02.2023	2.800,00 €
− Einkauf	25.01.2023	500,00 €
+ Verkauf	29.01.2023	1.200,00 €
= Inventurbestand am Bilanzstichtag	31.12.2022	3.500,00 €

3. Bestimmen Sie bei der Durchführung einer Stichtagsinventur in der Fairtext GmbH die richtige Reihenfolge für die folgenden Arbeitsschritte durch Eintragen der Ziffern 1 – 5 in die vorgegebenen Kästchen.

3	Die Warenbestände werden gezählt, gemessen und gewogen.
1	Ein Tag zur Durchführung der Inventur wird festgelegt.
5	Die Warenvorräte werden zum Bilanzstichtag bewertet.
2	Die Ergebnisse werden auf Zählzettel niedergeschrieben.
4	Die ermittelten Bestände werden in die Inventuraufnahmeliste eingetragen.

Zur weiteren Vertiefung der Lerninhalte und Sicherung der Lernergebnisse empfehlen wir das Bearbeiten der Aufgaben und Aktionen in den Kapiteln 3 (Inventur und Inventar) und 4 (Inventurvereinfachungsverfahren) des Lernfeldes 4 in Ihrem Lehrbuch „Groß im Handel, 1. Ausbildungsjahr".

LERNFELD 4

WERTESTRÖME ERFASSEN UND DOKUMENTIEREN

3 Wir stellen auf der Grundlage des Inventars die Bilanz auf

HANDLUNGSSITUATION

Anne Schulte hat mit Unterstützung von Frau Staudt die verschiedenen Inventurdaten geordnet und das Inventar aufgestellt. Zufrieden lehnt sie sich zurück und sagt:

„So, damit ist das Geschäftsjahr abgeschlossen."

Daraufhin legt Frau Staudt ihr einen Gesetzestext aus dem HGB vor:

> **§ 242 Pflicht zur Aufstellung**
>
> (1) Der Kaufmann hat zu Beginn seines Handelsgewerbes und für den Schluss eines jeden Geschäftsjahrs einen das Verhältnis seines Vermögens und seiner Schulden darstellenden Abschluss (Eröffnungsbilanz, Bilanz) aufzustellen. Auf die Eröffnungsbilanz sind die für den Jahresabschluss geltenden Vorschriften entsprechend anzuwenden, soweit sie sich auf die Bilanz beziehen. (...)

Frau Staudt: „Sie sehen, das Geschäftsjahr ist noch nicht abgeschlossen – die Bilanz ist noch nicht aufgestellt."

Inventur mit Ist-Beständen | Buchführung mit Soll-Beständen

Anne Schulte: „Aber im Inventar sind doch schon Vermögen und Schulden dargestellt. Ist das nicht dasselbe?"

Frau Staudt: „Nein. Es gelten für die Aufstellung einer Bilanz spezielle Vorschriften. Die müssen auch wir anwenden."

Anne Schulte: „Na gut, das wird schon nicht so schwer sein ..."

Informationen zum Lösen der folgenden Handlungsaufgaben finden Sie im Lehrbuch „Groß im Handel, 1. Ausbildungsjahr" in Kapitel 5 (Die Bilanz als Grundlage der Buchführung) des Lernfeldes 4.

HANDLUNGSAUFGABEN

1. Welche Probleme muss Anne bei der Aufstellung der Bilanz klären?

_____

_____

_____

_____

2. Die Aufstellung der Bilanz folgt festgelegten Regeln. Diese sind auch bei der Fairtext GmbH zu beachten.

    a) Warum heißt der Begriff „Bilanz" im Italienischen „Waage"?

_____

_____

204

b) Wie werden die beiden Seiten der Bilanz genannt?

c) Welche Hauptgliederungspunkte werden auf der Vermögensseite und auf der Kapitalseite aufgeführt?

d) Warum wird häufig eine sogenannte Buchhalternase in der Bilanz eingezeichnet?

e) Definieren/erklären Sie folgende Begriffe kurz.

Begriff	Definition/Erklärung
Eigenkapital	
Fremdkapital	
Anlagevermögen	
Umlaufvermögen	

f) Nach welchem Gliederungsprinzip erfolgt die Aufstellung der Aktivseite, nach welchem Gliederungsprinzip die Aufstellung der Passivseite?

3. Frau Staudt gibt Anne die folgenden Begriffe, die sie so sortieren soll, wie es die Bilanzierungsvorschriften vorsehen. Nach dieser Übung sollte Anne in der Lage sein, aus dem bestehenden Inventar der Fairtext GmbH die Bilanz zu entwickeln und aufzustellen.

Übertragen Sie die folgenden Begriffe in das nachstehende Konto.

II Umlaufvermögen; Hypothekenschulden; Kapitalverwendung; Bilanz; Kreditinstitute; Roh-, Hilfs-, Betriebsstoffe; Darlehensschulden; Passiva; Geordnet nach Liquidität/Flüssigkeit; BGA; I Anlagevermögen; Geordnet nach Fälligkeit; Fuhrpark; II Fremdkapital; Verbindlichkeiten a. LL; Kasse; Aktiva; Forderungen a. LL; I Eigenkapital; Kapitalherkunft; Gebäude.

LERNFELD 4

WERTESTRÖME ERFASSEN UND DOKUMENTIEREN

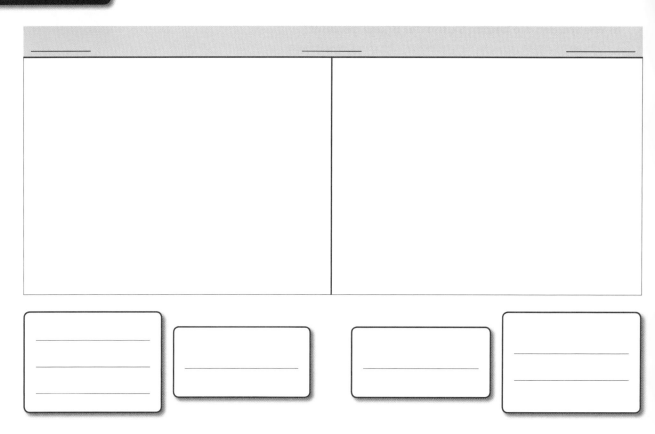

4. Nachdem Anne nun gelernt hat, was bei der Aufstellung einer Bilanz zu beachten ist, soll sie das bereits aufgestellte Inventar als Bilanz aufstellen.

a) **Erstellen Sie aus den Daten des bekannten Inventars der Fairtext GmbH eine Bilanz. Tragen Sie die entsprechenden Werte in das nachfolgende Konto ein.**

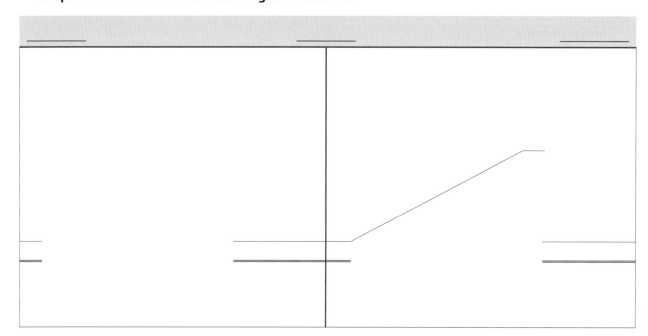

b) Bestimmen Sie das Verhältnis von Eigen- und Fremdkapital in der Bilanz der Fairtext GmbH zum Gesamtkapital und interpretieren Sie die Ergebnisse.

c) Bestimmen Sie das Verhältnis zwischen Anlagevermögen und Gesamtvermögen in der Bilanz der Fairtext GmbH und interpretieren Sie die Ergebnisse.

VERTIEFUNGS- UND ANWENDUNGSAUFGABEN

1. Ordnen Sie die folgenden zehn Vermögensposten des Anlagevermögens (= AV) und des Umlaufvermögens (= UV) nach der richtigen Reihenfolge. (Beispiel: 1. Position des Anlagevermögens: AV1)

Vermögensposten	Reihenfolge
Bankguthaben	
Kassenbestand	
Gebäude	
Waren	
Fuhrpark	
Forderungen aus Lieferungen und Leistungen	
Betriebs- und Geschäftsausstattung	
Grundstücke	

LERNFELD 4

WERTESTRÖME ERFASSEN UND DOKUMENTIEREN

2. Nennen Sie drei Merkmale, durch die sich ein Inventar von einer Bilanz unterscheidet.

_____

_____

_____

_____

_____

_____

_____

3. Welche der folgenden sieben Erklärungen passt zu den drei unten stehenden Begriffen? **Tragen Sie den Buchstaben ein.**

a) In Kontenform erfolgt eine ausführliche Darstellung der Mengen und Einzelwerte am Jahresende.

b) Kurz gefasste Gegenüberstellung von Vermögen und Kapital der Fairtext GmbH in Kontenform.

c) Die Aufwendungen der Fairtext GmbH werden auf einem Unterkonto des Eigenkapitalkontos gebucht.

d) Dieses ausführliche Bestandsverzeichnis nach Art, Menge und Wert weist alle Vermögensteile und Schulden eines Unternehmens aus.

e) Die Bestände aller Vermögensteile und Schulden der Fairtext GmbH werden mengen- und wertmäßig aufgenommen.

f) Alle Buchungen der Fairtext GmbH werden regelmäßig in chronologischer Reihenfolge erfasst.

g) Es erfolgt bei der Fairtext GmbH eine sachliche Ordnung aller Buchungen auf Konten.

Inventur		Inventar		Bilanz	

4. Lösen Sie mithilfe der Kapitel 1 und 4 im Lernfeld 4 Ihres Lehrbuches das folgende Kreuzworträtsel.

Waagerecht:
3. Unterschied zwischen Ist-Bestand der Inventur und Soll-Bestand der Buchführung
5. umfasst die Gegenstände, die dauerhaft oder nur vorübergehend dem Unternehmen dienen
8. Ergebnis der Inventur
9. Grundsatz der ordnungsgemäßen Buchführung
10. anderes Wort für Fremdkapital
14. Gliederungsgrundsatz der ordnungsgemäßen Buchführung
15. rechte Seite der Bilanz, die Auskunft gibt über die Kapitalherkunft
17. kurz gefasste Übersicht über Aktiva und Passiva in Kontenform
18. Grundsatz der ordnungsgemäßen Buchführung
19. gehört dem Unternehmer und steht ihm unbefristet zur Verfügung
21. Grundsatz der ordnungsgemäßen Buchführung

Senkrecht:
1. Grundsatz der ordnungsgemäßen Buchführung
2. Vermögensgegenstände werden nach ihrer Nähe zum ... geordnet.
4. Grundsatz der ordnungsgemäßen Buchführung
6. ergibt sich nach Abzug der Schulden vom Vermögen im Inventar
7. Grundsatz der ordnungsgemäßen Buchführung
11. linke Seite der Bilanz, die über die Vermögensarten Auskunft gibt
12. wird im Rahmen der Inventur für einen Artikel erfasst
13. mengen- und wertmäßige Bestandsaufnahme aller Vermögens- und Schuldenwerte zu einem bestimmten Zeitpunkt
16. Gliederungsprinzip für die Schulden im Inventar
20. so viele Jahre sind Inventare und Bilanzen aufzubewahren

WIR STELLEN AUF DER GRUNDLAGE DES INVENTARS DIE BILANZ AUF

Zur weiteren Vertiefung der Lerninhalte und Sicherung der Lernergebnisse empfehlen wir das Bearbeiten der Aufgaben und Aktionen in Kapitel 5 (Die Bilanz als Grundlage der Buchführung) des Lernfeldes 4 in Ihrem Lehrbuch „Groß im Handel, 1. Ausbildungsjahr".

LERNFELD 4

WERTESTRÖME ERFASSEN UND DOKUMENTIEREN

4 Wir erfahren, wie sich die Bilanz verändern kann

HANDLUNGSSITUATION

Anne Schulte geht am 04.01.20.. zu den Banken der Fairtext GmbH, um die Kontoauszüge für das Unternehmen zu holen. Dies sind zum einen der Auszug des laufenden Kontos der Sparkasse Hannover und zum anderen der Auszug des Darlehenskontos der Commerzbank Hannover.

Konto-Nr. 517 321   BLZ 250 501 80   Kontoauszug 1
Sparkasse Hannover   UST-ID DE 183 034 912   Blatt 1

Datum	Erläuterungen	Betrag
Kontostand in EUR am 02.01.20.., 17:30 Uhr		62.000,00 +
02.01.	Erhöhung des Darlehens (Volksbank Hannover)	5.000,00 +
02.01.	Kunde Rindelhardt, Rg.-Nr. 104	12.000,00 +
03.01.	Lieferant Kühling GmbH, Rg.-Nr. 223	4.500,00 –
Kontostand in EUR am 04.01.20.., 09:20 Uhr		74.500,00 +

Fairtext GmbH
Walsroder Str. 6 a
30625 Hannover

IBAN: DE53 2505 0180 0000 5173 21
BIC: SPKHDE2H

Commerzbank Hannover
BLZ 250 400 66

Kontonummer **141 919 100**   erstellt am 04.01.20..   Auszug 1   Blatt 1/1

Kontoauszug

Bu.-Tag	Wert	Vorgang		Betrag
		alter Kontostand		220.000,00 +
02.01.	02.01.	Erhöhung des Darlehens (Sparkasse Hannover)		5.000,00 –
03.01.	03.01.	Lieferant Pautsch OHG, Rg.-Nr. 344		20.000,00 –
		neuer Kontostand vom 04.01.20 ..		195.000,00 +

Fairtext GmbH
Walsroder Str. 6 a
30625 Hannover

USt-IdNr.: DE 183 034 912
IBAN: DE09 2504 0066 0141 9191 00 BIC: COBADEFF

Auf den beiden Kontoauszügen stehen mehrere Buchungspositionen. Frau Staudt fordert Anne auf, die jeweiligen Geschäftsfälle zu nennen, die sich hinter den verschiedenen Buchungspositionen verbergen. Anschließend soll Anne überlegen, wie sich die gerade erstellte Bilanz verändern würde.

Informationen zum Lösen der folgenden Handlungsaufgaben finden Sie im Lehrbuch „Groß im Handel, 1. Ausbildungsjahr" in Kapitel 6 (Bilanzveränderungen) des Lernfeldes 4.

WIR ERFAHREN, WIE SICH DIE BILANZ VERÄNDERN KANN

HANDLUNGSAUFGABEN

1. Welche Probleme muss Anne klären?

2. Was wird unter einem Geschäftsfall verstanden?

3. Anne betrachtet zunächst den Kontoauszug der Fairtext GmbH bei der Sparkasse.

  a) Formulieren Sie jeweils einen Geschäftsfall, der der entsprechenden Buchungsposition zugrunde liegt.

  b) Nun überlegt Anne, welche Bilanzpositionen bei diesen gerade formulierten Geschäftsfällen betroffen sein könnten. Dabei will sie wissen, ob die betroffene Position auf der Aktivseite oder der Passivseite in der Bilanz steht. Anschließend will sie erkennen, ob es einen Tausch auf der Aktiv- oder Passivseite gegeben hat (Aktivtausch, Passivtausch) oder ob in einem Geschäftsfall sowohl die Aktiv- als auch die Passivseite betroffen sind (Aktiv-Passiv-Mehrung, Aktiv-Passiv-Minderung). **Wie wirkt sich der einzelne Geschäftsfall auf die Bilanzsumme aus?**

Geschäftsfall	Betroffene Bilanzpositionen	Aktiv- oder Passivseite	Aktivtausch Passivtausch Aktiv-Passiv-Mehrung Aktiv-Passiv-Minderung	Auswirkung auf die Bilanzsumme
1				
2				
3				

LERNFELD 4

WERTESTRÖME ERFASSEN UND DOKUMENTIEREN

4. Als Nächstes betrachtet Anne den Kontoauszug des Darlehenskontos der Fairtext GmbH bei der Commerzbank.

   a) Formulieren Sie jeweils einen Geschäftsfall, der der entsprechenden Buchungsposition zugrunde liegt.

   _____

   _____

   b) Entsprechend der Aufgabe 3b) überlegt Anne auch hier, welche Auswirkungen die Geschäftsfälle auf die Bilanz haben.

Geschäftsfall	Betroffene Bilanzpositionen	Aktiv- oder Passivseite	Aktivtausch Passivtausch Aktiv-Passiv-Mehrung Aktiv-Passiv-Minderung	Auswirkung auf die Bilanzsumme
1				
2				

5. Erstellen Sie nun auf Basis der Bilanz aus Kapitel 3 im Lernfeld 4 Ihres Lehrbuches eine neue Bilanz unter Berücksichtigung aller Geschäftsfälle.

Aktiva	(alte) Bilanz		Passiva
I. Anlagevermögen		I. Eigenkapital	685.000,00 €
Grundstücke	250.000,00 €	II. Fremdkapital	
Gebäude	460.000,00 €	Hypothekenschulden	390.000,00 €
BGA	62.000,00 €	Darlehensschulden	195.000,00 €
II. Umlaufvermögen		Verbindlichkeiten a. LL	148.000,00 €
Waren	400.000,00 €		
Forderungen a. LL	111.000,00 €		
Kassenbestand	8.000,00 €		
Kreditinstitute	127.000,00 €		
	1.418.000,00 €		1.418.000,00 €

Aktiva	(neue) Bilanz		Passiva
I. Anlagevermögen		I. Eigenkapital	
Grundstücke		II. Fremdkapital	
Gebäude		Hypothekenschulden	
BGA		Darlehensschulden	
II. Umlaufvermögen		Verbindlichkeiten a. LL	
Waren			
Forderungen a. LL			
Kassenbestand			
Kreditinstitute			

VERTIEFUNGS- UND ANWENDUNGSAUFGABEN

1. Formulieren Sie weitere (entsprechend der Zahl der Spielgelstriche) Geschäftsfälle zum Aktivtausch, zum Passivtausch, zur Aktiv-Passiv-Mehrung sowie zur Aktiv-Passiv-Minderung.

Aktivtausch

–

–

–

Passivtausch

–

Aktiv-Passiv-Mehrung

–

–

–

Aktiv-Passiv-Minderung

–

–

–

Zur weiteren Vertiefung der Lerninhalte und Sicherung der Lernergebnisse empfehlen wir das Bearbeiten der Aufgaben und Aktionen in Kapitel 6 (Bilanzveränderungen) des Lernfeldes 4 in Ihrem Lehrbuch „Groß im Handel, 1. Ausbildungsjahr".

LERNFELD 4

WERTESTRÖME ERFASSEN UND DOKUMENTIEREN

5 Wir lösen die Bilanz in aktive und passive Bestandskonten auf

HANDLUNGSSITUATION

Anne Schulte hat mit Frau Staudt, Mitarbeiterin der Abteilung Rechnungswesen, am ersten Tag des neuen Jahres aus den Geschäftsfällen eine neue Bilanz erstellt. Anne hat noch ein paar Fragen:

Anne Schulte: „Frau Staudt, ist es nicht ziemlich aufwendig, jeden Tag wieder eine neue Bilanz zu erstellen?"

Frau Staudt: „Ja, Anne, das ist in der Tat sehr aufwendig. Dies wird auch im Tagesgeschehen nicht so praktiziert. Hier sollte Ihnen nur das Grundprinzip klar werden, wie die einzelnen Geschäftsfälle auf die Bilanz am Ende wirken."

Anne Schulte: „Was wird denn stattdessen gemacht?"

Frau Staudt: „Jede Bilanzposition wird während eines Geschäftsjahres als einzelnes aktives oder passives Bestandskonto geführt. Hier werden dann die laufenden Geschäftsfälle eines Geschäftsjahres gebucht. Am Ende des Geschäftsjahres wird dann jedes einzelne Konto wieder abgeschlossen und eine Abschlussbilanz erstellt."

Anne Schulte: „Das verstehe ich nicht."

Frau Staudt: „Das macht nichts. Das werden wir gemeinsam mit den Daten des Kontoauszugs (vgl. Situation zu Kapitel 4) durchführen."

Informationen zum Lösen der folgenden Handlungsaufgaben finden Sie im Lehrbuch „Groß im Handel, 1. Ausbildungsjahr" in Kapitel 7 (Buchen von Geschäftsfällen im Hauptbuch (T-Konten)) des Lernfeldes 4.

HANDLUNGSAUFGABEN

1. Welche Probleme muss Anne bei der Erstellung der Bestandskonten klären?

2. Frau Staudt legt Anne noch einmal die Eröffnungsbilanz der Fairtext GmbH sowie die Geschäftsfälle des ersten Tages im neuen Jahr vor:

Aktiva	Eröffnungsbilanz		Passiva
I. Anlagevermögen		I. Eigenkapital	685.000,00 €
Grundstücke	250.000,00 €	II. Fremdkapital	
Gebäude	460.000,00 €	Hypothekenschulden	390.000,00 €
BGA	62.000,00 €	Darlehensschulden	195.000,00 €
II. Umlaufvermögen		Verbindlichkeiten a. LL	148.000,00 €
Waren	400.000,00 €		
Forderungen a. LL	111.000,00 €		
Kassenbestand	8.000,00 €		
Kreditinstitute (Bank)	127.000,00 €		
	1.418.000,00 €		1.418.000,00 €

Geschäftsfälle:

1. Wir erhöhen unser Darlehen um 5.000,00 € bei der Commerzbank. Das Geld wird unserem laufenden Konto bei der Sparkasse[1] Hannover gutgeschrieben.
2. Unser Kunde Rindelhardt überweist uns 12.000,00 € auf das Sparkassenkonto, um eine Rechnung zu begleichen.
3. Wir überweisen unserem Lieferanten Kühling 4.500,00 € vom Bankkonto, um unsere Rechnung zu begleichen.
4. Wir begleichen eine Lieferantenrechnung durch Erhöhung unseres Darlehens um 20.000,00 €.

a) Was sind aktive Bestandskonten? Nennen Sie die aktiven Bestandskonten der Eröffnungsbilanz.

b) Was sind passive Bestandskonten? Nennen Sie die passiven Bestandskonten der Eröffnungsbilanz.

3. Stellen Sie in dem unten stehenden Aktivkonto und dem Passivkonto dar, wo der Anfangsbestand, die Zugänge, die Abgänge und der Schlussbestand jeweils eingetragen werden.

S	Aktivkonto	H	S	Passivkonto	H

---
[1] Das Konto „Sparkasse" wird hier vereinfachend „Bank" genannt.

LERNFELD 4

WERTESTRÖME ERFASSEN UND DOKUMENTIEREN

4. Frau Staudt empfiehlt Anne, sich bei den Geschäftsfällen immer folgende in der Tabelle stehenden vier Fragen zu stellen. Helfen Sie Anne, indem Sie die nachfolgende Tabelle ausfüllen.

Geschäftsfall	Welche Konten werden durch den Geschäftsfall berührt?	Sind es aktive oder passive Bestandskonten?	Liegt ein Zugang (+) oder ein Abgang (./.) auf dem Konto vor?	Auf welcher Kontenseite wird die Veränderung eingetragen?
Wir erhöhen unser Darlehen um 5.000,00 € bei der Commerzbank. Das Geld wird unserem laufenden Konto bei der Sparkasse Hannover gutgeschrieben.	1. Konto			
	2. Konto			
Unser Kunde Rindelhardt überweist uns 12.000,00 € auf das Sparkassenkonto, um eine Rechnung zu begleichen.	1. Konto			
	2. Konto			
Wir überweisen unserem Lieferanten Kühling 4.500,00 € vom Bankkonto, um unsere Rechnung zu begleichen.	1. Konto			
	2. Konto			
Wir begleichen eine Lieferantenrechnung durch Erhöhung unseres Darlehens um 20.000,00 €.	1. Konto			
	2. Konto			

5. a) Eröffnen Sie alle aktiven und passiven Bestandskonten aus der Bilanz der Fairtext GmbH.

b) Buchen Sie die Geschäftsfälle der beiden Kontoauszüge auf die entsprechenden Bestandskonten.

c) Schließen Sie die Bestandskonten ab.

d) Erstellen Sie eine Schlussbilanz.

S	Grundstücke	H	S	Gebäude	H

S	BGA	H	S	Warenbestand	H

S	Forderungen a. LL	H	S	Kasse	H

WIR LÖSEN DIE BILANZ IN AKTIVE UND PASSIVE BESTANDSKONTEN AUF

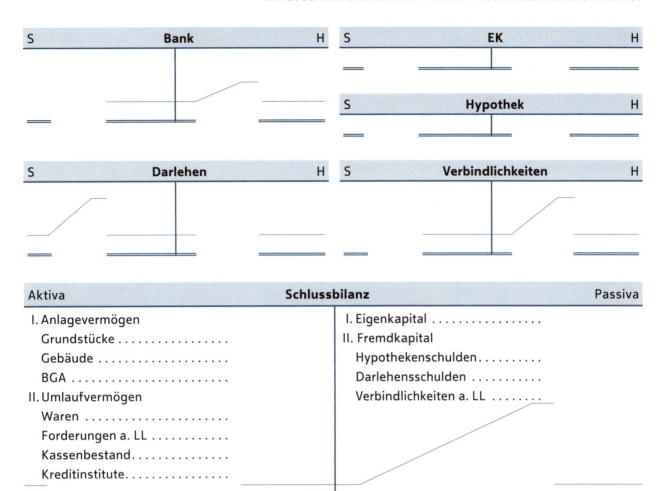

6. Sammeln Sie mit Ihrem Banknachbarn grundsätzliche Bestimmungen/Erläuterungen zum Führen eines Bestandskontos.

	Aktives Bestandskonto	Passives Bestandskonto
AB		
Zugänge		
Abgänge		
SB		
Berechnung des SB		
Kontosumme		
Buchhalternase		

LERNFELD 4

WERTESTRÖME ERFASSEN UND DOKUMENTIEREN

VERTIEFUNGS- UND ANWENDUNGSAUFGABEN

Bei der Fairtext GmbH sind folgende zehn Geschäftsfälle an einem Tag des Jahres angefallen:

1. Bareinkauf eines neuen PC für 1.200,00 €.
2. Einkauf von Waren auf Ziel für 800,00 €.
3. Kauf eines neuen Lkw per Postbanküberweisung in Höhe von 14.500,00 €.
4. Barabhebung bei der Sparkasse, 4.000,00 €.
5. Kunde bezahlt Rechnung per Banküberweisung, 900,00 €.
6. Bezahlung einer Lieferantenrechnung in Höhe von 3.000,00 € durch Banküberweisung.
7. Ein bewilligtes Darlehen von 6.000,00 € wird dem Postbankkonto gutgeschrieben.
8. Kauf eines kleinen Grundstücks durch Banküberweisung, 15.000,00 €.
9. Verkauf von Waren gegen Barzahlung, 80,00 €.
10. Verkauf von Waren. Der Kunde zahlt 150,00 € mit der Girocard.

Beantworten Sie zu den zehn Geschäftsfällen die in der ersten Zeile stehenden Fragen.

Geschäfts-fall	Welche Konten werden durch den Geschäfts-fall berührt?	Sind die Bestands-konten aktiv oder passiv?	Liegt ein Zugang (+) oder ein Abgang (./.) auf dem Konto vor?	Auf welcher Konten-seite wird die Verän-derung eingetragen?
1				
2				
3				
4				
5				
6				
7				
8				
9				
10				

Zur weiteren Vertiefung der Lerninhalte und Sicherung der Lernergebnisse empfehlen wir das Bearbeiten der Aufgaben und Aktionen in Kapitel 7 (Buchen von Geschäftsfällen im Hauptbuch (T-Konten)) des Lernfeldes 4 in Ihrem Lehrbuch „Groß im Handel, 1. Ausbildungsjahr".

6 Wir lernen den Buchungssatz kennen

HANDLUNGSSITUATION

In der Abteilung Rechnungswesen der Fairtext GmbH ist heute viel los. Es sind mehrere Belege eingegangen, die alle noch gebucht werden müssen. Frau Staudt beauftragt die Auszubildende Anne Schulte damit, die gesamten Belege als einfache und zusammengesetzte Buchungssätze in das Grundbuch einzutragen, damit diese später ins Hauptbuch übertragen werden können.

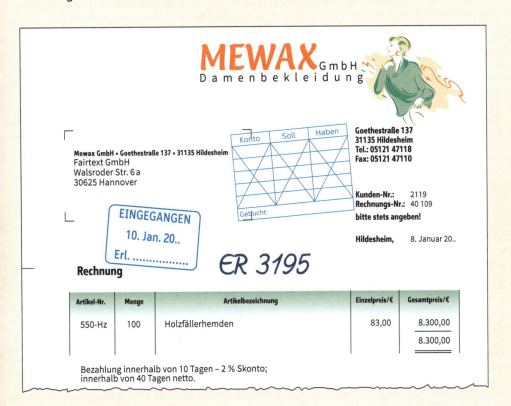

LERNFELD 4

WERTESTRÖME ERFASSEN UND DOKUMENTIEREN

Informationen zum Lösen der folgenden Handlungsaufgaben finden Sie im Lehrbuch „Groß im Handel, 1. Ausbildungsjahr" in den Kapiteln 7 (Buchen von Geschäftsfällen im Hauptbuch (T-Konten)) und 9 (Laufende Buchungen im Hauptbuch) des Lernfeldes 4.

HANDLUNGSAUFGABEN

1. Was muss Anne bei der Erstellung der Buchungssätze beachten?

2. Frau Staudt beauftragt Anne Schulte zunächst damit, herauszufinden, was ein Buchungssatz überhaupt ist und wie er gebildet wird.

a) Definieren Sie den Begriff „Buchungssatz".

b) Definieren Sie den Begriff „Grundbuch" (oder Journal).

c) Definieren Sie den Begriff „Hauptbuch".

3. Anne soll sich nun ganz konkret mit der Erstellung der Buchungssätze zu den sechs Belegen befassen. Dazu muss sie zunächst wesentliche Eigenschaften und Merkmale eines Buchungssatzes erkennen.

a) Nennen Sie fünf wesentliche Eigenschaften/Merkmale, die bei der Erstellung eines Buchungssatzes beachtet werden müssen.

LERNFELD 4

WERTESTRÖME ERFASSEN UND DOKUMENTIEREN

b) Formulieren Sie zu den sechs Belegen aus der Handlungssituation die Geschäftsfälle aus.

1.
2.
3.
4.
5.
6.

c) Der einfache Buchungssatz besteht nur aus zwei Positionen, einer Sollbuchung und einer Habenbuchung. **Erstellen Sie für die ersten fünf Belege die entsprechenden einfachen Buchungssätze. Dabei sollten Sie sich die folgende Fragen stellen:**

1. Welche Konten werden durch den Geschäftsfall berührt?
2. Sind es aktive oder passive Bestandskonten?
3. Liegt ein Zugang (+) oder ein Abgang (./.) auf dem Konto vor?
4. Auf welcher Kontenseite wird die Veränderung eingetragen?

Tag	Beleg	Buchungssatz	Soll	Haben

d) Beim zusammengesetzten Buchungssatz werden mehr als zwei Konten benötigt. **Erstellen Sie unter Beachtung der Eigenschaften/Merkmale eines Buchungssatzes einen zusammengesetzten Buchungssatz zu Beleg 6 (Kontoauszug der Sparkasse).**

Tag	Beleg	Buchungssatz	Soll	Haben

4. Welche Gründe sprechen für die Erstellung eines Grundbuchs bzw. für die Erstellung von Buchungssätzen?

VERTIEFUNGS- UND ANWENDUNGSAUFGABEN

1. Bilden Sie zu den folgenden Geschäftsfällen der Fairtext GmbH die Buchungssätze im Grundbuch.

1. Wir kaufen ein Grundstück zur Erweiterung der Verkaufsräume durch Aufnahme einer Hypothek bei der Bank, 80.000,00 €.
2. Wir zahlen Bargeld auf unser Postbankkonto, 1.200,00 €.
3. Wir wandeln eine Lieferantenschuld in eine Darlehensschuld um, 8.000,00 €.
4. Wir kaufen einen neuen PC im Wert von 900,00 € auf Ziel.
5. Wir verkaufen Waren bar, 150,00 €.
6. Wir kaufen einen gebrauchten Pkw, bar 1.500,00 €, durch Postbanküberweisung 4.000,00 € und durch Banküberweisung 3.500,00 €.
7. Wir erhalten folgende Zahlungseingänge bei der Bank: von Kunde Meyermann 2.500,00; Bareinzahlung 500,00 €.
8. Wir kaufen Waren; auf Ziel 1.800,00 €, gegen Bankscheck 3.200,00 €.

Beleg	Buchungssatz	Soll	Haben
1.			
2.			
3.			
4.			
5.			
6.			
7.			
8.			

LERNFELD 4

WERTESTRÖME ERFASSEN UND DOKUMENTIEREN

2. Nennen Sie die Geschäftsfälle, mit denen folgende Buchungssätze im Grundbuch gebucht wurden.

Beleg	Buchungssatz	Soll	Haben
1.	Postbank	3.000,00	
	an Kasse		3.000,00
2.	Forderungen	8.250,00	
	an Fuhrpark		8.250,00
3.	Darlehen	1.000,00	
	an Bank		1.000,00
4.	Verbindlichkeiten	11.900,00	
	an Bank		11.900,00
5.	Warenbestand	2.800,00	
	an Verbindlichkeiten		2.800,00
6.	Forderungen	920,00	
	an Warenbestand		920,00
7.	Kasse	550,00	
	an Warenbestand		550,00
8.	BGA	1.200,00	
	an Kasse		1.200,00

Beleg	Geschäftsfall
1.	
2.	
3.	
4.	
5.	
6.	
7.	
8.	

Zur weiteren Vertiefung der Lerninhalte und Sicherung der Lernergebnisse empfehlen wir das Bearbeiten der Aufgaben und Aktionen in den Kapiteln 7 (Buchen von Geschäftsfällen im Hauptbuch (T-Konten)) und 9 (Laufende Buchungen im Hauptbuch) des Lernfeldes 4 in Ihrem Lehrbuch „Groß im Handel, 1. Ausbildungsjahr".

7 Wir lernen das Eröffnungsbilanzkonto und das Schlussbilanzkonto kennen

HANDLUNGSSITUATION

Anne Schulte bekommt den Auftrag, für das Geschäftsjahr die nachfolgenden Geschäftsfälle zu buchen. Dazu muss sie zunächst ein Grundbuch erstellen und die Buchungssätze anschließend im Hauptbuch buchen.

Nachfolgend sind die Eröffnungsbilanz und die Geschäftsfälle dargestellt:

Aktiva	Eröffnungsbilanz		Passiva
I. Anlagevermögen		I. Eigenkapital	685.000,00 €
Grundstücke	250.000,00 €	II. Fremdkapital	
Gebäude	460.000,00 €	Hypothekenschulden	390.000,00 €
BGA	62.000,00 €	Darlehensschulden	220.000,00 €
II. Umlaufvermögen		Verbindlichkeiten a. LL	123.500,00 €
Waren	400.000,00 €		
Forderungen a. LL	99.000,00 €		
Kassenbestand	8.000,00 €		
Postbank	20.000,00 €		
Kreditinstitute	119.500,00 €		
	1.418.500,00 €		1.418.500,00 €

Geschäftsfälle:
1. Kauf eines Grundstücks zur Erweiterung der Verkaufsräume durch Aufnahme einer Hypothek bei der Bank; 80.000,00 €
2. Bareinzahlung auf das Postbankkonto, 1.200,00 €
3. Umwandlung einer Lieferantenschuld in eine Darlehensschuld, 8.000,00 €
4. Kauf eines PCs, 900,00 € auf Ziel.
5. Barverkauf von Waren, 150,00 €
6. Erweiterung der Verkaufsräume, bar 1.000,00 €, Postbanküberweisung 4.000,00 € und Banküberweisung 45.000,00 €
7. Zahlungseingang bei der Bank: von Kunde Meyermann 2.500,00; Bareinzahlung 500,00 €
8. Kauf von Waren; auf Ziel 1.800,00 €, gegen Bankscheck 3.200,00 €

Anne Schulte: „Frau Staudt, wie kann ich denn diese Fälle buchen und abschließen?"

Frau Staudt: „Sie müssen zunächst ein Eröffnungsbilanzkonto erstellen. Dann werden die Eröffnungsbestände gebucht, die Werte der Buchungssätze in die jeweiligen Bestandskonten übertragen und die Konten abgeschlossen."

Anne Schulte: „Und wie schließe ich ein Konto ab?"

Frau Staudt: „Sie müssen die Schlussbestände der jeweiligen Konten ermitteln und diese dann in das Schlussbilanzkonto übertragen. Dazu sind dann auch Abschlussbuchungen zu erstellen."

Anne Schulte: „Puuh, das sind ja viele neue Begriffe ..."

Frau Staudt: „Keine Angst, das werden wir jetzt gemeinsam bearbeiten ..."

Informationen zum Lösen der folgenden Handlungsaufgaben finden Sie im Lehrbuch „Groß im Handel, 1. Ausbildungsjahr" in den Kapiteln 8 (Eröffnung der Konten (EBK)) und 11 (Abschluss der Konten) des Lernfeldes 4.

LERNFELD 4

WERTESTRÖME ERFASSEN UND DOKUMENTIEREN

HANDLUNGSAUFGABEN

1. Was muss Anne beim Buchen beachten?

---

2. Frau Staudt erklärt Anne, dass ein Eröffnungsbilanzkonto (EBK) ein Hilfskonto ist, das seitenverkehrt im Vergleich zur Eröffnungsbilanz aufgebaut ist. Da es sich hier um ein Konto handelt, werden die beiden Seiten in Soll und Haben eingeteilt. Auf die Begriffe Anlagevermögen, Umlaufvermögen und langfristige Verbindlichkeiten wird dabei aus Übersichtsgründen verzichtet. **Anne soll nun das EBK erstellen.**

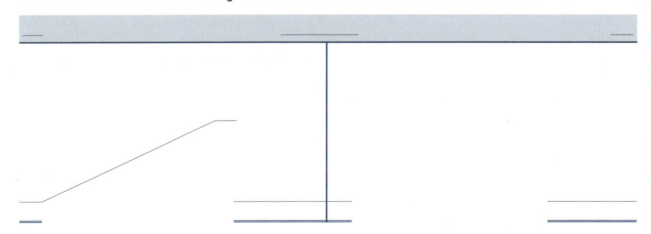

3. Frau Staudt erläutert Anne weiter, dass zu jeder Position eine Eröffnungsbuchung durchgeführt werden muss. Diese funktioniert nach folgendem Prinzip:

- aktive Bestandskonten an Eröffnungsbilanzkonto und
- Eröffnungsbilanzkonto an passive Bestandskonten.

Anne soll sich jeweils zwei aktive und passive Bestandskonten aussuchen, um hier die Eröffnungsbuchungen vorzunehmen.

Tag	Buchungssatz	Soll	Haben

226

WIR LERNEN DAS ERÖFFNUNGSBILANZKONTO UND DAS SCHLUSSBILANZKONTO KENNEN

4. Nun soll Anne ein Grundbuch erstellen und die acht zu Beginn dargestellten Geschäftsfälle ebenfalls als Buchungssätze formulieren.

Beleg	Buchungssatz	Soll	Haben
1.			
2.			
3.			
4.			
5.			
6.			
7.			
8.			

5. Anne muss nun die Daten aus dem Grundbuch (Eröffnungsbuchungen und Buchungssätze) in das Hauptbuch übertragen.

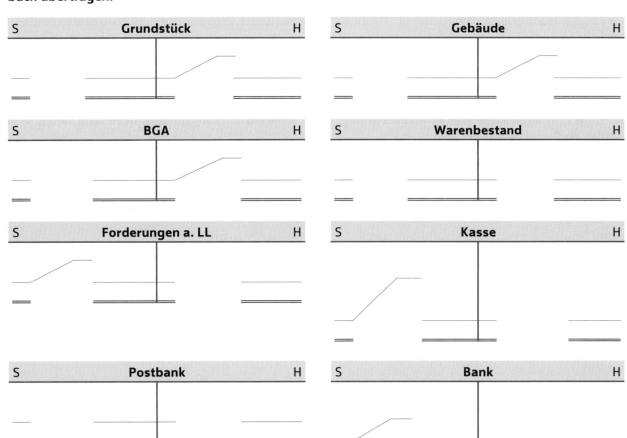

LERNFELD 4

WERTESTRÖME ERFASSEN UND DOKUMENTIEREN

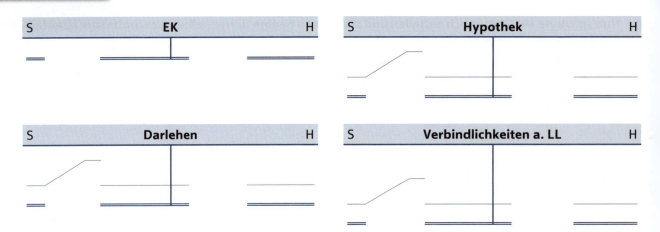

6. Nachdem alle Buchungen im Hauptbuch vorgenommen worden sind, müssen die Konten abgeschlossen werden. Diese Buchungen funktionieren nach folgendem Prinzip:
- Schlussbilanzkonto (SBK)   an   aktive Bestandskonten   und
- passive Bestandskonten   an   Schlussbilanzkonto (SBK).

Anne soll sich jeweils dieselben zwei aktiven und passiven Bestandskonten aussuchen, um hier die Abschlussbuchungen vorzunehmen.

Tag	Buchungssatz	Soll	Haben

7. Anne soll nun auf Basis aller Schlussbestände (SB) das Schlussbilanzkonto (SBK) erstellen und daraus schließlich die Schlussbilanz ableiten.

Erstellung des Schlussbilanzkontos:

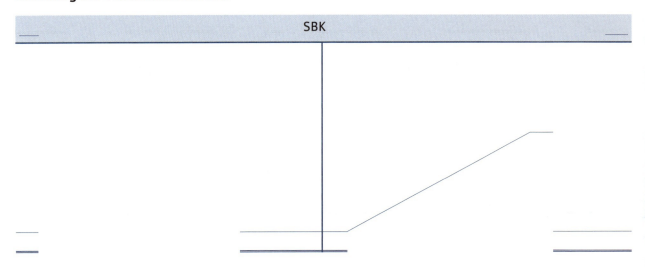

WIR LERNEN DAS ERÖFFNUNGSBILANZKONTO UND DAS SCHLUSSBILANZKONTO KENNEN

Erstellung der Schlussbilanz:

Aktiva	Schlussbilanz	Passiva

8. Anne soll nun die Eröffnungsbuchungen mit den Abschlussbuchungen vergleichen. Was fällt auf?

VERTIEFUNGS- UND ANWENDUNGSAUFGABEN

1. Frau Tegtmeyer aus der Buchhaltung der Fairtext GmbH hat Urlaub, die Auszubildende Anne Schulte soll sie vertreten. Anne bekommt bei der Durchsicht der Unterlagen eine Aufstellung in die Hand, auf der u. a. die einzelnen Positionen des Anlage- und Umlaufvermögens der Fairtext GmbH auf der Habenseite aufgeführt sind. **Um welche Aufstellung handelt es sich?**

	Abgrenzungstabelle zwischen Buchführung und Kostenrechnung
	Erfolgsrechnung
	Eröffnungsbilanzkonto
	Saldenbilanz II der Betriebsübersicht
	Liquiditätsrechnung

LERNFELD 4

WERTESTRÖME ERFASSEN UND DOKUMENTIEREN

2. Anne Schulte will sich während des Urlaubs von Frau Tegtmeyer noch einmal die Reihenfolge der Buchführungsarbeiten vom Erstellen des Eröffnungsbilanzkontos bis zum Schlussbilanzkonto aufschreiben. **Helfen Sie ihr, indem Sie die Ziffern 1 bis 5 in die Kästchen neben den Arbeiten eintragen.**

	Buchen der laufenden Geschäftsfälle
	Abschluss der Bestandskonten aufs Schlussbilanzkonto
	Eröffnungsbuchungen
	Erstellen des Eröffnungsbilanzkontos
	Durchführen der vorbereitenden Abschlussbuchungen

Zur weiteren Vertiefung der Lerninhalte und Sicherung der Lernergebnisse empfehlen wir das Bearbeiten der Aufgaben und Aktionen in den Kapiteln 8 (Eröffnung der Konten (EBK)) und 11 (Abschluss der Konten) des Lernfeldes 4 in Ihrem Lehrbuch „Groß im Handel, 1. Ausbildungsjahr".

8 Wir buchen Aufwendungen und Erträge auf Erfolgskonten

HANDLUNGSSITUATION

Anne Schulte ist aufgefallen, dass es bislang bei allen Buchungen zu keiner Veränderung des Eigenkapitals gekommen ist. Sie spricht Frau Staudt darauf an:

Anne Schulte: „Frau Staudt, warum gibt es denn keine Veränderungen des Eigenkapitals?"

Frau Staudt: „Das trifft sich gut. Gerade habe ich einen Kontoauszug erhalten, auf dem einige Buchungspositionen stehen, die sich auf das Eigenkapital auswirken."

Anne Schulte: „Und welche sind das?"

Frau Staudt: „Schauen Sie sich den Auszug einmal genau an. Versuchen Sie zunächst herauszufinden, welche Geschäftsfälle sich hinter den Buchungspositionen verbergen. Dann sollten Sie die Buchungssätze aufstellen, auf Konten buchen und diese Konten abschließen."

Anne Schulte: „Gut, dann werde ich damit beginnen ..."

| Konto-Nr. 517 321 | BLZ 250 501 80 | Kontoauszug 20 |
| Sparkasse Hannover | UST-ID DE 183 034 912 | Blatt 1 |
Datum	Erläuterungen	Betrag
Kontostand in EUR am 01.04.20.., 13:45 Uhr		75.700,00 +
02.04.	Miete für Lagerhalle Monat März	500,00 −
02.04.	Zinsen	25,98 −
02.04.	Provisionsgutschrift	1.500,00 +
03.04.	Zinsen auf Guthaben	5,75 +
03.04.	Rg.-Nr. 12345; Wittkop & Co. GmbH	1.000,00 −
Kontostand in EUR am 04.04.20.., 09:25 Uhr		75.679,77 +

Fairtext GmbH
Walsroder Str. 6 a
30625 Hannover

IBAN: DE53 2505 0180 0000 5173 21
BIC: SPKHDE2H

Informationen zum Lösen der folgenden Handlungsaufgaben finden Sie im Lehrbuch „Groß im Handel, 1. Ausbildungsjahr" in Kapitel 12 (Erfolgskonten im Grund- und Hauptbuch) des Lernfeldes 4.

WIR BUCHEN AUFWENDUNGEN UND ERTRÄGE AUF ERFOLGSKONTEN

HANDLUNGSAUFGABEN

1. Welche Probleme muss Anne beachten?

2. Anne soll sich zunächst überlegen, welche möglichen Geschäftsfälle sich direkt auf das Eigenkapital auswirken könnten.

a) Nennen Sie fünf mögliche Geschäftsfälle, die zu einer Veränderung des Eigenkapitals der Fairtext GmbH führen würden.

b) Es wird zwischen Aufwendungen (= Werteverzehr an Gütern und Dienstleistungen) und Erträgen (= Wertzuflüsse innerhalb einer Abrechnungsperiode) unterschieden. **Ordnen Sie Ihre fünf gewählten Beispiele entsprechend zu.**

Aufwendungen	Erträge

c) Anne soll nun die Geschäftsfälle zu den einzelnen Buchungspositionen des Kontoauszugs nennen.

1.

2.

3.

4.

5.

LERNFELD 4

WERTESTRÖME ERFASSEN UND DOKUMENTIEREN

d) Frau Staudt erklärt Anne, dass die Geschäftsfälle, die das Eigenkapital beeinflussen, nicht direkt auf dem passiven Bestandskonto „Eigenkapital" gebucht werden, sondern dass für verschiedene Geschäftsfälle eigene Unterkonten des Eigenkapitals gebildet werden.

Welche (Unter-)Konten würden Sie für die Geschäftsfälle 1 – 4 aus Aufgabe 2c) bilden?

1.   3.

2.   4.

3. Anne Schulte will nun die fünf Buchungssätze zum vorliegenden Kontoauszug bilden.

a) Erstellen Sie die fünf Buchungssätze.

Tag	Beleg	Buchungssatz	Soll	Haben
05.04.	1.			
05.04.	2.			
05.04.	3.			
05.04.	4.			
05.04.	5.			

b) Welche Besonderheiten fallen Ihnen auf?

4. Frau Staudt zeigt Anne nun die aktuelle Bilanz: „Diese benötigen Sie, um gegebenenfalls die Anfangsbestände in das jeweilige Konto einzutragen."[1]

Aktiva		Eröffnungsbilanz		Passiva
I. Anlagevermögen			I. Eigenkapital	685.000,00 €
Grundstücke	330.000,00 €		II. Fremdkapital	
Gebäude	510.000,00 €		Hypothekenschulden	470.000,00 €
BGA	62.900,00 €		Darlehensschulden	228.000,00 €
II. Umlaufvermögen			Verbindlichkeiten a. LL	119.600,00 €
Waren	404.850,00 €			
Forderungen a. LL	96.500,00 €			
Kassenbestand	5.450,00 €			
Kreditinstitute	17.200,00 €			
Bank	75.700,00 €			
		1.502.600,00 €		1.502.600,00 €

1 Im weiteren Verlauf dieser Aktion wird auf die Erstellung des EBK und der gesamten Bestandskonten verzichtet.

WIR BUCHEN AUFWENDUNGEN UND ERTRÄGE AUF ERFOLGSKONTEN

a) Eröffnen Sie (nur) die sechs Konten zu den Buchungssätzen aus Aufgabe 3.

b) Übertragen Sie die Werte der Buchungssätze in die Konten.

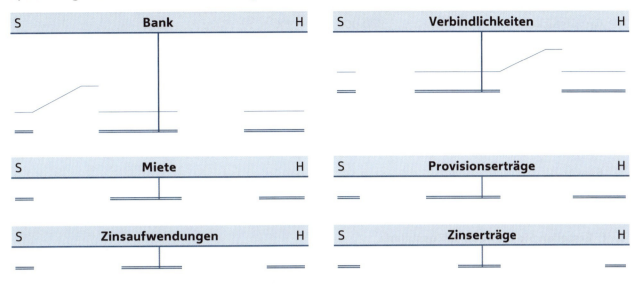

c) Was ist buchhalterisch der wesentliche Unterschied zwischen einem Bestandskonto und einem Erfolgskonto?

d) Vergleichen Sie die Werte des Bankkontos mit den Werten des Kontoauszugs zu Beginn. Erläutern Sie dabei den Unterschied zwischen dem Schlussbestand eines Kontos und dessen Kontosumme.

5. Anne ist nun sehr unsicher, wie sie die einzelnen Konten abschließen soll. Die Bestandskonten (Bank und Verbindlichkeiten) werden über das SBK abgeschlossen. Anne holt sich Rat bei Frau Staudt.

Frau Staudt: „Sie müssen die Erfolgskonten über das Gewinn- und Verlustkonto (GuV) abschließen. Das GuV wird dann wiederum über das Eigenkapitalkonto (EK) abgeschlossen, das EK dann über das SBK."

a) Schließen Sie die oben stehenden sechs Konten ab.

b) Übertragen Sie die entsprechenden Schlussbestände in die nachfolgenden Konten.

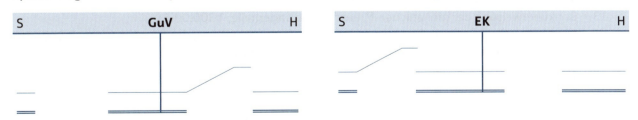

c) Wenn Sie den Saldo auf dem GuV gebildet haben, wie hoch ist dann der Gewinn oder Verlust?

d) Schließen Sie das GuV über das EK ab.

LERNFELD 4 — WERTESTRÖME ERFASSEN UND DOKUMENTIEREN

e) **Übertragen Sie die SB der Bestandskonten ins SBK.**

S	SBK		H
Grundstücke	330.000,00 €	EK	
Gebäude	510.000,00 €	Hypothekenschulden	470.000,00 €
BGA	62.900,00 €	Darlehensschulden	228.000,00 €
Warenbestand	404.850,00 €	Verbindlichkeiten	
Forderungen	96.500,00 €		
Kasse	5.450,00 €		
Postbank	17.200,00 €		
Bank			

f) **Erstellen Sie die neue Schlussbilanz.**

Aktiva	Schlussbilanz		Passiva
I. Anlagevermögen		I. Eigenkapital	
Grundstücke	330.000,00 €	II. Fremdkapital	
Gebäude	510.000,00 €	Hypothekenschulden	470.000,00 €
BGA	62.900,00 €	Darlehensschulden	228.000,00 €
II. Umlaufvermögen		Verbindlichkeiten a. LL	
Waren	404.850,00 €		
Forderungen a. LL	96.500,00 €		
Kassenbestand	5.450,00 €		
Kreditinstitute	17.200,00 €		
Bank			

VERTIEFUNGS- UND ANWENDUNGSAUFGABEN

1. Bei der Fairtext GmbH sind folgende zehn Geschäftsfälle angefallen:
   1. Wir verkaufen Waren für 18.200,00 €, bar.
   2. Wir kaufen Waren ein auf Ziel für 14.000,00 €.
   3. Banküberweisung der monatlichen Miete für eine Lagerhalle, 1.300,00 €
   4. Es geht eine Rechnung ein für Malerarbeiten für die Neugestaltung des Bürogebäudes, 9.200,00 €.
   5. Unserem Bankkonto werden Zinsen gutgeschrieben, 430,00 €.
   6. Wir kaufen Druckerpapier bar, 650,00 €.
   7. Die jährlichen Darlehenszinsen werden vom Bankkonto abgebucht, 2.800,00 €.
   8. Wir verkaufen Waren auf Ziel, Warenwert 12.300,00 €.
   9. Wir kaufen einen neuen Bürostuhl gegen Rechnung, 1.200,00 €.
   10. Die monatlichen Beiträge für eine Fachzeitschrift werden vom Bankkonto abgebucht, 100,00 €.

Verwenden Sie folgende Konten:

Betriebs- und Geschäftsausstattung (BGA,) Wareneingang, Forderungen a. LL, Vorsteuer, Bank, Kasse, Verbindl. a. LL, Warenverkauf, Zinserträge, Instandhaltung, Mieten, Bürobedarf, Gebühren und sonst. Abgaben, Zinsaufwendungen.

a) Stellen Sie zu den zehn Geschäftsfällen den entsprechenden Buchungssatz.

Beleg	Buchungssatz	Soll	Haben

b) Ermitteln Sie den Erfolg des Unternehmens, indem Sie (nur) alle Erfolgskonten führen, abschließen und mithilfe des GuV-Kontos den Gewinn oder Verlust darstellen.

S	Wareneingang	H	S	Zinserträge	H

S	Warenverkauf	H	S	Mieten	H

S	Instandhaltung	H	S	Gebühren und sonst. Abgaben	H

S	Bürobedarf	H

S	Zinsaufwendungen	H

LERNFELD 4

WERTESTRÖME ERFASSEN UND DOKUMENTIEREN

S	GuV	H

2. Erläutern Sie mit eigenen Worten, wie der Erfolg eines Unternehmens buchhalterisch ermittelt wird. Gehen Sie dabei auch darauf ein, wann es zu einem Gewinn oder einem Verlust kommt und auf welcher Seite dieser Gewinn oder Verlust auf dem GuV-Konto geschrieben wird.

Zur weiteren Vertiefung der Lerninhalte und Sicherung der Lernergebnisse empfehlen wir das Bearbeiten der Aufgaben und Aktionen in Kapitel 12 (Erfolgskonten im Grund- und Hauptbuch) des Lernfeldes 4 in Ihrem Lehrbuch „Groß im Handel, 1. Ausbildungsjahr".

9 Wir informieren uns über die Warengeschäfte unseres Unternehmens

HANDLUNGSSITUATION

Frau Schröter, Geschäftsführerin der Fairtext GmbH in Hannover, kommt in die Abteilung Rechnungswesen.

Frau Schröter: „Sie haben mir gerade die neusten Absatz- und Umsatzzahlen des letzten Monats gegeben. Mir ist dabei aufgefallen, dass wir in dem Monat Rückgänge, vor allem bei unseren ‚Rennern', dem Damenpullover ‚Elle' sowie dem Artikel ‚Boxershorts, Baumwolle' zu verzeichnen haben. Das hat sich auch auf unseren Rohgewinn ausgewirkt."

Frau Staudt: „Das ist natürlich bedauerlich. Was schlagen Sie vor?"

Frau Schröter: „Bereiten Sie mir bitte folgende Informationen vor, damit wir uns in der Geschäftsleitung eine Strategie überlegen können, wie wir solche Einbrüche in Zukunft vermeiden können: Sie sollten zunächst beide Artikel noch einmal kalkulieren und überprüfen, ob die vorgegebenen Daten auch realisiert worden sind."

Frau Staudt: „Okay, also eine Kalkulation und die Überprüfung der Daten."

Frau Schröter: „Jawohl. Außerdem möchte ich, dass Sie in dem Zusammenhang auch überprüfen, ob alle Warenein- und -verkäufe auch richtig gebucht wurden, und fassen Sie alle wichtigen Buchungen bei den Warenbewegungen zusammen."

Frau Staudt: „Gut, Frau Schröter. Das werden wir umgehend machen."

Frau Schröter: „Ich möchte, dass Sie mir Ihre Ergebnisse dann präsentieren." (Verlässt anschließend den Raum)

Frau Staudt: „Anne, Sie haben gehört, was Frau Schröter gesagt hat. Daher sollten wir sofort mit der Analyse der Daten starten."

Informationen zum Lösen der folgenden Handlungsaufgaben finden Sie im Lehrbuch „Groß im Handel, 1. Ausbildungsjahr" in Kapitel 13 (Warenbuchungen) des Lernfeldes 4.

HANDLUNGSAUFGABEN

1. Welche Probleme müssen Frau Staudt und Anne lösen?

LERNFELD 4

WERTESTRÖME ERFASSEN UND DOKUMENTIEREN

2. Frau Schröter hat von Absatz und Umsatz gesprochen. **Anne soll die Unterschiede zwischen diesen beiden Begriffen herausstellen.**

3. Ein wichtiger Faktor ist für Frau Schröter der Rohgewinn.

a) **Was verstehen Sie unter dem Rohgewinn?**

b) **Warum ist Frau Schröter diese Kennzahl so wichtig?**

4. Anne hat nun von Frau Staudt die folgenden Daten bekommen:

	Boxershorts, Baumwolle	Damenpullover „Elle"
Listeneinkaufspreis	12,40 €	23,00 €
Lieferantenrabatt	10 %	10 %
Lieferantenskonto	2 %	2 %
Bezugskosten	frei Haus	frei Haus
Handlungskosten	50 %	50 %
Gewinn	10 %	10 %
Kundenskonto	2 %	2 %
Kundenrabatt (Mittelwert)	33,57 %	33,57 %

Kalkulieren Sie diese zwei Artikel vom Listeneinkaufspreis bis zum Listenverkaufspreis.

	Boxershorts, Baumwolle		Damenpullover „Elle"	
	Bedingungen	Wert	Bedingungen	Wert

5. Im letzten Monat sind bei der Fairtext GmbH in Hannover folgende Daten ermittelt worden:

	Boxershorts, Baumwolle	Damenpullover „Elle"
Absatzmenge	1 340 Stück	945 Stück
Umsatz (auf Basis des Barverkaufspreises)	24.187,00 €	29.342,25 €
Wareneinkäufe zu Einkaufspreisen	14.659,60 €	19.174,05 €
Waren- bzw. Rohgewinn	9.527,40 €	10.168,20 €

a) Vergleichen Sie die Zahlen für die Boxershorts, Baumwolle und die Damenpullover „Elle" mit den vorher kalkulierten Preisen (Einstandspreis und Barverkaufspreis). Halten Sie Ihre Ergebnisse fest.

b) Welche Auswirkungen haben die Differenzen auf die Kalkulation bzw. den Gewinnaufschlag?

LERNFELD 4

WERTESTRÖME ERFASSEN UND DOKUMENTIEREN

6. Wie groß sind die Anfangsbestände und die Schlussbestände des letzten Monats für die Boxershorts und die Damenpullover auf Basis der kalkulierten Einstandspreise aus Aufgabe 4 in Euro? Bestimmen Sie auch die Bestandsminderung oder die Bestandsmehrung in Euro.

Boxershorts, Baumwolle	Damenpullover „Elle"
Rechnung:	Rechnung:

7. Frau Staudt erklärt Anne, dass die Wareneinkäufe als Aufwand auf ein Extrakonto gebucht werden, das Konto „Wareneingang". Außerdem erklärt sie Anne, dass die Bestandsveränderungen im laufenden Monat berücksichtigt werden müssen. Bestandsminderungen wirken hierbei wie ein Aufwand, werden zu den Einkäufen also hinzugezählt, und Bestandsmehrungen wirken hier wie ein Ertrag, werden vom Einkauf also abgezogen. Nachdem Frau Staudt und Anne die wichtigen Daten aus den Informationen zusammengetragen und berechnet haben, sollen die Geschäftsvorgänge nun gebucht werden.

a) Buchen Sie die Angaben aus den Aufgaben 5 und 6 auf die unten stehenden Konten.[1]

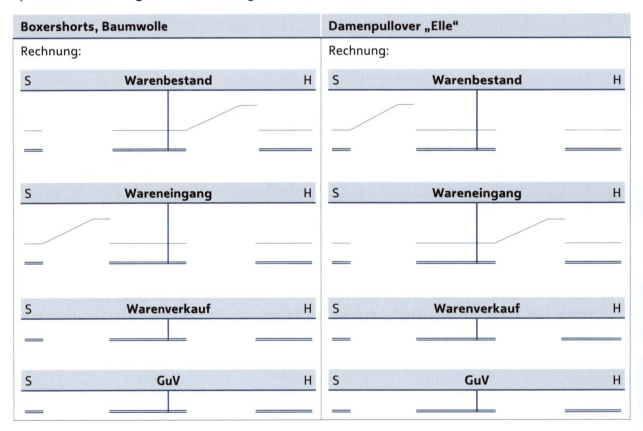

---

[1] In der Realität würden die Werte aller Artikel am Ende zu einem Warenkonto zusammengefasst werden. Darauf wird hier verzichtet, um Veränderungen der Warenbestände gegenüberzustellen und zu verdeutlichen.

b) Am 30. April werden die Konten abgeschlossen. Damit verbunden sind mehrere Abschlussbuchungen. **Erstellen Sie zu den folgenden Fragen die Abschlussbuchung/den Buchungssatz.**

Boxershorts, Baumwolle			**Damenpullover „Elle"**		
Buchungssatz	Soll	Haben	Buchungssatz	Soll	Haben
1. Wie lautet die Abschlussbuchung für den Warenbestand?					
2. Liegt eine Bestandsminderung oder eine Bestandsmehrung vor und wie lautet der Buchungssatz zur Umbuchung der Bestandsminderung/Bestandsmehrung?					
3. Wie lautet die Abschlussbuchung für das Konto „Wareneingang"?					
4. Wie lautet die Abschlussbuchung für das Konto „Warenverkauf"?					

c) Wenn Sie sich Ihre Buchungssätze zu b) ansehen: Welche Gemeinsamkeiten und welche Unterschiede können Sie bei einer Bestandsminderung und einer Bestandsmehrung des Warenbestands feststellen? Erläutern Sie die Unterschiede.

8. Frau Staudt und Anne Schulte wollen sich auf die Präsentation der Ergebnisse mit Frau Schröter vorbereiten. **Fassen Sie zusammen mit Ihrem Banknachbarn die wesentlichen Ergebnisse/Erkenntnisse zusammen.**

LERNFELD 4

WERTESTRÖME ERFASSEN UND DOKUMENTIEREN

VERTIEFUNGS- UND ANWENDUNGSAUFGABEN

1. Definieren Sie den Begriff „Wareneinsatz".

2. Wie wirken sich Bestandsmehrungen und wie wirken sich Bestandsminderungen auf den Unternehmenserfolg aus?

3. a) Erstellen Sie die Eröffnungsbilanz.
   b) Richten Sie die Bestands- und Erfolgskonten ein.
   c) Buchen Sie die Geschäftsfälle und übertragen Sie die Buchungssätze auf die Bestands- und Erfolgskonten (Hauptbuch).
   d) Schließen Sie die Erfolgskonten über das GuV-Konto ab und übertragen Sie den Gewinn oder Verlust auf das Eigenkapitalkonto.
   e) Schließen Sie die Bestandskonten über das SBK ab.

WIR INFORMIEREN UNS ÜBER DIE WARENGESCHÄFTE UNSERES UNTERNEHMENS

Anfangsbestände

	€		€
BGA	195.000,00	Bank	21.000,00
Warenbestand	79.500,00	Eigenkapital	?
Forderungen a. LL	15.000,00	Verbindlichkeiten a. LL	15.000,00
Kasse	9.000,00		

Erfolgskonten/GuV: Wareneingang, Löhne, Instandhaltung, Bürobedarf, Warenverkauf, Provisionserträge
Abschlusskonten: Gewinn- und Verlustkonto, Schlussbilanzkonto

Geschäftsfälle:

1. Zieleinkauf von Waren lt. ER — 13.500,00 €
2. Zahlung der Löhne durch Banküberweisung — 6.200,00 €
3. Warenverkauf   bar — 5.800,00 €
    gegen Giro-Karte — 6.600,00 €
4. Reparatur des Laufbandes gegen Rechnung — 450,00 €
5. Barkauf von Büromaterial — 150,00 €
6. Kauf von Waren bar — 1.400,00 €
7. Kunde zahlt Rechnung durch Banküberweisung — 8.500,00 €
8. Verkauf von Waren auf Ziel — 25.900,00 €
9. Wir erhalten Provision für ein vermitteltes Geschäft per Banküberweisung. — 3.800,00 €

Abschlussangaben

1. Warenschlussbestand lt. Inventur   71.400,00 €
2. Die Schlussbestände der übrigen Bestandskonten stimmen mit den Werten der Inventur überein.

Beleg	Buchungssatz	Soll	Haben
1.			
2.			
3.			
4.			
5.			
6.			
7.			
8.			
9.			

LERNFELD 4

WERTESTRÖME ERFASSEN UND DOKUMENTIEREN

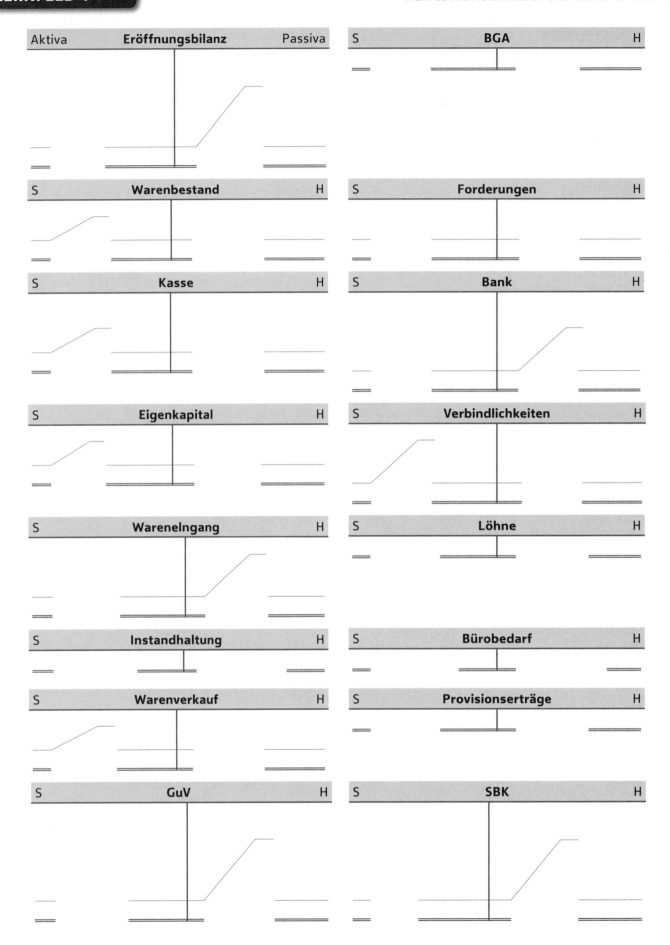

Zur weiteren Vertiefung der Lerninhalte und Sicherung der Lernergebnisse empfehlen wir das Bearbeiten der Aufgaben und Aktionen in Kapitel 13 (Warenbuchungen) des Lernfeldes 4 in Ihrem Lehrbuch „Groß im Handel, 1. Ausbildungsjahr".

10 Wir ermitteln die Umsatzsteuerschuld unseres Unternehmens

HANDLUNGSSITUATION

Frau Schröter ist mit den Umsatzstatistiken und Analysen zu den „Rennern", dem Damenpullover „Elle" sowie den Boxershorts, Baumwolle, sehr zufrieden.

Frau Schröter ist aber aufgefallen, dass die Umsatzsteuer bei den bisherigen Analysen noch nicht berücksichtigt wurde.

Sie möchte gern wissen, wie hoch die Zahllast für die Fairtext GmbH im Monat Mai bezogen auf diese beiden Artikel ist.

Daher sollen Frau Staudt und Anne Schulte diese Werte aus den vorliegenden Informationen aufstellen:

Boxershorts, Baumwolle

1. Rechnung der Firma Müller

Bernhard Müller
Herrenoberbekleidung

Bernhard Müller OHG · Im Weiher 1 · 69121 Heidelberg
Fairtext GmbH
Walsroder Str. 6 a
30625 Hannover

Kundennr.: 2588 FT
Lieferdatum: 08.05.20..
Bestelldatum: 02.05.20..
Rechnungsnr.: 158

Telefon: 06221 8925-0
Telefon: 06221 8925-63
Internet: www.bmueller-wvd.de
E-Mail: info@bmueller-wvd.de

Datum: 08.05.20..

Rechnung

Pos.	Anzahl	Artikel	Einzelpreis/€	Betrag/€
1	500	Boxershorts, Baumwolle, Art.-Nr. 1700	12,40	6.200,00
		abzgl. Mengenrabatt 10 %		620,00
		Gesamt		5.580,00
		+ 19 % USt		1.060,20
		Rechnungsbetrag		**6.640,20**

Zahlbar innerhalb von 14 Tagen ohne Abzug.

EINGEGANGEN 9. Mai 20..
sachlich richtig *Rün. 09.05.20..*
rechnerisch richtig *Schu. 09.05.20..*

3. Rechnungsverkäufe Monat Mai Boxershorts, Baumwolle: 458 Stück

Stückpreis brutto (inkl. 19 % Umsatzsteuer): 33,00 €

Hinweis: Das sind alle Ein- und Verkäufe im Monat Mai.

Damenpullover „Elle"

2. Rechnung der Firma Alber & Bayer

Alber & Bayer

Alber & Bayer GmbH & Co. KG
Damenoberbekleidung

Alber & Bayer GmbH & Co. KG, Nelkenstr. 28, 52000 Aachen
Fairtext GmbH
Walsroder Str. 6 a
30625 Hannover

Kundennr.: 06651
Lieferdatum: 12.05.20..
Bestelldatum: 08.05.20..
Rechnungsnr.: 89/20..

Telefon: 0241 8109
Telefon: 0241 8111
Internet: www.alberbayer-wvd.de
E-Mail: info@alberbayer-wvd.de

Datum: 12.05.20..

RECHNUNG

Pos.	Menge	Einheit	Artikel	€ je Einheit	€ gesamt
1	300	St.	Damenpullover „Elle" Artikelnummer 1850	23,00	6.900,00
			abzgl. Mengenrabatt 15 %		1.035,00
			Gesamt		5.865,00
			+ 19 % USt		1.114,35
			Rechnungsbetrag		**6.979,35**

Zahlbar innerhalb von 14 Tagen ohne Abzug.

EINGEGANGEN 13. Mai 20..
sachlich richtig *Bad. 13.05.20..*
rechnerisch richtig *Schu. 13.05.20..*

4. Rechnungsverkäufe Monat Mai Damenpullover „Elle": 340 Stück

Stückpreis brutto (inkl. 19 % Umsatzsteuer): 66,18 €

Anne fragt sich, warum die Fairtext GmbH überhaupt Umsatzsteuer einnimmt bzw. bezahlen muss und was die Zahllast zu bedeuten hat, die Frau Schröter genannt hat.

Informationen zum Lösen der folgenden Handlungsaufgaben finden Sie im Lehrbuch „Groß im Handel, 1. Ausbildungsjahr" in den Kapiteln 15 (Bedeutung der Umsatzsteuer), 16 (Buchen von Geschäftsfällen mit Umsatzsteuer) und 17 (Berechnung der Umsatzsteuerzahllast) des Lernfeldes 4.

LERNFELD 4

WERTESTRÖME ERFASSEN UND DOKUMENTIEREN

HANDLUNGSAUFGABEN

1. **Welche Fragen muss Anne klären?**

2. Frau Staudt erklärt Anne, dass es nach dem Umsatzsteuergesetz steuerbare Umsätze gibt, die wiederum in steuerpflichtige und steuerfreie Umsätze unterteilt sind.

   a) **Nennen Sie drei mögliche Umsatzarten, die steuerpflichtig sind (nach § 1 UStG).**

   b) **Nennen Sie drei mögliche Umsatzarten, die steuerfrei sind (nach § 4 UStG).**

WIR ERMITTELN DIE UMSATZSTEUERSCHULD UNSERES UNTERNEHMENS

c) **Es gibt einen Umsatzsteuersatz von 7 % und einen von 19 %. Nennen Sie zu jedem Umsatzsteuersatz drei Beispiele.**

d) **Warum ist die Fairtext GmbH umsatzsteuerpflichtig?**

3. Frau Staudt erklärt Anne, dass der Umsatzsteuersatz auf den Warenwert, d. h. den Nettowarenwert bzw. den Nettoverkaufspreis, aufgeschlagen wird. So ist auf der Eingangsrechnung des Lieferanten Müller der Warenwert (Gesamtbetrag) von 5.580,00 € aufgeführt, die Umsatzsteuer von 19 % mit einem Betrag von 1.060,20 € und der Bruttobetrag (= Rechnungsbetrag) von 6.640,20 €.

Bestimmen Sie für alle Verkäufe im Monat Mai den Warenwert, den Umsatzsteuerbetrag und den Bruttobetrag für die beiden Artikel.

	Boxershorts, Baumwolle	**Damenpullover „Elle"**
Bruttobetrag		
Warenwert		
Umsatzsteuer 19 %		

4. Bei der Buchung der Umsatzsteuer muss Anne zwischen den Konten „Vorsteuer" und „Umsatzsteuer" unterscheiden.

a) **Wann wird das Konto Vorsteuer und wann wird das Konto Umsatzsteuer verwendet?**

b) **Formulieren Sie zu den Belegen und Informationen der Fairtext GmbH aus der Ausgangssituation die entsprechenden Geschäftsfälle und stellen Sie den entsprechenden Buchungssatz auf.**

	Soll	Haben
1. Rechnung der Firma Müller Text:		

247

LERNFELD 4

WERTESTRÖME ERFASSEN UND DOKUMENTIEREN

	Soll	Haben
2. Rechnung der Firma Alber & Bayer GmbH & Co. KG Text:		
3. Verkaufte Boxershorts gegen Rechnung: 458 Stück Text:		
4. Verkaufte Damenpullover „Elle" gegen Rechnung: 340 Stück Text:		

5. Frau Staudt beauftragt Anne nun mit dem Buchen der aufgestellten Buchungssätze auf die unten stehenden Konten.[1]

   a) Tragen Sie die Buchungen in die Konten ein.

   b) Schließen Sie die Konten ab und ermitteln Sie die Zahllast aus diesen Daten.

   c) Die Zahllast wird am 10. August an das Finanzamt vom Bankkonto der Fairtext GmbH überwiesen. **Stellen Sie zu diesem Geschäftsfall den Buchungssatz auf und übertragen Sie die Daten entsprechend auf das Konto.**

S	1410 Vorsteuer	H	S	1810 Umsatzsteuer	H

Buchungssatz zu c)		Soll	Haben

   d) Frau Staudt fragt Anne nun, was sie unter der Zahllast versteht.

   Erläutern Sie, was Sie unter der Zahllast verstehen.

---

[1] Es sollen hier nur die Konten „Vorsteuer" und „Umsatzsteuer" betrachtet werden. Alle anderen Konteneinträge werden hier nicht berücksichtigt.

WIR ERMITTELN DIE UMSATZSTEUERSCHULD UNSERES UNTERNEHMENS

e) Anne fragt Frau Staudt, wie sich die Zahllast auf den Unternehmenserfolg der Fairtext GmbH auswirkt.
Helfen Sie Frau Staudt bei der Antwort und begründen Sie diese.

VERTIEFUNGS- UND ANWENDUNGSAUFGABEN

1. a) Schließen Sie die beiden Konten ab.

S	Vorsteuerkonto	H
1 Bank	1.100,00 €	
2 Verbindl.	5.500,00 €	
3 Kasse	2.200,00 €	
4 Verbindl.	550,00 €	
5 Bank	4.400,00 €	
6 Verbindl.	22.200,00 €	

S	Umsatzsteuerkonto	H
	1 Ford.	4.400,00 €
	2 Bank	2.200,00 €
	3 Ford.	11.000,00 €
	4 Kasse	16.500,00 €
	5 Ford.	550,00 €
	6 Ford.	5.500,00 €
	7 Bank	1.650,00 €

b) Nennen Sie die Buchungssätze zum Abschluss der Konten sowie zum Zahlungsausgang bei Banküberweisung der Zahllast.

Nr.	Buchungssatz	Soll	Haben
1.			
2.			

c) Wie groß ist also die Zahllast?

Zahllast =

2. Die Gartenabteilung des Baumarktes „Schlau und Bau" hat sich vom Großhandel, der Firma Gardenica KG, eine edle Holzbank zum Nettopreis von 300,00 € gegen Rechnung gekauft. Der Endverbraucher Herr Pautsch kauft diese Holzbank bar von dem Baumarkt zum Ladenpreis (brutto) von 535,50 €.

a) Wie lauten die beiden Buchungssätze aus Sicht des Baumarktes „Schlau und Bau"?

Nr.	Buchungssatz	Soll	Haben
1.			
2.			

LERNFELD 4

WERTESTRÖME ERFASSEN UND DOKUMENTIEREN

b) Wie hoch wäre die Zahllast des Baumarktes, wenn dies die einzigen Aktivitäten im Geschäftsjahr wären?

c) Die Gardenica KG wiederum kauft die Holzbank bei der Holzverarbeitung H & U GmbH zum Nettopreis von 220,00 €. Der Holzverarbeitungsbetrieb hat das Holz vor der Verarbeitung zur Holzbank bei einem Forstbetrieb zum Nettopreis von 50,00 € eingekauft.

Tragen Sie die Angaben in die unten stehende Liste ein und berechnen Sie die fehlenden Werte. Berechnen Sie auch die Werte und Summen für die Umsatzsteuer, Vorsteuer und die Zahllast in der jeweiligen Umsatzstufe.

Umsatzstufen	Ausgangsrechnung	Umsatzsteuer	Vorsteuer	Zahllast
Forstbetrieb	Nettopreis........ + 19 % USt........ Bruttopreis.......			
Holzverarbeitung H & U GmbH	Nettopreis........ + 19 % USt........ Bruttopreis.......			
Gardenica KG (Großhandel)	Nettopreis........ + 19 % USt........ Bruttopreis.......			
Einzelhandel	Nettopreis........ + 19 % USt........ Bruttopreis.......			
Summe				

d) Welchen Umsatzsteueranteil hat der Endverbraucher Herr Pautsch für die Holzbank zu zahlen?

e) Die Umsatzsteuerlast trägt der Endverbraucher, während die Umsatzsteuer für die Unternehmen ein „durchlaufender Posten" ist. **Erläutern Sie diesen Begriff unter Berücksichtigung der Tabelle.**

Zur weiteren Vertiefung der Lerninhalte und Sicherung der Lernergebnisse empfehlen wir das Bearbeiten der Aufgaben und Aktionen in den Kapiteln 15 (Bedeutung der Umsatzsteuer), 16 (Buchen von Geschäftsfällen mit Umsatzsteuer) und 17 (Berechnung der Umsatzsteuerzahllast) des Lernfeldes 4 in Ihrem Lehrbuch „Groß im Handel, 1. Ausbildungsjahr".

11 Wir weisen die Zahllast oder den Vorsteuerüberhang in der Bilanz aus

HANDLUNGSSITUATION

Im Dezember, dem letzten Monat des Abrechnungszeitraums der Fairtext GmbH, sollen die noch ausstehenden Geschäftsfälle in den Abteilungen Herrenwäsche und Damenoberbekleidung gebucht werden.

Frau Staudt und Anne haben die Belege zu folgenden Geschäftsfällen vor sich liegen:

Geschäftsfälle Abteilung Herrenwäsche	€
1. Die Barverkäufe für den Monat Dezember betragen insgesamt	8.330,00
2. Kauf von Herrenslips bei Firma STO AG auf Ziel (Nettopreis)	5.200,00
3. Kunden kaufen im Monat Dezember Herrenwäsche auf Ziel für insgesamt	11.305,00
4. Zieleinkauf von Unterhemden bei der Firma Hessing GmbH für eine geplante Aktion im Frühjahr (Bruttopreis)	17.850,00

Geschäftsfälle Abteilung Damenoberbekleidung	€
1. Die Barverkäufe für den Monat Dezember betragen insgesamt	99.960,00
2. Kauf von Damenoberbekleidung bei Firma Peter Pührt auf Ziel (Nettopreis)	101.150,00
3. Kunden kaufen im Monat Dezember Damenoberbekleidung auf Ziel für insgesamt	124.950,00
4. Reparatur einer Ladentür (Bruttopreis)	4.998,00

Frau Staudt beauftragt Anne damit, diese letzten Buchungen für die Abteilung auszuführen und die Passivierung der Zahllast bzw. die Aktivierung des Vorsteuerüberhangs vorzunehmen. Anne soll abschließend einen Bericht verfassen, in dem die wesentlichen Arbeitsschritte und Besonderheiten dieser Aufgabe festgehalten sind.

Informationen zum Lösen der folgenden Handlungsaufgaben finden Sie im Lehrbuch „Groß im Handel, 1. Ausbildungsjahr" in den den Kapiteln 16 (Buchen von Geschäftsfällen mit Umsatzsteuer) und 17 (Berechnung der Umsatzsteuerzahllast) des Lernfeldes 4.

HANDLUNGSAUFGABEN

1. Welche Fragen muss Anne klären?

LERNFELD 4
WERTESTRÖME ERFASSEN UND DOKUMENTIEREN

2. Bevor Anne mit den Buchungen der Geschäftsfälle beginnt, bekommt sie von Frau Staudt den Auftrag, einige Begriffe zu definieren bzw. zu erläutern.

a) Worin liegt der Unterschied zwischen der Zahllast und dem Vorsteuerüberhang?

_____

_____

b) Erläutern Sie kurz, wie es bei der Fairtext GmbH aus Buchhaltungssicht zu einer Zahllast und wie es zu einem Vorsteuerüberhang kommen kann.

Zahllast:

_____

_____

_____

Vorsteuerüberhang:

_____

_____

_____

3. Frau Staudt hat bereits die meisten Daten für die Schlussbilanzen bzw. die jeweiligen SBK der beiden Abteilungen der Fairtext GmbH gesammelt. Die letzten Aufgaben, um das SBK abzuschließen, soll nun Anne erledigen.

a) Wie lauten die Buchungssätze zu den in der Ausgangssituation dargestellten Geschäftsfällen für die Abteilungen Herrenwäsche und Damenoberbekleidung, die Anne aufstellen muss?

	Buchungssätze Abteilung Herrenwäsche	Soll	Haben
1.			
2.			
3.			
4.			

WIR WEISEN DIE ZAHLLAST ODER DEN VORSTEUERÜBERHANG IN DER BILANZ AUS

	Buchungssätze Abteilung Damenoberbekleidung	Soll	Haben
1.			
2.			
3.			
4.			

b) Anne soll nun die Zahllast oder den Vorsteuerüberhang ermitteln, indem sie die Daten aus den Buchungssätzen in die entsprechenden unten stehenden Konten überträgt.[1]

I. Vor- und Umsatzsteuerkonto der Abteilung Herrenwäsche

II. Vor- und Umsatzsteuerkonto der Abteilung Damenoberbekleidung

c) Die Zahllast muss passiviert oder der Vorsteuerüberhang muss aktiviert werden am Ende eines Geschäftsjahres. Schließen Sie die oben stehenden Konten der Fairtext GmbH ab. **Stellen Sie den jeweiligen Buchungssatz auf.**

	Abschlussbuchungen der Abteilung Herrenwäsche	Soll	Haben
1.			
2.			

	Abschlussbuchungen der Abteilung Damenoberbekleidung	Soll	Haben
1.			
2.			

---

[1] Es sollen hier nur die Konten „Vorsteuer" und „Umsatzsteuer" betrachtet werden. Alle anderen Konteneinträge werden hier nicht berücksichtigt.

LERNFELD 4

WERTESTRÖME ERFASSEN UND DOKUMENTIEREN

d) Frau Staudt gibt Anne nun die beiden SBK der Abteilung Herrenwäsche und der Abteilung Damenoberbekleidung. **Anne soll die fehlenden Werte zur Passivierung der Zahllast bzw. zur Aktivierung des Vorsteuerüberhangs im SBK ergänzen.** (Bitte die nicht relevante Position „Vorsteuer" oder „Umsatzsteuer" entsprechend streichen.)

S	SBK (Herrenwäsche)		H
Gebäude	320.000,00 €	EK	
BGA	86.000,00 €	Darlehen	150.000,00 €
Warenbestand	72.000,00 €	Verbindlichkeiten	122.000,00 €
Forderungen	33.000,00 €	Umsatzsteuer	
Vorsteuer			
Bank	21.543,00 €		
Kasse	8.412,00 €		
	541.658,00 €		541.658,00 €

S	SBK (Damenoberbekleidung)		H
Gebäude	240.000,00 €	EK	
BGA	69.000,00 €	Darlehen	184.000,00 €
Wareneingang	145.000,00 €	Verbindlichkeiten	156.435,00 €
Forderungen	23.000,00 €	Umsatzsteuer	
Vorsteuer			
Bank	12.453,00 €		
Kasse	16.534,00 €		
	505.987,00 €		505.987,00 €

4. Anne will nun über die wesentlichen Punkte zur Passivierung der Zahllast und der Aktivierung des Vorsteuerüberhangs einen kleinen Bericht verfassen.

Ergänzen Sie folgende Begriffe im nachfolgenden Lückentext.

> 3.838,00 – 3.135,00 – 703,00 – 18.962,00 – Schulden – aktiviert – Kontenseiten – niedrigeren – passiviert – Schlussbilanzkonto – Soll – Finanzamt – Aktivierung – Umsatzsteuerkonto – Haben – höheren – Umsatzsteuer – Einkäufen – Vorsteuer – Passivierung – Verkäufen – Haben-Seite – Vorsteuerüberhang – eingenommen – Vorsteuerkonto – Buchungen – ausgegeben – Zahllast

Sehr geehrte Frau Staudt,

nachfolgend werde ich Ihnen darstellen, was bei der _____ der Zahllast und der _____ des Vorsteuerüberhangs zu beachten ist.

I. Das Buchen von Umsatzsteuer und Vorsteuer

Bei der Aufstellung von Buchungssätzen ist Folgendes zu beachten: Die Steuer, die bei _____ und sonstigen Käufen (z. B. eine Handwerkerrechnung) zu zahlen ist, wird auf dem _____ gebucht. Bei _____ und sonstigen Verkäufen wird ebenfalls eine Steuer berücksichtigt, die auf dem _____ eingetragen wird.

Man kann sich Folgendes merken:

– Vorsteuer immer im _____ und

– Umsatzsteuer immer im _____

(Ausnahme sind Stornobuchungen oder Retourbuchungen).

254

WIR WEISEN DIE ZAHLLAST ODER DEN VORSTEUERÜBERHANG IN DER BILANZ AUS

II. Ermittlung der Zahllast/des Vorsteuerüberhangs

Wenn alle _____ eines Monats getätigt wurden, werden das Vorsteuerkonto und das Umsatzsteuerkonto abgeschlossen. Es werden erst einmal die _____ beider Konten addiert. Das Konto mit dem _____ Gesamtwert wird über das Konto mit dem _____ Gesamtwert abgeschlossen. Beispielsweise beträgt in der Abteilung Gartenmöbel der Gesamtwert des Kontos „Vorsteuer" _____ € und der Gesamtwert des Kontos „Umsatzsteuer" _____ €. Daher wird das _____-Konto über das _____-Konto abgeschlossen. Die Differenz auf der _____ des Vorsteuerkontos beträgt _____ €. Dies ist der _____ des Monats Dezember für die Abteilung Gartenmöbel. Umgekehrt sieht es in der Abteilung Elektronik aus. Da mehr Umsatzsteuer _____ als _____ wurde, liegt eine _____ in Höhe von _____ € vor. Die Zahllast sind _____ gegenüber dem Finanzamt.

III. Passivierung der Zahllast/Aktivierung des Vorsteuerüberhangs

Wenn die Zahllast oder der Vorsteuerüberhang festgestellt wurde, muss diese(r) am Jahresende _____ oder _____ werden. Das bedeutet, dass die entsprechenden Werte auf dem _____ ausgewiesen werden müssen. Die Zahlung ans oder vom _____ erfolgt hier in der Regel erst im nächsten Monat, d. h. im nächsten Geschäftsjahr. Die Abteilung Gartenmöbel muss einen Vorsteuerüberhang ausweisen und die Abteilung Elektronik eine Zahllast.

Mit freundlichen Grüßen

Anne Schulte

VERTIEFUNGS- UND ANWENDUNGSAUFGABEN

1. Entscheiden Sie, ob die folgenden Aussagen richtig oder falsch sind.

Aussagen	richtig	falsch
Das Vorsteuerkonto ist ein aktives Bestandskonto.		
Bei jedem Einkauf von Gütern und Dienstleistungen fällt Umsatzsteuer an.		
Die Bemessungsgrundlage für die Umsatzsteuer ist der Warenwert.		
Der Verkauf von Grundstücken ist umsatzsteuerfrei.		
Beim Kauf von Kinokarten wird der ermäßigte Umsatzsteuersatz berechnet.		
Das Umsatzsteuerkonto ist ein Erfolgskonto.		
Das Umsatzsteuerkonto ist ein aktives Bestandskonto.		
Die gebuchte Vorsteuer stellt eine Schuld gegenüber dem Finanzamt dar.		
Jedes Unternehmen einer Produktions- und Handelsstufe trägt die Umsatzsteuer.		
Einen Vorsteuerüberhang muss ein Unternehmen am 10. des Folgemonats an das Finanzamt überweisen.		

LERNFELD 4

WERTESTRÖME ERFASSEN UND DOKUMENTIEREN

2. Zum 31. Dezember 20.. weisen die Konten „Vorsteuer" und „Umsatzsteuer" der Fairtext GmbH folgende Beträge aus.

a) Schließen Sie die Konten ab.

S	Vorsteuer	H	S	Umsatzsteuer	H
…	…		…	…	…
…	…			…	…
	20.000,00				60.000,00

b) Nennen Sie die Buchungssätze.

Nr.	Buchungssatz	Soll	Haben
1.			
2.			

c) Was passiert mit der Zahllast/dem Vorsteuerüberhang?

---

3. Zum 31. Dezember des Folgejahres weisen die Konten „Vorsteuer" und „Umsatzsteuer" der Fairtext GmbH folgende Beträge aus.

a) Schließen Sie die Konten ab.

S	Vorsteuer	H	S	Umsatzsteuer	H
…	…			…	…
…	…			…	…
	45.000,00				20.000,00

b) Nennen Sie die Buchungssätze.

Nr.	Buchungssatz	Soll	Haben
1.			
2.			

c) Was passiert mit der Zahllast/dem Vorsteuerüberhang?

WIR BENUTZEN DEN KONTENPLAN UND VERWENDEN VERSCHIEDENE BÜCHER IN DER BUCHFÜHRUNG

4. Entscheiden Sie, ob die folgenden Aussagen richtig oder falsch sind.

Aussagen	richtig	falsch
Eine Bestandsmehrung liegt vor, wenn der Schlussbestand kleiner ist als der Anfangsbestand.		
Das Konto *Aufwendungen für Waren* wird über das Schlussbilanzkonto abgeschlossen.		
Das Konto *Waren* wird mit dem Inventurbestand über das Schlussbilanzkonto abgeschlossen.		
Der Wareneinsatz sind die verkauften Waren bewertet zum Bezugspreis (Einstandspreis).		
Die Umsatzsteuer ist kein durchlaufender Posten.		
Die Zahllast ist die Umsatzsteuerschuld an das Finanzamt.		
Auf das Konto *Aufwendungen für Waren* wird der Bruttowert der Ware gebucht.		
Passivierung der Zahllast bedeutet die Buchung der Zahllast am Bilanzstichtag auf der Haben-Seite des Schlussbilanzkontos.		
Natürliche Belege müssen eigens für die Buchführung angefertigt werden.		
Jeder Geschäftsfall muss nachgewiesen werden, entweder mündlich oder schriftlich.		
Einzelbelege erfassen einen Geschäftsfall.		
Keine Buchung ohne Beleg.		

Zur weiteren Vertiefung der Lerninhalte und Sicherung der Lernergebnisse empfehlen wir das Bearbeiten der Aufgaben und Aktionen in den Kapiteln 16 (Buchen von Geschäftsfällen mit Umsatzsteuer) und 17 (Berechnung der Umsatzsteuerzahllast) des Lernfeldes 4 in Ihrem Lehrbuch „Groß im Handel, 1. Ausbildungsjahr".

12 Wir benutzen den Kontenplan und verwenden verschiedene Bücher in der Buchführung

HANDLUNGSSITUATION

Frau Staudt bringt zehn Belege mit, die in der letzten Abrechnungsperiode angefallen sind. Darauf sind folgende Geschäftsfälle abgebildet:

1. Kauf von Waren bei Fa. Kierer KG auf Ziel, netto — 5.000,00 €
2. Bargeldentnahme für Privatzwecke — 150,00 €
3. Verkauf von Waren an Fa. Beckermann Moden auf Ziel, netto — 45.000,00 €
4. Eingangsrechnung für die Reparatur mehrerer Fenster, netto — 2.800,00 €
5. Umwandlung einer Lieferantenschuld (PAGRO AG) in eine Darlehensschuld — 8.000,00 €
6. Zahlung von Löhnen durch Banküberweisung — 6.000,00 €
7. Zahlung der Zahllast durch Banküberweisung — 11.200,00 €
8. Zahlung der Miete für eine Lagerhalle durch Banküberweisung — 3.800,00 €
9. Provisionszahlung bar — 2.500,00 €
10. Banküberweisung   für Darlehenstilgung — 5.000,00 €
    für Darlehenszinsen — 1.200,00 €

LERNFELD 4

WERTESTRÖME ERFASSEN UND DOKUMENTIEREN

Des Weiteren hat Frau Staudt eine Übersicht über die Anfangsbestände der Sachkonten (in €) mitgebracht:

0210 Grundstücke	330.000	1310 Bank	92.900
0230 Bauten auf eig. Grundstücken	510.000	1510 Kasse	5.450
0330 Betriebs- und Geschäftsausstattung	62.900	1710 Verbindlichkeiten a. LL	119.600
0610 Eigenkapital	?	1810 Umsatzsteuer	11.200
0820 Verbindl. gegenüber Kreditinstituten	698.000	3900 Warenbestände	404.850
1010 Forderungen	96.500		

Weitere Konten: 1410, 1610, 1810, 2120, 3010, 3900, 4010, 4110, 4500, 4710, 8010, 9100, 9300, 9400
Abschlussangaben:
Warenschlussbestand lt. Inventur: 385.000,00 €

Die Auszubildende Anne Schulte bekommt von Frau Staudt den Auftrag, die Geschäftsfälle als Buchungssätze im Grundbuch aufzustellen. Neben der „normalen" Aufstellung der Buchungssätze soll Anne dieses Mal parallel eine Aufstellung nur mit den jeweiligen Kontonummern des Großhandelskontenrahmens vornehmen.

Außerdem soll Anne das Hauptbuch führen, um die Geschäftsfälle dieser Abrechnungsperiode ordnungsgemäß abzuschließen.

Die Abteilungen Einkauf und Verkauf möchten jeweils eine aktuelle detaillierte Offene-Posten-Liste über die Kunden bzw. Lieferanten haben.

Informationen zum Lösen der folgenden Handlungsaufgaben finden Sie im Lehrbuch „Groß im Handel, 1. Ausbildungsjahr" in den Kapiteln 18 (Aufbau und Organisation der Buchführung) und 19 (Verschiedene Bücher der Buchführung) des Lernfeldes 4.

HANDLUNGSAUFGABEN

1. Welche Fragen muss Anne klären?

2. Anne soll die zehn Geschäftsfälle im Grundbuch sowohl ohne als auch mit Kontonummern parallel aufstellen. Dazu ist es notwendig, dass sie sich den Kontenplan für den Groß- und Außenhandel ansieht.

   a) Wie wird das Grundbuch noch genannt? Was beinhaltet ein Grundbuch?

b) Stellen Sie die Buchungssätze einmal ohne Kontonummern in Textform auf und parallel daneben nur mit der entsprechenden Kontonummer.

Nr.	Buchungssätze (ohne Nummern)	Buchungssätze (nur die Nummern)	Soll	Haben
1.				
2.				
3.				
4.				
5.				
6.				
7.				
8.				
9.				
10.				

3. Die Daten des Grundbuches sollen nun ins Hauptbuch übertragen werden.

a) Was beinhaltet das Hauptbuch?

_____

_____

_____

b) Führen Sie die Konten des Hauptbuches. Übertragen Sie die Daten des Grundbuches ins Hauptbuch und schließen Sie die Konten ab.

S	9100 EBK	H

S	0230 Gebäude	H

S	0610 Eigenkapital	H

LERNFELD 4

WERTESTRÖME ERFASSEN UND DOKUMENTIEREN

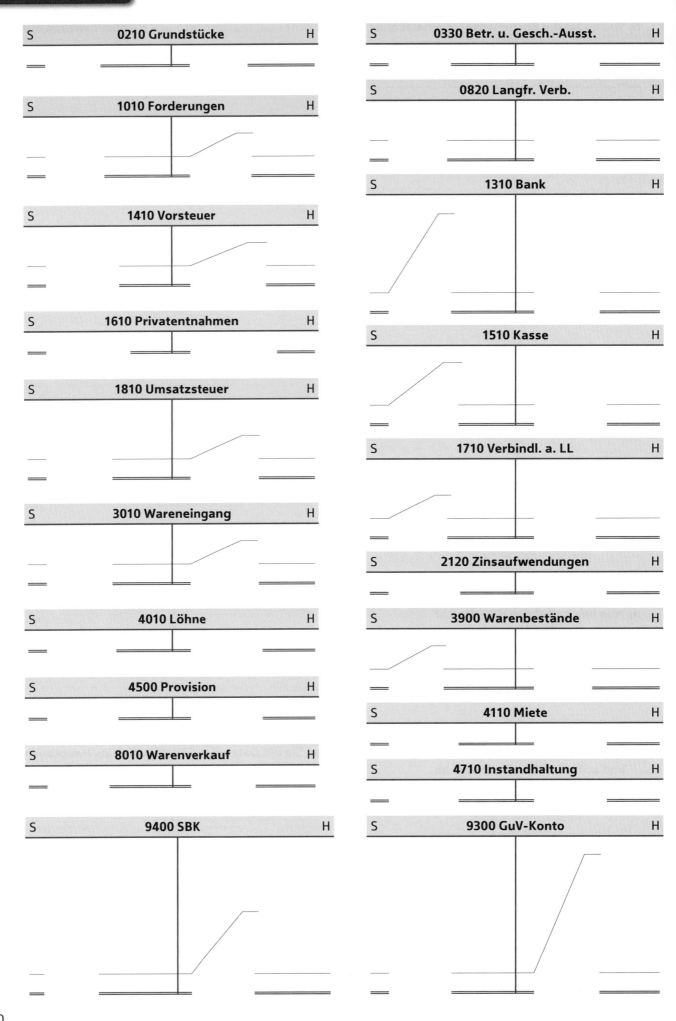

c) **Wie lautet der Buchungssatz zur Passivierung der Zahllast?**

Buchungssatz	Soll	Haben

d) **Erläutern Sie, warum auch das dritte Systembuch, das Inventar- und Bilanzbuch, geführt werden muss, damit für die Fairtext GmbH die Abrechnungsperiode komplett abgeschlossen ist.**

---

4. Durch die Neuaufnahme einer Produktkategorie erhielt die Fairtext GmbH in den letzten Monaten nicht nur viele neue Lieferanten, sondern auch neue Kunden. Anne bekommt von Frau Staudt den Auftrag, das Kontokorrentbuch auf Basis der Daten der Ausgangssituation zu aktualisieren.

a) **Erstellen Sie das neue Kontokorrentbuch zum Ende der Abrechnungsperiode.**

Nebenbuch: Kontokorrentbuch – Lieferantenbuch und Kundenbuch **zu Beginn** der Abrechnungsperiode

Bestände der Lieferanten (O-P-Liste der Kreditoren)				Bestände der Kunden (O-P-Liste der Debitoren)			
L.-Nr.	Kreditoren	Beleg-Nr.	Betrag	Kd.-Nr.	Debitoren	Beleg-Nr.	Betrag
17101	Ernst Puszkat KG	1	18.400	10101	ELKO AG	6	12.300
17102	Kierer KG	2	26.300	10102	Gertrud Schön e. Kffr.	7	24.800
17103	PAGRO AG	3	46.900	10103	Silke Bachmann e. Kffr.	8	3.400
17104	Wodsack KG	4	9.800	10104	Beckermann Moden	9	28.400
17105	Alber & Bayer GmbH & Co. KG	5	18.200	10105	Kaufhier Warenhaus AG	10	27.600
		Gesamtbetrag:	119.600			Gesamtbetrag:	96.500

Nebenbuch: Kontokorrentbuch – Lieferantenbuch und Kundenbuch **zum Ende** der Abrechnungsperiode

Bestände der Lieferanten (O-P-Liste der Kreditoren)				Bestände der Kunden (O-P-Liste der Debitoren)			
L.-Nr.	Kreditoren	Beleg-Nr.	Betrag	Kd.-Nr.	Debitoren	Beleg-Nr.	Betrag
17101	Ernst Puszkat KG	1		10101	ELKO AG	6	
17102	Kierer KG	2		10102	Gertrud Schön e. Kffr.	7	
17103	PAGRO AG	3		10103	Silke Bachmann e. Kffr.	8	
17104	Wodsack KG	4		10104	Beckermann Moden	9	
17105	Alber & Bayer GmbH & Co. KG	5		10105	Kaufhier Warenhaus AG	10	
		Gesamtbetrag:				Gesamtbetrag:	

b) **Warum ist der Gesamtbetrag der Kreditorenliste nicht identisch mit dem Schlussbestand der Verbindlichkeiten? Wie kommt die Differenz zustande?**

LERNFELD 4

WERTESTRÖME ERFASSEN UND DOKUMENTIEREN

c) Warum werden Debitoren- und Kreditorenlisten geführt?

d) Was bedeutet der Begriff „Offene Posten"?

e) Nennen Sie drei weitere Nebenbücher, die die Fairtext GmbH führen kann, und begründen Sie kurz, warum die Fairtext GmbH diese führen sollte.

Nebenbuch	Begründung

VERTIEFUNGS- UND ANWENDUNGSAUFGABEN

1. Anne Schulte bekommt von Frau Staudt den Auftrag, den Aufbau des Kontenrahmens für den Groß- und Außenhandel zu ergründen.

a) Beschreiben Sie die einzelnen Kontoklassen kurz und nennen Sie wesentliche Konten.

Kontoklasse	Beschreibung/Beispiel
Kontoklasse 0	
Kontoklasse 1	
Kontoklasse 2	
Kontoklasse 3	
Kontoklasse 4	
Kontoklasse 5	
Kontoklasse 6	
Kontoklasse 7	
Kontoklasse 8	
Kontoklasse 9	

WIR BENUTZEN DEN KONTENPLAN UND VERWENDEN VERSCHIEDENE BÜCHER IN DER BUCHFÜHRUNG

b) Frau Staudt erklärt Anne, dass die Kontonummern immer vierstellig sind.
Erklären Sie mit eigenen Worten, welche Informationen in diesen vier Ziffern stecken.

___

c) Frau Staudt sagt, dass die Fairtext GmbH zukünftig nur noch nach dem Kontenrahmen des Groß- und Außenhandels buchen wird. **Welche Vorteile bringt das mit sich?**

___

2. Anne Schulte will einige Konten den Kontenklassen des Großhandelskontenrahmens zuordnen. **Helfen Sie ihr dabei, indem Sie die Ziffer je eines der Konten der unten stehenden Kontenklasse zuordnen.**

Kontenbezeichnungen

1 Privatentnahmen
2 Zinsen und ähnliche Aufw.
3 Rückstellungen
4 sonstige Verbindlichkeiten
5 Warenbezugskosten
6 Rücksendungen von Kunden
7 Umsatzsteuer
8 Eröffnungsbilanzkonto
9 Sonstige Forderungen

	Kontenklasse 0
	Kontenklasse 2
	Kontenklasse 9

3. Welche Aussage über Kontenrahmen und Kontenplan ist richtig?

	Kontenpläne werden von Wirtschaftsverbänden und Kontenrahmen von Landesregierungen herausgegeben.
	Kontenrahmen werden von Wirtschaftsverbänden und Kontenpläne von Landesregierungen herausgegeben.
	Kontenrahmen sind lediglich Empfehlungen an die Unternehmen, Kontenpläne sind dagegen gesetzliche Rahmenvereinbarungen.
	Kontenrahmen und Kontenplan sind immer identisch und gesetzlich von der Bundesregierung vorgeschrieben.
	Kontenrahmen werden von Wirtschaftsverbänden herausgegeben und Kontenpläne von den einzelnen Unternehmen erstellt.

Zur weiteren Vertiefung der Lerninhalte und Sicherung der Lernergebnisse empfehlen wir das Bearbeiten der Aufgaben und Aktionen in den Kapiteln 18 (Aufbau und Organisation der Buchführung) und 19 (Verschiedene Bücher der Buchführung) des Lernfeldes 4 in Ihrem Lehrbuch „Groß im Handel, 1. Ausbildungsjahr".

LERNFELD 4

WERTESTRÖME ERFASSEN UND DOKUMENTIEREN

13 Wir buchen Besonderheiten beim Ein- und Verkauf von Waren

HANDLUNGSSITUATION

Frau Staudt und Anne Schulte aus der Abteilung Rechnungswesen der Fairtext GmbH bekommen zwei Belege auf ihren Schreibtisch. Der erste Beleg zeigt eine Rechnung vom Lieferanten Alber & Bayer GmbH & Co. KG und der andere eine Rechnung, die die Fairtext GmbH dem Kunden Franz Stallmann Fashion OHG ausgestellt hat. Zu beiden Belegen sind noch weitere Angaben vorhanden.

Einkauf — Weitere Angaben: Die Versandkartons werden vom Lieferanten bei Rückgabe komplett erstattet.

Verkauf — Weitere Angaben: Der Kunde bekommt bei Rückgabe der Versandkartons die Verpackungskosten erstattet.

Frau Staudt erklärt Anne, dass beim Buchen dieser Belege die Bezugs- und Vertriebskosten, Rabatte, Rücksendungen und Preisnachlässe sowie Zahlungen unter Abzug von Skonto berücksichtigt werden müssen. Anne bekommt den Auftrag, diese beiden Belege zu buchen.

Informationen zum Lösen der folgenden Handlungsaufgaben finden Sie im Lehrbuch „Groß im Handel, 1. Ausbildungsjahr" den Kapiteln 20 (Buchhalterische Besonderheiten beim Einkauf von Waren) und 21 (Buchhalterische Besonderheiten beim Verkauf von Waren) des Lernfeldes 4.

WIR BUCHEN BESONDERHEITEN BEIM EIN- UND VERKAUF VON WAREN

HANDLUNGSAUFGABEN

1. Welche Fragen muss Anne klären?

2. Anne und Frau Staudt betrachten zunächst die Eingangsrechnung der Firma Alber & Bayer GmbH & Co. KG. Frau Staudt nennt dabei die Begriffe „Anschaffungskosten" und „Anschaffungsnebenkosten". **Erläutern Sie diese beiden Begriffe kurz.**

Begriff	Erläuterung
Anschaffungskosten	
Anschaffungsnebenkosten	

3. Anne soll nun den Buchungssatz für die Eingangsrechnung der Firma Alber & Bayer GmbH & Co. KG aufstellen.

a) **Wie lautet der Buchungssatz bei Rechnungseingang am 12.06.?**

Buchungssatz	Soll	Haben

b) **Wie berücksichtigen Sie den Mengenrabatt auf der Eingangsrechnung buchhalterisch?**

c) Leider hat sich herausgestellt, dass 40 Multifunktionsjacken beschädigt sind. Drei Tage später, am 15.06., holt der Lieferant Alber & Bayer GmbH & Co. KG daher die beschädigten Jacken und 18 gelieferte Versandkartons ab. Die Fairtext GmbH bekommt diese entsprechend erstattet. **Wie lautet der Buchungssatz für diesen Vorgang?**

Buchungssatz	Soll	Haben

265

LERNFELD 4

WERTESTRÖME ERFASSEN UND DOKUMENTIEREN

d) Am 25.06. soll Anne den Restbetrag an den Lieferanten Alber & Bayer GmbH & Co. KG durch Banküberweisung begleichen. Hierbei soll sie Skontoabzug berücksichtigen. **Wie lautet der Buchungssatz?**

Buchungssatz	Soll	Haben

4. Als Nächstes muss die Ausgangsrechnung vom 17.06. an die Franz Stallmann Fashion OHG buchhalterisch erfasst werden. Frau Staudt erklärt Anne, dass die Vertriebskosten manchmal auf Aufwandskonten gebucht werden und manchmal auf dem Warenverkaufskonto. **Erläutern Sie, wann wie zu verfahren ist.**

5. Die Fracht zum Kunden wurde von der Spedition Schnell & Gut KG übernommen. Die Spedition sendet eine Rechnung über den Nettobetrag von 130,00 €.

a) Wie lautet der Buchungssatz?

Buchungssatz	Soll	Haben

b) Wie lautet der Buchungssatz für die Buchung der Ausgangsrechnung?

Buchungssatz	Soll	Haben

c) Die Franz Stallmann Fashion OHG gibt bei Anlieferung die drei Versandkartons zurück. Hier erhält der Kunde eine entsprechende Gutschrift. **Buchen Sie diese Gutschrift über einen Stückwert von 15,00 € (netto).**

Buchungssatz	Soll	Haben

WIR BUCHEN BESONDERHEITEN BEIM EIN- UND VERKAUF VON WAREN

d) Am 27.06. überweist die Franz Stallmann Fashion OHG die Rechnung vom 17.06. auf das Bankkonto der Fairtext GmbH unter Berücksichtigung der Gutschrift und eines Abzugs von 2% Skonto. **Wie lautet der Buchungssatz?**

Buchungssatz	Soll	Haben

6. Frau Staudt hat bereits die Konten vorbereitet, auf denen die in Aufgabe 3 und 5 erstellten Buchungssätze übertragen werden müssen. Anne Schulte soll die Konten entsprechend abschließen.

a) Schließen Sie die unten stehenden Konten unter Berücksichtigung der angegebenen Anfangsbestände ab. Berücksichtigen Sie dabei folgende Angaben:
- Das Geschäftsjahr endet am 30.06. Daher muss ein SBK erstellt werden.
- Die Zahllast oder der Vorsteuerüberhang wird am 30.06 passiviert bzw. aktiviert.
- Die Warenbestandsmehrungen im Abrechnungszeitraum betragen 36.750,00 €.
- Alle nicht aufgeführten Bestands- und Erfolgskonten wurden bereits von Frau Tegtmeyer abgeschlossen und in die GuV bzw. das SBK übertragen.

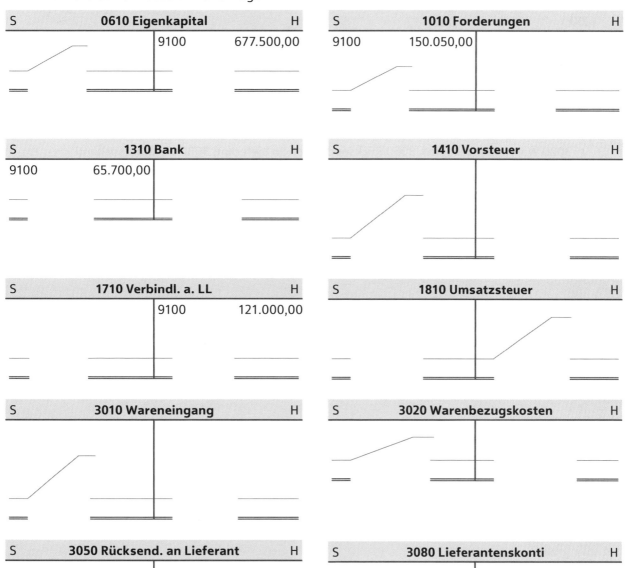

LERNFELD 4
WERTESTRÖME ERFASSEN UND DOKUMENTIEREN

S	4620 Ausgangsfrachten	H

S	8010 Warenverkauf	H

S	8080 Kundenskonti	H

S	9300 GuV	H
2120		4.200,00	8010
3010			
4010	6.556,74		
4620			
0610			

S	9400 SBK	H
0210	330.000,00	0610	
0230	510.000,00	0820	701.000,00
0330	62.900,00	1710	
3900	405.117,71		
1010			
1310			
1410			
1510	1.725,55		

b) Wie lauten die Abschlussbuchungen für folgende Konten:
- 3020 Warenbezugskosten, 3050 Rücksendungen an Lieferant, 3080 Lieferantenskonti
- 8080 Kundenskonti

Buchungssatz	Soll	Haben

Zur weiteren Vertiefung der Lerninhalte und Sicherung der Lernergebnisse empfehlen wir das Bearbeiten der Aufgaben und Aktionen in den Kapiteln 20 (Buchhalterische Besonderheiten beim Einkauf von Waren) und 21 (Buchhalterische Besonderheiten beim Verkauf von Waren) des Lernfeldes 4 in Ihrem Lehrbuch „Groß im Handel, 1. Ausbildungsjahr".

14 Wir korrigieren Abweichungen zwischen Istbeständen aus der Inventur und Sollbeständen aus der Buchführung

HANDLUNGSSITUATION

Caroline König ist derzeit bei Frau Tegtmeyer im Rechnungswesen eingesetzt.
Sie soll ihr bei der Erstellung des Jahresabschlusses für die Fairtext GmbH helfen. Im Unternehmen wurde gerade die Inventur durchgeführt.

Frau Tegtmeyer: „Hallo, Caroline, heute habe ich eine besonders spannende Aufgabe für Sie."

Caroline König: „Hallo, Frau Tegtmeyer. Oh, wirklich? Was ist es denn?"

Frau Tegtmeyer: „Wie Sie wissen, wurde ja gerade die Inventur durchgeführt. Die Bestände aus der Inventur wurden zum Teil durch körperliche Inventur gewonnen und zum Teil durch die Buchinventur. Wissen Sie, was das ist?"

Caroline König: „Ja klar. Das haben wir in der Schule schon besprochen und ich habe es ja auch hier im Unternehmen miterlebt."

Frau Tegtmeyer: „Gut. Dann können Sie ja loslegen. Sie sollen zunächst einmal die aufgetretenen Inventurdifferenzen finden und natürlich anschließend klären, woher die Differenzen stammen. Kriegen Sie das hin?"

Caroline König: „Naja, da muss ich mich erst einmal informieren. Ich kenne bisher nur die Inventurverfahren. Von Differenzen und deren Behandlung habe ich noch nichts gehört."

Frau Tegtmeyer: „Das ist kein Problem. Sie sind ja schließlich in der Ausbildung. Informieren Sie sich zunächst darüber, wie es überhaupt zu Inventurdifferenzen kommt, und dann erledigen Sie die Aufgaben. Ich würde dann natürlich auch gerne Vorschläge von Ihnen erhalten, wie wir die Differenzen beseitigen."

Caroline König: „Ich werde mein Bestes probieren."

Frau Tegtmeyer: „Gut, dann sehen wir uns nachher. Hier erhalten Sie von mir einen zusammengefassten Ausdruck der Inventurliste und die Bilanz, die sich aus den aktuellen Werten der Buchführung ergibt. Stellen Sie mir dann nachher bitte Ihre Ergebnisse vor."

AKTIVA	vorläufige Bilanz zum 31.12.20..		PASSIVA
I. Anlagevermögen		I. Eigenkapital	1.573.750,00
1. Bebaute Grundstücke	460.000,00	II. Fremdkapital	
2. Gebäude	896.000,00	1. Darlehen	657.600,00
3. Techn. Anl. u. Maschinen	235.500,00	2. Verb. aLL	186.300,00
4. Fuhrpark	81.400,00	3. übrige sonst. Verb.	110.800,00
5. BGA	30.200,00		
II. Umlaufvermögen			
1. Waren	687.200,00		
2. Ford. aLL	110.200,00		
3. Bank	26.100,00		
4. Kasse	1.850,00		
	2.528.450,00		2.528.450,00

LERNFELD 4

WERTESTRÖME ERFASSEN UND DOKUMENTIEREN

Zusammengefasste Inventarwerte

A. Vermögen	Quelle	€	€	€
I. Anlagevermögen				
1. Bebaute Grundstücke	Inventur	460.000,00		
2. Gebäude	Inventur	896.000,00		
3. Technische Anlagen und Maschinen	Inventur	234.500,00		
4. Fuhrpark	Inventur	81.400,00		
5. Betriebs- und Geschäftsausstattung	Inventur	31.200,00		
			1.703.100,00	
II. Umlaufvermögen				
1. Waren	Inventur	687.000,00		
2. Forderungen aus LL	Buchführung	110.200,00		
3. Bank	Inventur	24.100,00		
4. Kasse	Inventur	3.800,00		
			825.100,00	
Vermögen gesamt				**2.528.200,00**
B. Schulden				
1. Darlehen	Buchführung	657.600,00		
2. Verbindlichkeiten aus LL	Buchführung	186.300,00		
3. Übrige sonstige Verbindlichkeiten	Buchführung	110.800,00		
Schulden gesamt			954.700,00	954.700,00
C. Reinvermögen (Eigenkapital)				
A. Vermögen		2.528.200,00		
– B. Schulden		– 954.700,00		
= C. Reinvermögen		**1.573.500,00**		**1.573.500,00**

Informationen zum Lösen der folgenden Handlungsaufgaben finden Sie im Lehrbuch „Groß im Handel, 1. Ausbildungsjahr" im Kapitel 22 (Korrektur von Abweichungen zwischen Ist-Beständen aus der Inventur und Soll-Beständen aus der Buchführung) des Lernfeldes 4.

HANDLUNGSAUFGABEN

1. Geben Sie an, welche Aufgaben Caroline König erledigen muss.

WIR KORRIGIEREN ABWEICHUNGEN ZWISCHEN ISTBESTÄNDEN UND SOLLBESTÄNDEN

2. Erläutern Sie mit eigenen Worten, was eine Inventurdifferenz ist und wie man sie identifiziert.

3. Finden Sie die Inventurdifferenzen, die sich aus den vorliegenden Daten der Fairtext GmbH ergeben. Führen Sie die Differenzen in der folgenden Lösungstabelle auf. Geben Sie die Bilanzposition und die Höhe der Inventurdifferenz an.

	Bilanzposition	Wert lt. Bilanz	Wert lt. Inventar	Differenz Bilanz zu Inventar
1				
2				
3				
4				
5				

4. Geben Sie mögliche Gründe für das Vorliegen von Inventurdifferenzen an.

5. Geben Sie die Möglichkeiten zur Korrektur von Inventurdifferenzen an. Erläutern Sie die Möglichkeiten kurz anhand eines Beispiels.

Korrekturmöglichkeit	Kurzerläuterung	Beispiel (schülerindividuelle Antworten)

LERNFELD 4

WERTESTRÖME ERFASSEN UND DOKUMENTIEREN

6. Caroline König hat sich nunmehr einen Überblick über die möglichen Gründe für die Inventurdifferenzen verschafft und sie hat die Inventurdifferenzen gefunden. Sie macht sich auf die Suche nach den Fehlerquellen, um die Differenzen beseitigen zu können.

a) Geben Sie an, wie und wo Sie nach den Ursachen für die Fehler suchen würden.

b) Bei ihren Recherchen hat Caroline folgende Sachen herausgefunden:
Inventurdifferenz 1 und 2:

Düwel Bürotechnik

Düwel Bürotechnik | Nußriede 23 | 30627 Hannover
Fairtext GmbH
Walsroder Str. 6a
30625 Hannover

Kunde Nr.: 12005
Lieferdatum: 12.10.20..
Bestelldatum: 23.09.20..

Sachbearbeiter/-in: KRS
Telefon: 0511 3550-16
Telefax: 0511 3550-01
E-Mail: krs@duewel-buero-wvd.de

Rechnung Nr.: 743/20..
Rechnungsdatum: 12.10.20..

Rechnung

Pos.	Artikel-Nr.	Artikelbezeichnung	Menge und Einheit	Einzelpreis	Gesamtpreis
1	222341	Schreibtisch „Dansk"	2	550,00	1.100,00
		Gesamtpreis			1.100,00
		Rabatt		10 %	–100,00
		Warenwert			1.000,00
		Umsatzsteuer		19 %	190,00
		Rechnungsbetrag			1.190,00

Rechnungsbetrag zahlbar innerhalb von 30 Tagen netto.

Konto	SOLL	Gebucht Konto	HABEN
Datum:		Kürzel:	

Inventurdifferenz 3:
Zu dieser Differenz konnte Caroline nichts finden. Ein Abgleich aller Wareneingänge mit den erfassten Buchungen hat ergeben, dass alle Wareneingänge korrekt in der Buchführung erfasst worden sind. Gleiches gilt für die Warenausgänge.

Caroline hat im nächsten Schritt die Bestände laut Buchführung mit den Beständen laut Inventur abgeglichen. Dabei ist ihr aufgefallen, dass in der Inventurliste Fehlbestand vorhanden ist. Eigentlich hätte eine Herrenuhr des Modells „Arnoldo" mehr vorhanden sein müssen, als gezählt wurde. Der Einkaufspreis dieser Uhr beträgt genau 200,00 €.

Inventurdifferenz 4:
Zum Klären dieser Differenz hat Caroline die Kontoauszüge mit den Buchungen in der Primanota abgeglichen. Dabei ist sie auf folgenden Sachverhalt gestoßen

Auszug aus der Primanota:

Lfd.-Nr.	Umsatz €	BU Gkto	Beleg1	Datum	Konto	Kost1	Buchungstext
...							
97	– 16.041,50	1910	1	07.01.	1310		Rg. 243/.. M. Kaiser
98	2.000,00	1510	1	09.01.	1310		Bareinzahlung aus Kasse
99	2.000,00	1510	1	09.01.	1310		Bareinzahlung aus Kasse
100	11.900,00	1010	1	09.01.	1310		Rg. 1224/.. Stallmann OHG
...							

Commerzbank Hannover
BLZ 250 400 66

Kontonummer: 141 919 100
erstellt am: 09.01.20..
Auszug: 5
Blatt: 1/1

Kontoauszug

Bu.-Tag	Wert	Vorgang		
		alter Kontostand		20.898,67 +
07.01.20..	07.01.20..	Martin Kaiser Rg. 243/.. vom 17.12.20..		16.041,50 –
08.01.20..	09.01.20..	Bareinzahlung		2.000,00 +
08.01.20..	09.01.20..	Franz Stallmann Fashion OHG Rg. 1224/.. vom 22.12.20..		11.900,00 +
		neuer Kontostand vom 09.01.20 ..		18.757,17€ +

Fairtext GmbH
Walsroder Str. 6 a
30625 Hannover

USt-IdNr.: DE 183 034 912
IBAN: DE09 2504 0066 0141 9191 00 BIC: COBADEFF

Inventurdifferenz 5:
Die Differenz in der Kasse, das ist Caroline sofort klar, muss einerseits mit Differenz in der Bank zusammenhängen. Außerdem stellt Caroline fest, dass das Kassenbuch genau am 31.12.. nicht stimmt. Bei der Abrechnung am Ende des Geschäftstages fehlten 50,00 € in der Kasse.

Klären Sie die Gründe für die Inventurdifferenzen auf. Halten Sie Ihre Überlegungen in dem folgenden Lösungsfeld fest. Die Fehler müssen nun noch beseitigt werden. Geben Sie, falls notwendig, die Korrekturbuchungen an, um die Inventurdifferenzen zu beseitigen.

LERNFELD 4

WERTESTRÖME ERFASSEN UND DOKUMENTIEREN

Inventurdifferenz 1 und 2:

Nr.	Buchungssatz	Soll	Haben

Inventurdifferenz 3:

Inventurdifferenz 4:

WIR KORRIGIEREN ABWEICHUNGEN ZWISCHEN ISTBESTÄNDEN UND SOLLBESTÄNDEN

Nr.	Buchungssatz	Soll	Haben

Inventurdifferenz 5:

Nr.	Buchungssatz	Soll	Haben

7. Erstellen Sie die endgültige Schlussbilanz der Fairtext GmbH, die sich ergibt, nachdem Sie die Korrekturen vorgenommen haben.

AKTIVA — endgültige Bilanz zum 31.12.20.. — PASSIVA

- I. Anlagevermögen
    - 1. Bebaute Grundstücke
    - 2. Gebäude
    - 3. Techn. Anl. u. Maschinen
    - 4. Fuhrpark
    - 5. BGA
- II. Umlaufvermögen
    - 1. Waren
    - 2. Ford. aLL
    - 3. Bank
    - 4. Kasse

- I. Eigenkapital
- II. Fremdkapital
    - 1. Darlehen
    - 2. Verb. aLL
    - 3. übrige sonst. Verb.

LERNFELD 4

WERTESTRÖME ERFASSEN UND DOKUMENTIEREN

8. Machen Sie sich kurze Notizen, die Sie in das Gespräch mit Frau Tegtmeyer nehmen können, damit Sie eine kleine Hilfestellung haben, wenn Sie ihr Ihre Ergebnisse vortragen. Schließlich wollen Sie nicht jedes Wort ablesen, sondern einen flüssigen Vortrag halten.

VERTIEFUNGS- UND ANWENDUNGSAUFGABEN

Zur weiteren Vertiefung der Lerninhalte und Sicherung der Lernergebnisse empfehlen wir die Bearbeitung der Aufgaben und Aktionen des Kapitels 22 (Korrektur von Abweichungen zwischen Ist-Beständen aus der Inventur und Soll-Beständen aus der Buchführung) im Lernfeld 4 Ihres Lehrbuches „Groß im Handel, 1. Ausbildungsjahr".

15 Wir buchen die Privateinlagen und Privatentnahmen des Unternehmers

HANDLUNGSSITUATION

Die Franz Stallmann Fashion OHG ist ein Einzelunternehmen aus Mülheim (ein Kunde der Fairtext GmbH) und wird von den Gesellschaftern Franz Stallmann und Sabine Meister geführt. Die Gesellschafter haben im Laufe des Jahres mehrfach privat Bargeldbeträge, Waren und andere Leistungen aus dem Unternehmen entnommen und auch eingezahlt. Diese Privathandlungen sind nachfolgend in der Tabelle aufgeführt. Nina Kröger, die Auszubildende bei der Franz Stallmann Fashion OHG, soll diese privaten Vorgänge buchen.

Herr Stallmann		Frau Meister	
Datum	Beschreibung	Datum	Beschreibung
10.01.	Er überweist 20.000,00 € vom Bankkonto des Unternehmens auf sein Privatkonto, um einen Anbau an seinem Wohnhaus zu finanzieren. Die Summe zahlt er in den letzten vier Monaten zum Ersten des Monats in vier gleichbleibenden Raten zurück.	20.02.	Sie entnimmt für ihren Ehemann einen Anzug im Wert von 400,00 € netto.
		28.04	Bareinzahlung einer privaten Steuerrückerstattung in Höhe von 1.200,00 €.
		18.08.	Spontane Entnahme von 100,00 € aus der Kasse, um privat in der Stadt einkaufen zu gehen.
26.05.	Reparatur des Pkw des Sohnes in der betriebseigenen Werkstatt. Kosten: 800,00 € netto.	29.12.	Die Putzkraft von Frau Meister wird im Dezember als Aushilfe für die Büroräume eingesetzt, die Kosten von 600,00 € zahlt sie privat.
17.11.	Der Pkw des Sohnes wird für eine Geschäftsreise eines Mitarbeiters genutzt. Kosten: 250,00 €.		

Informationen zum Lösen der folgenden Handlungsaufgaben finden Sie im Lehrbuch „Groß im Handel, 1. Ausbildungsjahr" in Kapitel 23 (Privatbuchungen) des Lernfeldes 4.

WIR BUCHEN DIE PRIVATEINLAGEN UND PRIVATENTNAHMEN DES UNTERNEHMERS

HANDLUNGSAUFGABEN

1. Welche Fragen muss Nina klären?

2. Bevor Nina mit dem Buchen der privaten Vorgänge von Herrn Stallmann und Frau Meister beginnt, will sie zunächst ein paar grundsätzliche Regelungen dazu klären.

    a) Warum dürfen Herr Stallmann und Frau Meister Privateinlagen und Privatentnahmen tätigen?

    b) Was wird nach § 4 Abs. 1 EStG als Privatentnahmen bezeichnet?

    c) Was wird nach § 4 Abs. 1 EStG als Privateinlagen bezeichnet?

    d) Welche Besonderheit ist beim Führen von Privatkonten bei Personengesellschaften zu beachten?

    e) Welche Konten für die privaten Vorgänge muss Nina nun zum Buchen führen?

LERNFELD 4

WERTESTRÖME ERFASSEN UND DOKUMENTIEREN

3. Nina will nun die Geschäftsfälle als Buchungssätze ins Grundbuch eintragen. Dazu wird sie dem Datum nach fortlaufend die Buchungssätze eintragen und mit einer fortlaufenden Nummer versehen. Die Privatvorgänge von Herrn Stallmann werden dabei mit A gekennzeichnet und die Privatvorgänge von Frau Meister mit B.

Nr.	Datum	Buchungssätze	Soll	Haben
1.				
2.				
3.				
4.				
5.				
6.				
7.				
8.				
9.				
10.				
11.				

4. Nachdem Nina die Buchungssätze ins Grundbuch eingetragen hat, will sie nun die entsprechenden Privatvorgänge auf die vier unten stehenden Konten übertragen und diese Konten dann über das Eigenkapitalkonto abschließen. Der Anfangsbestand des Eigenkapitals der Franz Stallmann Fashion OHG betrug zu Beginn des Jahres 525.000,00 €, aus der GuV ist ein Gewinn von 42.500,00 € ermittelt worden.

Schließen Sie die fünf unten stehenden Konten entsprechend den Angaben aus Aufgabe 3 ab.

S	Privatentnahmen A	H	S	Privateinlagen A	H

S	Privatentnahmen B	H	S	Privateinlagen B	H

WIR BUCHEN DIE PRIVATEINLAGEN UND PRIVATENTNAHMEN DES UNTERNEHMERS

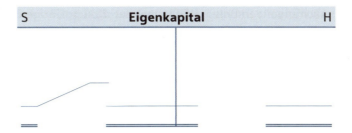

VERTIEFUNGS- UND ANWENDUNGSAUFGABEN

1. Nina Kröger, Auszubildende bei der Franz Stallmann Fashion OHG, will das Konto Privateinlagen abschließen.
Wie lautet der entsprechende Buchungssatz?

	Privateinlagen an Schlussbilanzkonto
	Privateinlagen an GuV-Konto
	Privateinlagen an Eigenkapital
	Schlussbilanzkonto an Privateinlagen
	GuV-Konto an Privateinlagen
	Eigenkapital an Privateinlagen

2. **Bei welchem Geschäftsfall muss Nina Kröger für die Franz Stallmann Fashion OHG die Umsatzsteuer buchen?**

	Die Franz Stallmann Fashion OHG verkauft ein Grundstück.
	Ein Kunde der Franz Stallmann Fashion OHG aus den USA bezahlt seine Rechnung durch Banküberweisung.
	Das Konto der Franz Stallmann Fashion OHG wird mit Kontoführungsgebühren belastet.
	Herr Stallmann entnimmt Waren für private Zwecke.
	Die Franz Stallmann Fashion OHG belastet einen Kunden mit Verzugszinsen.

3. Nina Kröger ist gerade mit den Abschlussarbeiten zum Jahresende für die Franz Stallmann Fashion OHG beschäftigt. **Welches Konto ist ein Unterkonto von Eigenkapital?**

	aktive und passive Rechnungsabgrenzungsposten
	Vorsteuer
	Umsatzsteuer
	Bezugskosten von Waren
	Privatentnahmen
	Rückstellungen

LERNFELD 4

WERTESTRÖME ERFASSEN UND DOKUMENTIEREN

4. Nina Kröger erhält den nachfolgenden Beleg. **Wie lautet der dazugehörige Buchungssatz?**

Quittung Nr. 25

- Netto € 800,00
- + 0 % USt 0,00
- Gesamt € 800,00
- Gesamtbetrag € in Worten: *Achthundert* Cent wie oben
- (Im Gesamtbetrag sind ____ % Umsatzsteuer enthalten)
- Von: *Barentnahmen aus der Kasse*
- Für: *Taschengeld für meine Tochter*
- richtig erhalten zu haben, bestätigt
- Ort: *Mülheim* Datum: *14.01.20..*
- Stempel/Unterschrift des Empfängers: *Sabine Meister*

Buchungssatz	Soll	Haben

5. Nina Kröger, Auszubildende bei der Franz Stallmann Fashion OHG, will das Konto Privatentnahmen abschließen.

Wie lautet der entsprechende Buchungssatz?

Privatentnahmen an Schlussbilanzkonto
Privatentnahmen an GuV-Konto
Privatentnahmen an Eigenkapital
Schlussbilanzkonto an Privatentnahmen
GuV-Konto an Privatentnahmen
Eigenkapital an Privatentnahmen

6. Sabine Meister, Gesellschafterin der Franz Stallmann Fashion OHG, überträgt ihren privaten Pkw im Wert von 7.300,00 € ihrem Unternehmen. **Wie lautet der entsprechende Buchungssatz?**

Buchungssatz	Soll	Haben

Zur weiteren Vertiefung der Lerninhalte und Sicherung der Lernergebnisse empfehlen wir das Bearbeiten der Aufgaben und Aktionen in Kapitel 23 (Privatbuchungen) des Lernfeldes 4 in Ihrem Lehrbuch „Groß im Handel, 1. Ausbildungsjahr".

16 Wir analysieren den Erfolg des Unternehmens mithilfe von Kennzahlen

HANDLUNGSSITUATION

In den nächsten Tagen ist Frau Tegtmeyer der Ansprechpartner für Anne Schulte. Frau Tegtmeyer übernimmt viele Aufgaben im Bereich des Controllings bei der Fairtext GmbH.

Frau Tegtmeyer: „Guten Tag, Frau Schulte, schön, dass Sie in Ihrer Ausbildung auch mal bei mir in das Controlling ‚reinschnuppern'. Haben Sie denn schon eine Vorstellung, was ich hier so mache?"

Anne Schulte: „Guten Tag, Frau Tegtmeyer, naja, ehrlich gesagt, kann ich mir noch nicht so richtig etwas unter Controlling vorstellen."

Frau Tegtmeyer: „Ach, das ist kein Problem. Das geht den meisten so, wenn sie hier ankommen, und am Ende finden sie es aber total spannend. Da man als Controller auch so etwas wie die unternehmensinterne Überwachung darstellt, arbeite ich meistens allein, obwohl ich eigentlich dem Rechnungswesen zugeordnet bin."

Anne Schulte: „‚Unternehmensinterne Überwachung'. Das klingt aber wirklich spannend."

Frau Tegtmeyer: „Ja, das ist es auch. Ich schlage vor, dass Sie sich zunächst einmal darüber informieren, was Controlling überhaupt ist und was wir hier so tun. Was meinen Sie?"

Anne Schulte: „Ja, das kann ich machen."

Frau Tegtmeyer: „Na ... keine Angst ... das war es aber noch nicht. Natürlich sollen Sie auch einen Einblick in die Arbeit hier bekommen. Ich habe gerade heute die Auswertungen einer unserer Filialen übermittelt bekommen. Diese Auswertung besteht aus der Bilanz auf den 01.01.20.., der Bilanz auf den 31.12.20.. und dem dazugehörigen GuV-Konto. Die sind Ihnen ja bekannt, oder?"

Anne Schulte: „Ja, klar."

Frau Tegtmeyer: „Gut! Nachdem Sie sich dann informiert haben, was wir hier tun, bereiten Sie mir die Daten bitte auf. Ich möchte, dass Sie mir die Rentabilitätskennzahlen für diese Filiale, soweit mit den vorhandenen Daten möglich, aufbereiten."

Anne Schulte: „Ähm ... ja ... Kennzahlen?"

Frau Tegtmeyer: „Darüber werden Sie im Rahmen Ihrer Informationen über das Controlling schon etwas erfahren. Kommen Sie bitte zu mir, sobald Sie die Daten aufbereitet haben. Hier sind die Unterlagen."

AKTIVA	Bilanz zum 01.01.20..		PASSIVA
I. Anlagevermögen		I. Eigenkapital	167.290,00
1. Bebaute Grundstücke	990.000,00	II. Fremdkapital	
2. Fuhrpark	86.800,00	1. Darlehen	1.800.000,00
3. BGA	370.600,00	2. Verb. aLL	185.000,00
II. Umlaufvermögen			
1. Waren	442.000,00		
2. Ford. aLL	51.790,00		
3. Bank	112.800,00		
4. Postbank	90.000,00		
5. Kasse	8.300,00		
	2.152.290,00		2.152.290,00

LERNFELD 4

WERTESTRÖME ERFASSEN UND DOKUMENTIEREN

AKTIVA		Bilanz zum 31.12.20..		PASSIVA
I. Anlagevermögen			I. Eigenkapital	544.338,00
	1. Bebaute Grundstücke	980.000,00	II. Fremdkapital	
	2. Fuhrpark	76.817,00	1. Darlehen	1.616.184,00
	3. BGA	353.633,00	2. Verb. aLL	216.830,00
II. Umlaufvermögen				
	1. Waren	542.000,00		
	2. Ford. aLL	1.894,00		
	3. Bank	312.800,00		
	4. Postbank	100.000,00		
	5. Kasse	10.208,00		
		2.377.352,00		2.377.352,00

Soll		9300 GUV zum 31.12.20..			Haben
3010	Wareneingang	1.450.000,00	8000	Warenverkauf	2.745.000,00
4010	Löhne	940.000,00			
4910	Abschreibungen auf Sachanlagen	55.900,00			
4400	Werbe- und Reisekosten	24.500,00			
4260	Versicherungen	37.000,00			
2110	Zinsaufwendungen	72.700,00			
0600	Eigenkapital	164.900,00			
		2.745.000,00			2.745.000,00

Informationen zum Lösen der folgenden Handlungsaufgaben finden Sie im Lehrbuch „Groß im Handel, 1. Ausbildungsjahr" im Lernfeld 4, Kapitel 24 (Bewertung der Auswirkungen von Geschäftsprozessen auf die Vermögens- und Erfolgslage des Unternehmens).

HANDLUNGSAUFGABEN

1. Geben Sie die Aufgaben wieder, die Anne Schulte nun bevorstehen.

2. Informieren Sie sich mithilfe des Internets über den Begriff „Controlling". Geben Sie mit eigenen Worten kurz wieder, was man unter Controlling versteht.

3. Ermitteln Sie die Wirtschaftlichkeit für die Filiale der Fairtext GmbH.

4. Ermitteln Sie das durchschnittliche Eigenkapital der Filiale der Fairtext GmbH.

5. Ermitteln Sie die Eigenkapitalrentabilität der Filiale der Fairtext GmbH.

6. Ermitteln Sie das durchschnittliche Gesamtkapital der Filiale der Fairtext GmbH.

7. Ermitteln Sie die Gesamtkapitalrentabilität der Filiale der Fairtext GmbH.

LERNFELD 4

WERTESTRÖME ERFASSEN UND DOKUMENTIEREN

8. Beurteilen Sie Ihre Ergebnisse aus Aufgabe 5 und 7.

9. Ermitteln Sie die Umsatzrentabilität der Filiale der Fairtext GmbH.

10. Geben Sie an, woher die Sollwerte im Controlling stammen.

VERTIEFUNGS- UND ANWENDUNGSAUFGABEN

Geben Sie mit eigenen Worten an,
a) was die folgenden Kennzahlen aussagen.
b) ob die Kennzahl möglichst hoch oder möglichst niedrig sein sollte.

Eigenkapitalrentabilität	
a)	
b)	

Umsatzrentabilität	
a)	
b)	

Zur weiteren Vertiefung der Lerninhalte und Sicherung der Lernergebnisse empfehlen wir die Bearbeitung der Aufgaben und Aktionen des Kapitels 24 (Bewertung der Auswirkungen von Geschäftsprozessen auf die Vermögens- und Erfolgslage des Unternehmens) des Lernfeldes 4 in Ihrem Lehrbuch „Groß im Handel, 1. Ausbildungsjahr".